Hans Maier:
Die Deutschen und die Freiheit
Perspektiven der Nachkriegszeit

Deutscher
Taschenbuch
Verlag

dtv

Von Hans Maier
ist im Deutschen Taschenbuch Verlag erschienen:
Die ältere deutsche Staats- vund Verwaltungslehre (4444)

Ungekürzte Ausgabe
Mit einem Vorwort zur Taschenbuchausgabe
August 1987
Deutscher Taschenbuch Verlag GmbH & Co. KG,
München

ISBN 3-421-06290-0
Umschlaggestaltung: Celestino Piatti
Gesamtherstellung: C. H. Beck'sche Buchdruckerei,
Nördlingen
Printed in Germany · ISBN 4-423-10782-0

Inhalt

Ein Hauch von Kulturrevolution

Auf der Suche nach Geländern

Die Deutschen und die anderen

Vorwort

Den Deutschen sagt man nach, sie hätten ein schwieriges Verhältnis zur Freiheit. Doch das war nicht immer so. In früheren Jahrhunderten galt gerade der ungestüme »Trieb zur Freiheit« als das, »wodurch die Deutschen sich am berühmtesten gemacht haben« (Hegel). Noch Jacob Grimm wollte der Reichsverfassung von 1849 den Satz voranstellen: »Alle Deutschen sind frei, und deutscher Boden duldet keine Knechtschaft.«

Wie ältere Freiheitsüberlieferungen sich in unserer jüngsten Geschichte seit 1945 spiegeln, in Politik, Wissenschaft, Kunst und Literatur – das ist das Thema dieses Buches. Der Verfasser erzählt die Geschichte unserer Nachkriegsdemokratie aus gemessenem Abstand, aber nicht ohne Sympathie: er hat in jungen Jahren schlimmere Zeiten erlebt als die heutigen – und er kennt in der gegenwärtigen Welt wahrhaftig abscheulichere Staatsgebilde als die Bundesrepublik Deutschland!

Nach mehr als vierzig Jahren des Friedens oder doch des Nicht-Kriegs: Haben wir Deutschen gelernt, mit der Freiheit zu leben? Darauf mögen alle, die das Buch lesen, selbst eine Antwort geben. Ich wünsche ihm auch in der Taschenbuchausgabe, die der Deutsche Taschenbuch Verlag erfreulicherweise vorlegt, viele Leserinnen und Leser.

München, im Sommer 1987 — Hans Maier

Als der Krieg zu Ende war

Das Jahr 1945

Von der »Gnade des Nullpunkts«, über die manche damals räsonierten, spürten wir nichts. Denn jenes Jahr war gnadenlos. Es riß heraus aus allen Träumen.

Durch die Oberrheinebene zogen sich die eilends ausgehobenen Gräben des »Westwalls«; alles, was Arme und Beine, Schaufeln und Pickel hatte, war 1944 dorthin gekarrt worden zur Schanzarbeit oder, wie man sagte, »zum Schippen«. In der Ferne sah man Breisach, des Heiligen Römischen Reiches Schatzkästlein – jetzt nur noch eine rauchende, schwarzstarrende Wildnis; die Südwand des Münsters mit dem Weltgericht Martin Schongauers, erzählte man, war bei der Beschießung eingebrochen, zerstört.
Bei aller Beengung war man in jenen Tagen ungewöhnlich, ja absonderlich aktiv, verbrachte sportliche Leistungen beim Klettern in Ruinen und über Trümmer, legte riesige Distanzen zu Fuß zurück, stürmte bei Fliegeralarm im Eiltempo in Keller oder Bunker, transportierte Möbelreste und andere Habseligkeiten – wir waren zweimal »ausgebombt« worden – viele Kilometer weit auf Leiterwagen oder Fahrrädern, denn Autos gab es in der zerstörten Stadt kaum mehr und Straßenbahnen erst recht nicht. Wer noch konnte, floh in den Schwarzwald. Nur mit beträchtlichem Gottvertrauen ausgestattete Zeitgenossen unternahmen noch größere Reisen. Frühmorgens, als die Tiefflieger noch nicht regierten, zog ich einmal auf einem Leiterwagen die Habe eines orthodoxen Geistlichen, den es nach Freiburg verschlagen hatte und der wieder nach Berlin zurückwollte – gewiß ein vergebliches Beginnen –, an den Bahnhof; dort prangte in großen Lettern wie zum Hohn der Spruch »Räder müssen rollen für den Sieg«. Der Wehrmachtsbericht häufte beschwichtigende und verhüllende Worte. Tagsüber rannte man im Kreis herum, ohne ausbrechen zu können: Das Ende des Krieges war zwar greifbar nahe, aber niemand wußte, wann

die Alliierten die Stadt erreichen würden und ob am Ende Franzosen oder Amerikaner im Südwesten das Rennen machten. Die Front rückte näher. Man hatte ein heftiges Bedürfnis, auf einen der Berge ringsum zu steigen oder wenigstens auf einen Turm – aber das war zu gefährlich. Unser Pfarrvikar, Nazigegner, heimlicher Mentor *in politicis* und als eifriger Hörer von Radio Beromünster gut informiert, wußte über den militärischen und politischen Stand Bescheid; er gab Nachrichten weiter, die unsere Eltern erschauern ließen – nicht weil sie sie nicht geglaubt hätten, sondern weil sie, wurde er ertappt, für sein Leben fürchten mußten; denn »Gerüchte« (und das hieß im Zweifel: die Wahrheit) zu verbreiten, noch dazu aus ausländischen Sendern, konnte in jenen Tagen das Leben kosten. An Ostern, die Stadt lag schon unter Beschuß, nahm er uns Ministranten auf den noch unversehrten Kirchturm mit, um zu beobachten, was am Oberrhein vor sich ging; sicher hatte er ebenso Angst wie wir; aber das Wort »Kriegsgeschehen« klang in seinem Mund wie ein furchterregender und zugleich atemberaubender und lockender Trommelwirbel.

Wir zehn- bis vierzehnjährigen Buben, eben dem Karl-May-Alter entwachsen, hatten Sinn für das Dramatische der Situation, wir fühlten uns verstrickt in ein etwas ernsteres Indianerspiel – aber natürlich begriffen wir den Ernst der Dinge noch nicht ganz, sowenig wie Kinder, wenn der Tod in ihren Lebenskreis einbricht. Dies jedoch geschah täglich und stündlich: Unter den Ruinen der Altstadt, durch die statt Straßen Trampelpfade führten, lagen Hunderte von Toten, bis zur Übergabe der Stadt kamen fast täglich weitere hinzu. Niemand wußte, was ihn tagsüber oder nachts bei Luftangriffen erwartete. Ich wohnte mittlerweile weit im Osten der Stadt, und ein fast täglicher Gang führte mich frühmorgens in unsere Pfarrkirche, wo ich beim Seelenamt für die jeweils bei jüngsten Angriffen ums Leben Gekommenen Orgel zu spielen hatte (der Organist war in Rußland). Seltsamerweise fand sich bis zuletzt immer ein kleiner Chor älterer Damen (von uns lateinkundigen Ministranten liebevoll-boshaft *Clamor inopiae* – Gesangverein Notschrei – genannt), die im Chaos unbeirrt das »Gib ihm die ewige Ruhe« sangen. Beim Heimweg kamen die Tiefflieger; in einem Unterstand liegend, während Bomben fielen, dachte ich nach über Vergangenheit und Zukunft. Ich weiß noch, daß mich ein sinnloser wilder Zorn packte: Warum war ich, gerade ich, hineingerissen in etwas, was ich nicht begonnen hatte, wofür ich keine Verantwortung besaß und

was sich meinem Willen wie ein gleichmütig abrollendes Naturereignis entzog?
Da es keine Schule mehr gab, wurden Jugendgruppen und Pfarrgemeinde ein Sammelplatz für unsere Aktivitäten. Die Männer waren im Krieg, und wir Halbwüchsigen hielten mit Frauen und Kindern die Gemeinde zusammen, unter den nachsichtigen Augen von Pfarrer und Vikar. Natur und Kirchenjahr bewegten sich mit majestätischer Unparteilichkeit durch die brodelnde Zeit; schmerzhaft schöne Frühlingstage bildeten den Hintergrund für die uralte Karliturgie. Man lebte im sichernden Rhythmus kirchlicher Feste, als ginge einen das Kriegsgetümmel gar nichts an. Bald nach Ostern wurde die Stadt besetzt. Der Krieg ging zu Ende. Die Sirenen verstummten. Die Tiefflieger blieben aus. Man atmete auf. Und dann begann die Nachkriegszeit.
Auch jetzt noch blieben die Schulen zu. Die männliche Schuljugend wurde »zum Schippen« eingezogen, zum Freischaufeln der verschütteten Straßen; den ganzen Sommer und Herbst, bis die Schule wieder begann, räumten wir im Freien Trümmer. Von den Plakatsäulen leuchtete gewaltig-pathetisch die Kunde von der Eroberung von »Rhein und Donau« durch die Truppen de Lattre de Tassignys. Neben den blau-weiß-rot gerahmten Wortplakaten erschienen bald auch Bilder von Konzentrationslagern an den Plakatsäulen, anklagende Bilder gefolterter, verbrannter Menschen. Man sah im täglichen Gerauf um Brot und Wohnung darüber weg: Was sollten uns Bilder, da wir bei Fliegerangriffen so oft lebend Verbrannte gesehen hatten? Erst Jahre später lasen wir Kogons »SS-Staat« und begriffen langsam, was geschehen war.
Von der »Gnade des Nullpunkts«, über die manche damals räsonierten, spürten wir nichts. Denn jenes Jahr war gnadenlos. Es riß heraus aus allen Träumen. Es schlug die festen Geländer weg. Kindheit und Karl-May-Zeit waren zu Ende. Nur weniges blieb übrig, was sich in jenen Tagen als Halt, als Widerpart bewährte, und dieses wenige kam nicht vom »Nullpunkt«, es kam aus älteren, stärkeren Traditionen. Der eintönig-tröstende Gesang vieler Totenmessen gehört in meiner Erinnerung an 1945 ebenso dazu wie der Anblick des Reichsadlers im ausgeblasenen Freiburger Münster – Erinnerung an Vorderösterreich und an ein älteres Reich der Deutschen; aber auch die schlichte, gelbrote Flagge Badens, in deren Zeichen der politische Wiederaufbau begann, die Gestalt Leo Wohlebs und die mit ihm verbundene Hoff-

nung auf eine kleinräumige, »eidgenössische« Demokratie im deutschen Südwesten.
Vieles kam anders als verhofft beim langen Weg in die dreißigjährige Nachkriegszeit – aber noch heute bleibt das Staunen, daß es weiterging nach soviel Abbruch und Zerstörung und daß wir, fast noch Kinder, die Todesschwelle überschritten, überlebend ohne Verdienst.
(1975)

Übungen im Überleben

Will man das homo homini lupus *des Naturstands an der Quelle studieren, so gibt es dafür kein besseres Beobachtungsfeld als jene Monate nach dem Krieg.*

Das Jahr 1945, letzte Steigerung des Krieges und zugleich – wer ahnte es damals! – Auftakt eines dreißigjährigen Friedens oder doch Nicht-Kriegs: dieses Jahr des verheißenen »Endsiegs«, des Untergangs der deutschen Städte im Feuer und der bedingungslosen Kapitulation hat trotz Borchert, Eich und Böll seinen Homer noch nicht gefunden. Die Jahre des Wirtschaftswunders haben jene Zeit der Improvisation und des Überlebens, des Schwarzmarkts, der Lebensmittelkarten, Trümmerfrauen und Kippensammler aus unserem Gedächtnis verdrängt. Wem sagt das Wort Interzonenpaß noch etwas? Oder das Wort Carepaket? Wer erinnert sich noch an brand- und raucherfüllte letzte Kriegswochen, wo fast jeder sein Sach auf nichts gestellt hatte, an Moder und Steinschlag in feuchten Luftschutzkellern, an die Zuckungen des niedergehenden NS-Reiches, an Standgerichte und verbrannte Erde? Fast vergessen ist auch, was dann folgte: das Zurückgleiten in einen quasi staatlosen Naturzustand im Übergang zur Besatzungszeit, als die alte Ordnung zerbröckelte, die neue sich noch nicht befestigt hatte und es kaum auffiel, wenn Plünderungen sich als Demontagen tarnten und da und dort Bevölkerung und Besatzungssoldaten gemeinsam über Lager, Materialsammlungen, Kohlehaufen in zerborstenen öffentlichen Gebäuden herfielen, um Lebensmittel zu beschaffen oder sich vor der Kälte zu schützen. Im Nachkriegswinter 1945/46, als die Ruhrbevölkerung auf der Kohle saß, aber keine bekam, ist sogar das Aufspringen auf fahrende Reparations-Güterzüge und die Entnahme von Kohle – in häuslichen Gebrauchsmengen, versteht sich – durch ein oberhirtliches Wort zum naturrechtlich erlaubten »Mundraub« erklärt worden: Solches Tun wurde vom Kölner Witz sogleich als »Fringsen« in die deutsche Sprache eingebürgert. Wahrhaftig, will man das *homo homini lupus* des Naturstands an der Quelle studieren, so gibt es dafür kein besseres Beobachtungsfeld als jene Monate nach dem Krieg, als es zwar nichts zu essen, aber Kalorien gab, als die Todessignale der Sirenen schwiegen, aber auch noch kaum etwas zum Leben da war, als weder Post noch Personenverkehr funktionierten und die abendliche Ausgangssperre den aufgestauten antifaschistischen Elan in Grenzen hielt, damit er der Besatzungsmacht nicht gefährlich wurde. (1975)

Unendliche Klage, unendliches Gericht

»Die Geschlagenen«, »Die Schuldlosen«, »Die Welt der Angeklagten«, »Die Ermittlung« – diese Titel zeigen die Brandspuren der Vergangenheit.

Wie sah damals die Wirklichkeit aus für die Deutschen? Sie war zweigeteilt: Auf der einen Seite die alltägliche Misere: Ruinen, Gedränge in zertrümmerten Häusern und Städten, Beschränkung aufs Nächste, Sorge ums Überleben, um die fällige Tagesration; eine Gesellschaft ohne Zukunftsaussichten, versteint in unbeweglichen Schicksalskategorien (Flüchtling, Heimkehrer, Ausgebombter, Wohnungssuchender usw.). Auf der anderen Seite große weltpolitische Bewegung ringsherum: die Gründung der UN, das Gericht der Sieger in Nürnberg, die angekündigte Verwandlung aller Machtpolitik in Moral, der verheißene Ewige Friede – aber auch der Katzenjammer des zerbröckelnden Kriegsbündnisses der Alliierten, versandende Konferenzen, beginnender Kalter Krieg. An den Augen des verdutzten Normalverbrauchers, der gerade noch einmal davongekommen war, zog dies alles vorbei wie ein überdimensionaler, unwirklicher Film. Real waren Trümmer, Schwarzmarkt, Lebensmittelkarten, Kippen, Wohnungsämter, Carepakete, Interzonenpässe; real waren die Scheußlichkeiten des Dritten Reiches, die man halb schon wußte, halb neu erfuhr – und die zugleich als Rechtfertigung dienten für Kollektivurteile und Kollektivstrafen, für Umerziehungsaktionen, Einstufungen und einen jahrelangen Ausschluß der Deutschen aus der Politik. Denn solange die Vormundschaft der Sieger dauerte, blieb ja Politik, politische Gestaltung – sieht man von einigen gemeindlichen und sonstigen Übungsfeldern ab – den Deutschen verschlossen; im dürftigen, bedrückenden, aber auch selbstgenügsamen Alltag kam sie nicht vor – sie rückte für Jahre in die Sphäre des Moralischen, Philosophischen, der historischen, der pädagogischen Diskussion. Politik wurde ein Theoriegespinst, ein unendliches Garn für Seminardiskussionen. Den Siegern mochte das recht sein: Sieger brauchen über Politik nicht zu sprechen, weil sie agieren können – Besiegte räsonieren. Und sie räsonieren um so lieber und eifriger, wenn dies einem altvertrauten Umgang mit politischen Dingen entspricht, einem parabelhaften, moralischen Umgang, der vor allem Distanz schafft, Distanz für die Überlegenheitsgefühle der Reflexion. Die Spuren dieser reflektierenden Literatur beginnen 1945 und sind bis heute sichtbar; man denke nur an Namen wie Günther Anders, Walter Jens, Jean Amery.

Die Alltagsrealität fand in jener Zeit vor allem im Notizbuch des Lyrikers Platz, oder sie kam zu uns über den damals noch die Kommunikation beherrschenden Hörfunk. Lyrik und Hörspiel dominierten für viele Jahre in der Literatur. Hier machten die Geschlagenen Inventur über ihre Habseligkeiten; so Günter Eich:

> Dies ist meine Mütze,
> dies ist mein Mantel,
> hier mein Rasierzeug
> im Beutel aus Leinen.
>
> Konservenbüchse:
> Mein Teller, mein Becher,
> ich hab in das Weißblech
> den Namen geritzt.

Die reflektierende »Bewältigung« vergangener und gegenwärtiger Politik dagegen ergoß sich in Romane und Dramen, in denen unendliche Anklage, unendliches Gericht vonstatten ging, bis weit in die sechziger Jahre hinein. »Die Geschlagenen«, »Die Schuldlosen«, »Die Welt der Angeklagten«, »Die Ermittlung« – diese Titel zeigen die Brandspuren der Vergangenheit. »Hier ist etwas geschehen, aber jetzt ist es vorbei«, so beschrieb der heimkehrende Alfred Döblin den Eindruck, den das zerstörte Deutschland auf ihn machte. Dieses Etwas nachträglich noch zu fassen bemühten sich Romanciers und Dramatiker in angestrengten Etüden durch Jahre hindurch, nicht unbedingt mit dauerhaftem Ergebnis.

Übrigens gaben nicht kräftig realitätsbezogene Romane wie Pliviers »Stalingrad« oder Dramen wie »Des Teufels General« von Zuckmayer den Ton an, so erfolgreich und populär sie waren. Ein neuer Realismus entwickelte sich kaum. Es überwog die alte deutsche Neigung zum metaphysischen Räsonnement, zur geistesgeschichtlichen Abrechnung, zum Prinzipiellen, das sich in Worten wie Nullpunkt, Kahlschlag, Neuanfang, Stunde Null dokumentierte. Zur Emigrationsliteratur ergaben sich nur geringe Berührungen, Thomas Mann galt den Jüngeren als Kalligraph und Allegoriker, die letzten Bücher Döblins blieben fast ohne Echo. Dauerhafte Form gewann nur weniges. Über der ganzen Aufbruchs- und Reflexionsliteratur steht das keineswegs selbstkritisch gemeinte Wort von Wolfgang Borchert: »Zu guter Grammatik fehlt uns die Geduld.« (1977)

Annäherungen an die Wirklichkeit

Ludwig Erhard – bis heute der einzige wirkliche Systemveränderer in der deutschen Nachkriegsgeschichte.

Doch nun – was geschah, als mit dem Marshallplan, dem fortdauernden Kalten Krieg, der Währungsreform die Dinge in Westdeutschland in Bewegung gerieten, als Ludwig Erhard – bis heute der einzige wirkliche Systemveränderer in der deutschen Nachkriegsgeschichte – die versteinerten Verhältnisse zum Tanzen brachte, als Lebensmittelkarten und Zwangsbewirtschaftung dahinfielen, ein freier Markt sich entwickelte, die Bundesrepublik entstand und mit ihr eine neue Gesellschaft?

Man kann kaum sagen, daß sich die fünfziger Jahre in der damaligen Literatur übermäßig deutlich spiegeln. Kriegs- und Heimkehrergeschichten überwiegen noch immer in der Thematik des zeitgenössischen deutschen Romans, nicht zu reden von der anhaltenden Auseinandersetzung mit den Geschehnissen des Dritten Reiches. Die Aktualität wird nur zögernd entdeckt. Vergessen wir nicht, daß jene Jahre eine neue Blüte der Lyrik brachten: den Spätruhm Benns, die Anfänge Paul Celans. Romane, die das politische und soziale Geschehen atmosphärisch umgreifen und präsentieren, sind große Seltenheiten; das Drama verschwindet überhaupt, sieht man von der Schweiz und Österreich ab, bis in die sechziger Jahre hinein fast ganz aus dem deutschen literarischen Haushalt.

Dabei wären jene Jahre, meint man, durchaus eines epischen Chronisten würdig gewesen. Denn es entstand ja nicht einfach, wie ressentimentgetrübte Urteile lauten, eine neue Gesellschaft aus einer alten. Vielmehr machten die Deutschen unter Adenauer endgültig und unwiderruflich Bekanntschaft mit den Formprinzipien einer modernen Gesellschaft – nachdem der konvulsivische Antimodernismus des Dritten Reiches zu Ende gegangen war. Das alte Berufs- und Arbeitsver-

ständnis lockerte sich, das Private meldete seinen Anspruch an, Politik erschien nicht mehr als Schicksal, sondern als Aufgabe, Parteien- und Parlamentssystem entfernten sich von den unbrauchbar gewordenen Weimarer Positionen. Ansprüche entwickelten sich und mit ihnen die Probleme der Selbststeuerung einer frei entbundenen Mobilität. Schichtungen verloren ihre zwingende Macht im Spiel des Auf- und Abstiegs. Wachsender Wohlstand erlaubte nicht nur die neue Lastenverteilung zwischen Heimatvertriebenen und Ansässigen im größten Umverteilungsprozeß der Nachkriegsgeschichte, er löste auch die aus der Kriegs- und Nachkriegszeit ererbten Notstände auf. Aus den besitzlosen Normalverbrauchern wurde ein Volk der Autobesitzer, die fremde Umwelt wurde verfügbar, Reisen war nicht mehr ein Privileg der Wenigen, eigener Hausbesitz entwickelte sich, auch beim Mittelstand, ja bei Angestellten und Arbeitern. Generationskonflikte, Kämpfe der Geschlechter, ja selbst der Streit der Gruppen, Verbände, Parteien schienen durch diese Dynamik überdeckt zu sein, sogar die außenpolitische Gefährdung wurde dem Bundesbürger allmählich unfühlbar – so wie dem Osterspaziergänger ein Krieg hinten weit in der Türkei. Die schöne neue Welt, die hier entstand, hatte wahrhaftig ihre Probleme – ihre Stabilität war unerprobt, ihr Selbstbewußtsein stieß draußen auf Emotionen, die Beziehungen zur nationalen Tradition blieben undeutlich, haltende, begrenzende Kräfte waren in der Bewegung allgemeiner Bedürfnisbefriedigung zerrieben worden. Dennoch kann die Bundesrepublik nur verstehen, wer sie aus ihren eigenen Entstehungs- und Lebensbedingungen begreift; fahle Kategorisierungen wie Restauration und Renovation, Koordinatensysteme aus den zwanziger Jahren oder gar Fragebogenraster aus der ersten Nachkriegszeit helfen da nicht weiter.
Von diesem Neuen, plötzlich Auftauchenden, Präzedenzlosen wird einiges fühlbar, zumindest atmosphärisch, in den Romanen von Koeppen, Böll und Grass, die in die fünfziger Jahre fallen. Am meisten wohl bei Koeppen. Ich teile die politischen Meinungen dieses Autors nicht, ich finde seine Sicht auf das Gebilde Bundesrepublik allzu vergangenheitsbestimmt, das Politische und Parlamentarische wird aus einer zu persönlichen, individualistischen Perspektive betrachtet, vieles wird nicht plastisch, bleibt in der Karikatur stecken. Aber innerhalb dieser Grenzen: welcher Autor nach 1945 hat überhaupt wie er versucht und vermocht, das politische Lebewesen Bundesrepublik atmend und in

Bewegung zu schildern – von den Schaufensterauslagen, Verkehrsmitteln, Wirtshausgesprächen, Tonfällen und Alltagsnormen bis zum politisch-parlamentarischen Betrieb? Was in der Literatur der ersten Nachkriegsjahre auseinanderfällt, das Alltäglich-Unpolitische und die meist nur in Theorien und Gesprächen präsente Politik, die Bereiche des Privaten, Gesellschaftlichen, Halböffentlichen, Politischen bis hin zur Sphäre staatlicher Arcana und bis zum Gegeneinander der führenden politischen Figuren – dies alles wird hier zu einem Ganzen verbunden. Dabei werden freilich die Figuren überlastet, vor allem im zentralen Stück des zeitgeschichtlichen Koeppenschen Romantryptichons, im »Treibhaus«, 1953: gerade die Vielfalt einer politischen Szene, der Reigen der Interdependenzen, das Ineinander von Persönlichem und Sachgesetzlichem läßt sich mit Hilfe eines »Helden« und seines inneren Monologs kaum fassen. Der Parlamentarier Keetenheuve ist ein Mann mit starken Gefühlen und einem analytischen Verstand – aber Terminkalender, einen Stimmkreis und Aufstellungssorgen und -rücksichten scheint er nicht zu besitzen. Er bewegt sich denn auch nur im obersten Kreis staatsentscheidender Schicksalsfragen; undenkbar, daß er in Ausschußsitzungen Erbsen zählte oder im Stimmkreis einen Pokal stiftete für den Aufstieg des heimischen Vereins zur Bundesliga. Ein wenig Aplomb des Schillerschen Welttheaters ist selbst bei diesem realistischen Schriftsteller um die Politik, und man vergißt im Stakkato der Beschleunigung zum bösen Ende hin, daß nicht alle Parlamentarierlaufbahnen tödlich enden müssen. Die Entdämonisierung, Entdramatisierung der Politik, wichtigstes Ergebnis der Ära Adenauer, wird hier, bei Koeppen, noch kaum sichtbar, ganz im Gegenteil. Ein kleines Beispiel: hinter den Wänden des Bundestages taucht bei Koeppen der Rheinstrom auf, im Rheinstrom die Rheintöchter, und sie sinnen Dunkles. Selbst der Nibelungenexpreß der neuerstandenen Bundesbahn, blutrot lackiert, erinnert Koeppen-Keetenheuve an die Brandmale der Vergangenheit:

»Basel Dortmund, Zwerg Alberich und die Schlote des Reviers; Kurswagen Wien Passau, Fememörder Hagen hatte sich's bequem gemacht; Kurswagen Rom München, der Purpur der Kardinäle lugte durch die Ritzen verhangener Fenster; Kurswagen Hoek van Holland London, die Götterdämmerung der Exporteure, die Furcht vor dem Frieden.

Wagalaweia rollten die Räder.«

Ich wähle diese Stelle wahrhaftig nicht aus Bosheit aus, dafür ist mein Respekt vor Koeppen viel zu groß, sondern um zu zeigen, wie lange die deutsche Politik zur Normalisierung des Denkens und Fühlens gebraucht hat – und leider auch die deutsche Literatur.

Hatte es Heinrich Böll, der Humorist (damals noch!) da leichter? Er war einer der ersten aus der Reihe der neuen, der jungen Schriftsteller, der sich, nach Kriegs- und Heimkehrergeschichten, mit der Realität der Bundesrepublik zu beschäftigen begann. »Haus ohne Hüter« (1954) gibt etwas wieder von den Schwierigkeiten der Erziehung im Wirtschaftswunderland. »Billard um halbzehn« (1959) rafft Zeitgeschichte in Rückblenden, parallelisiert Kriegszerstörung und Aufbauhektik; die »Ansichten eines Clowns« (1963) werfen ein Licht auf kirchliche, wirtschaftliche, politische Verhältnisse zu einer Zeit, in der das Pathos des Wiederaufbaus schon zerstoben ist. Überall wimmelt es von kleinen Leuten; Wohnen, Essen und Kleidung, das Geld für Miete und Reisen, Physiognomien, Tonfälle sind säuberlich geschildert – ein wenig wie im Naturalismus, als man vom Sekundenstil sprach und Alltägliches zu protokollieren begann. Bölls Gesellschaft, niemals weitab von den Kölner Domtürmen, zeigt die Entgrenzungen, Normauflösungen einer im Fluß befindlichen Zeit, in der vieles möglich wird, was vorher tabuisiert war; Schicksale der Selbstbehauptung, der Emanzipation werden auf engstem Raume ausgetragen; die Menschen scheuern sich an überlieferten Normen wund – das katholische Trauma Bölls, das sich durch nahezu alle Bücher zieht –, ohne doch glücklicher zu werden, wenn sie ihre Bindungen abgeschüttelt haben. Nirgends erscheint, wie bei Koeppen, ein Gesamtbild der Bundesrepublik und ihrer Gesellschaft; aber aus den unzähligen Ausschnitten kann sich der Beobachter ein Bild machen, was sich da tut und tummelt. Es ist freilich eine graue, eine zunehmend freudlose Welt, in der nur die Outsider, die Verfemten noch ein wenig Licht spenden. Sie haben auch Schicksale – die oben haben keine, sie sind reine Kunstfiguren. Böll dreht die klassische Kunstregel der Stiltrennung um: die kleinen Leute sind tragisch, die großen komisch, die kleinen sind Individualisten, die großen trübe Figuranten anonymer Mächte. Soviel Ideologie und Enge hinter diesem Schema steckt: unfreiwillig wird Böll damit nun doch zum Zeugen für jene nivellierte Mittelstandsgesellschaft, wie sie in Deutschland in den Jahren nach dem Krieg entstand.

Demgegenüber spiegeln die Romane von Günter Grass zwar eine größere Weltfülle als die von Böll und Koeppen, sie greifen weiter aus, räumlich und zeitlich – aber sie bieten doch mehr dithyrambische Klänge als festumgrenzte Bilder, sie wirbeln ihren Gegenstand, kaum daß sie ihn ergriffen haben, in einem ständigen jean-paulischen Transzendieren, einer metaphorischen Selbstbewegung der Sprache wieder fort. Natürlich ist Atmosphärisches bei Grass in Hülle und Fülle vorhanden: der »stille zugige heilige katholische Wartesaal zu Köln«, ehemalige Hauptbannführer zwischen Heidschnucken und Heidebauern, Bunkerhotels und Absteigen, Rheinwiesen und die Blüten der Bergstraße. Die Herren Beitz, Quandt und Brenninkmeyer tauchen mit Namen auf – während Koeppen seinen Schumacher noch in Knurrewahn verfremdet hatte. Mehlwürmer, ein Symbol bundesrepublikanischen Managements, bringen Gesetzentwürfe ein, planen Stahlkombinate, regieren Westdeutschland – so die »Hundejahre« (1963). Aber all das wirkt nach kaum fünfzehn Jahren überzeichnet, verquer, auch abgestanden – die permanente Farbexplosion läßt die Konturen verschwimmen. Böll, der soviel weniger Prosa zu kommandieren hat als Grass, bringt da bei engerem stilistischem Handgelenk mehr reinliche Zeichnung nach Hause.
Man müßte an dieser Stelle weiter ausgreifen, müßte zeigen, wie rings um die Protagonisten ein landschaftsgebundener Realismus sich entwickelt, der später streckenweise dokumentarische Züge annimmt: so im Ostpreußen von Siegfried Lenz, im Hamburg Nossacks, im Schwaben oder Wien von Hermann Lenz. Das kann hier kaum geschehen. Erinnert sei nur daran, daß auch Grass und Böll, Walser, ja selbst Arno Schmidt in mancher Hinsicht Regionalisten sind – so wie schon in Fontanes Werk die Berliner und die märkische Umwelt, in dem Thomas Manns Lübeck, Travemünde, München viel stärker durchdringt und sichtbar wird als in den gleichzeitigen Werken französischer oder russischer Realisten. Vielleicht werden spätere Zeiten – ganz ohne Ironie – die Nachkriegsliteratur der Bundesrepublik als einen Neuaufgang der Heimatliteratur empfinden. Auch die Renaissance eines Theaters, das naturalistisch Sprechweisen, Stammeln, Verstocktheit, Verstummen einfacher Menschen nachzeichnet, bei Sperr, Kroetz, Fassbinder, deutet in diese Richtung – nicht zu reden von jüngsten Mobilisierungen der Dialektdichtung zugunsten realistischer literarischer Ziele. (1977)

Abschied von gestern

Zum erstenmal fanden sich die Deutschen ... hinter einer national-staatlichen Grenze westlichen Stils – zusammengedrängt in einem Restdeutschland, das verblüffende Ähnlichkeit mit dem karolingisch-ottonischen Siedlungsraum vor Beginn der Ostwanderung aufwies.

Die Bundesrepublik Deutschland hat einen vierfachen Ursprung. Von der *Volksgeschichte* her gesehen, war ihre Gründung ein Ergebnis der Verlagerung des deutschen Volkes nach Westen in der Folge des Zweiten Weltkriegs. Von der *Staatsgeschichte* her gesehen, war sie ein Ergebnis des Zusammenbruchs des deutschen Nationalstaats in seiner alten, von Bismarck geprägten Form. *Innenpolitisch und verfassungsgeschichtlich* war sie ein Versuch, jenseits der Schwelle der modernen zentralisierten Staatlichkeit an ältere Traditionen des Rechtsstaats und des Föderalismus anzuknüpfen; und *außenpolitisch* vollzog sich ihre Entstehung in einem Vakuum der Entscheidungsfreiheit, das nur nach Westen hin bescheidene Schritte zuließ und übrigens bis heute nicht durch eine volle, beliebig materialisierbare Souveränität ausgefüllt wurde.

Man vergißt gelegentlich über der politischen Entstehungsgeschichte der Bundesrepublik, ihrer Herkunft aus den weltpolitischen Polbildungen und Zwängen des Kalten Krieges die naheliegende Tatsache, daß die massive Bevölkerungsverschiebung nach Westen in den Jahren 1944 bis 1947 früher oder später auch Konsequenzen für die Form der deutschen Staatlichkeit haben mußte. Wenn sich in jenen Jahren das demographische und wirtschaftliche Schwergewicht in den Ausgangsraum der deutschen Geschichte zurückverlagerte, in den Raum zwischen Rhein und Elbe, wo sich nach dem Krieg auf der Hälfte des früheren Reichsgebiets 78 Prozent der früheren Reichsbevölkerung sammelten, so war damit zugleich ein starkes Präjudiz für die künftige politische Ordnung geschaffen. Diese hätte ihren Schwerpunkt auch dann im Westen gehabt, wenn es gelungen wäre, eine alle vier Zonen umfassende Verwaltungseinheit zu schaffen. Man erinnere sich – um nur einen Beleg für diese These anzuführen –, daß selbst Stalin dieser Tatsache Rechnung trug, indem er im Frühjahr 1945 von dem bis dahin allen Alliierten gemeinsamen *dismemberment*-Programm abging und in der Folgezeit versuchte, auf dem Weg über gesamtdeutsche Institutionen auf die Kontrolle Westdeutschlands und der Ruhr Einfluß zu gewinnen: Noch die diplomatische Anerkennung Bonns 1955 war ein Ausläufer dieser Linie russischer Realpolitik. Umgekehrt sind die demographischen und geographischen Handicaps für die sowjetisch besetzte Zone stets ein ernstes Hindernis bei der Durchsetzung ihres Anspruchs auf Staatlichkeit gewesen, zumal da dieses Gebiet ja bis zum 13. August 1961 in die Westbewegung der deutschen Bevölkerung einbezogen war. Erst der Mauerbau setzte eine deutliche Zäsur hinter diesen Abschnitt der Nachkriegsgeschichte, er leitete über zu einem Neuverteilen der Karten in vielen Bereichen: Bevölkerung, Sozialstruktur, Staatlichkeitsvoraussetzungen, politischer Vertretungsanspruch im Hinblick auf das nationale Erbe.

Erst damit gewann die Problematik des Nationalstaates für das Deutschland der Nachkriegszeit politische Bedeutung. In den ersten Jahren nach 1945 hatte sie noch keine Rolle gespielt: dem verbalen Aufwand nationaler Vokabeln bei Politikern wie Schumacher und Kaiser entsprach keine politische Realität. Die Geschichte des deutschen Nationalstaates war von Hitler zu Ende gebracht und zugleich *ad absurdum* geführt worden: Mit seiner Idee des geschlossenen Siedlungsraumes (auch nach Osten hin) hatte das Dritte Reich das charakteristisch Bruchstückhafte, Unvollendete noch der Bismarckschen Nationalstaatskonzeption – Nationalstaat nur nach Westen, nicht nach Osten – preisgegeben und in einer ungeheuren Brutalisierung der Idee den Nationalgedanken zu seinen letzten sprengenden Konsequenzen getrieben. Die »verspätete Nation« überrannte bei ihrem Wettlauf das Ziel nationaler Selbstbestimmung und schlug die Richtung auf eine irreale Integration des germanischen Siedlungsraumes ein. Das Ergebnis war paradox. Zum erstenmal fanden sich die Deutschen, nach Auflösung aller Enklaven und Überlappungen mit fremdem Siedlungsraum, hinter einer national-staatlichen Grenze westlichen Stils – zusammengedrängt in einem Restdeutschland, das verblüffende Ähnlichkeit mit dem karolingisch-ottonischen Siedlungsraum vor Beginn

der Ostwanderung aufwies. Der deutsche Nationalstaat im Sinne einer staatlichen Integration des Siedlungsraumes – hier war er plötzlich realisiert, und seine Grenze nach Osten war die Oder-Neiße-Linie. Man kann sich nicht oft genug ins Gedächtnis rufen, daß der Westen *dieses* Deutschland meint, wenn er heute vom deutschen Nationalstaat spricht: das unfreiwillige nationalstaatliche Ergebnis Hitlerscher »großdeutscher« Politik ist die Realität der deutschen Lage; sie läßt ein Ausbrechen in Richtung irredentistischer »Anschlüsse« und »Heimholungen«, anders als nach 1919, nicht mehr zu.
Es ist bekannt und oft dargestellt worden, wie in dieser Situation der Staat der Bundesrepublik mit einer gewissen Notwendigkeit ein ambivalentes Verhältnis zur nationalstaatlichen Tradition entwickeln mußte. Einerseits schuf die Westverlagerung die bis heute gültigen demographischen und wirtschaftlichen Voraussetzungen für eine westdeutsche Präponderanz; hier rückte die Bundesrepublik nach Überwindung der schwierigen Aufbauphase fast selbstverständlich in die Verwaltung der nationalen politischen Überlieferungen ein. Auf der anderen Seite vermied man aber bewußt die Anknüpfung an die *ältere* Nationalstaatstradition, an die preußisch-deutsche Linie der deutschen Geschichte; man bezog sich, sofern man überhaupt eine geschichtliche Position zu definieren suchte, einerseits auf ein kulturell-literarisch-musisches »besseres Deutschland«, auf die Kulturnation im Gegensatz zur Staatsnation: so Theodor Heuss in zahlreichen seiner Reden; oder man beschwor vornationalstaatliche, gemeineuropäische Traditionen einer föderativen Ordnung der Völker, oder die deutsche Tradition des Rechtsstaats. Die *letzte* Anknüpfung war entscheidend: In ihr lag 1949, trotz dem Stempel des Provisorischen, den die Väter des Grundgesetzes dem neuen Staate gaben, die eigentlich politische Substanz der Bundesrepublik. Die liberale Tradition des Rechtsstaats und der Grundrechte, mit einer gewissen deutschen Grundsätzlichkeit ins Justizstaatliche und Individualistische weitergetrieben – sie war als Kontrapunkt zum Nationalsozialismus und zugleich als werbende Antithese zum volksdemokratischen Regime der DDR Inhalt und prägende Kraft unseres staatlichen Lebens bis zum Beginn der sechziger Jahre; auf ihrer Grundlage entwickelten sich wirtschaftliche Erholung, politischer Aufstieg, Freiheit und Wohlstand der Individuen, kurz alles, was bis zum Mauerbau die Anziehungskraft der Bundesrepublik aufs handgreiflichste bewies; denn noch einmal: die Westwanderung

setzte sich ja, in der Form der innerdeutschen Binnenwanderung von Ost nach West, bis 1961 fort.

Und dieser Prozeß vollzog sich in einer außenpolitischen Situation, in der elementare Fragen der Sicherheit und der politischen Existenz nicht aus eigener Anstrengung, sondern nur im Zusammenwirken, genauer: in Abhängigkeit von den Alliierten gelöst werden konnten. Auch hier wird heute, im Abstand, die eigentümliche Ambivalenz der deutschen Situation in den ersten Nachkriegsjahren deutlich. Die Wiedergewinnung der Souveränität als eines Ausweises voller Staatlichkeit war zwar das erklärte Ziel aller deutschen Nachkriegsregierungen; tatsächlich aber blieb die Souveränität nicht nur beschränkt durch Besatzungsrechte, zwischenstaatliche und überstaatliche Abmachungen, es konnte auch gar nicht im Interesse der deutschen Politik liegen, von ihr einen undifferenzierten, beliebigen Gebrauch – im Sinne eines So *und* anders wie in der Weimarer Republik – zu machen. Begreiflich daher die Härte und Unnachgiebigkeit, mit der Adenauer alle Vorstellungen einer nationalstaatlichen Außenpolitik, in der es »Optionen« und Wahlmöglichkeiten gab, innerhalb und außerhalb seiner Partei bekämpft hat; begreiflich ebenso die zentrale Funktion der Europapolitik, die der paradoxen Lage der Bundesrepublik entgegenkam, Souveränität vornehmlich zum Zweck des Souveränitätsverzichts aktualisieren zu müssen. (1969)

Ein Anwalt der Ernüchterung

Was lag näher, als daß man sich an einen Politiker hielt, dessen sachliche Nüchternheit wohltuend vom Maßlos-Missionarischen der vorausgegangenen Epoche abstach und dessen wortkarger Realitätssinn eine verläßliche Bürgschaft gegen neue politische Abenteuer zu sein schien?

Adenauer hat nie Berufspolitiker werden wollen. Eine politische Karriere, planvoll angelegt und Zug um Zug realisiert, war nicht seine Sache. Es ist nicht nur Koketterie, wenn er in den letzten Lebensjahren zu Vertrauten äußerte, er habe eigentlich Notar auf dem Land werden wollen. Ein Stück liberales Honoratiorentum – Erbe des 19. Jahrhunderts – ist immer in ihm gewesen, und die große Familie, die behäbige Bürgerlichkeit seines Rhöndorfer Hauses mit weitem Blick über den Rhein, das Kunstsammeln, Gartenbau und Rosenzucht, gehörten nicht zufällig zu seiner politischen Tätigkeit. Es war die Not des Vaterlandes, die den Kölner Oberbürgermeister in die Politik drängte. Schlicht patriotisches Aufbegehren gegen scheinbar unwiderrufliche politische Verhängnisse trieben ihn zum Handeln – 1918/19 wie 1923 und nach 1945. Die Worte Volk und Vaterland hatten für Adenauer noch einen direkten, unvermittelten Sinn. Staatsmännischen Einsatz verstand er als bürgerliche Pflicht. Dies erklärt die Fähigkeit dieses nüchternen und von Haus zurückhaltenden Menschen zum unmittelbaren Appell an das Volk und zur sparsam eingesetzten, aber sehr bewußt verwendeten großen Geste – und auch das Echo, das er bei den breiten Massen fand. Nie war Adenauer nur ein reiner Verwaltungsfachmann, nie ein bloßer Parteifunktionär, so souverän er sich des Instruments moderner Verwaltung und der vielfältigen Möglichkeiten der Parteiendemokratie zu bedienen wußte.

Kritiker haben darauf hingewiesen, daß Adenauers Wortschatz bescheiden, seine Redeweise einfach, ja simpel gewesen sei. Das trifft zu.

Viele unterschätzten ihn deswegen. In der Tat fehlt seinen Reden und schriftlichen Äußerungen phantasievolle Beweglichkeit und literarischer Glanz. Überall herrscht die kunstlose Genauigkeit, der nüchterne Geschäftsstil des Juristen. Doch hing dieser stilistische Grundzug, was oft übersehen wurde, aufs genaueste mit dem Charakter und der Arbeitsweise des Politikers Adenauer zusammen. Adenauer verfügte über eine reduzierende Intelligenz. Er schälte an jedem politischen Problem das Zufällige ab, bis der Kern bloßgelegt war. Dann entwarf er Technik und Taktik der Problemlösung. Von seiner Person sah er dabei ganz ab. Seine Äußerungen sind stets situationsbezogene Plädoyers, nicht Deutungen seiner Politik und seiner Persönlichkeit, und da ihnen das Bindemittel literarischer Selbstdarstellung fehlt, erscheinen sie dem Betrachter oft punktuell und spröde. Sie zwingen ihn in die verhandelte Sache hinein. Aber sie sagen wenig über die Person des Handelnden aus. Daher mußte Adenauer jenen, die ästhetisch »in Politik schwelgen« wollten (F. Schlegel) und die vor Entscheidungen in eine faltenreiche und konsequenzlose Rhetorik auswichen, immer ein Rätsel – oder ein Greuel – bleiben.
Daß der nervenlose Mann – einen *dünnen Dickhäuter* nannten ihn Freunde unter Anspielung auf seine hagere äußere Erscheinung – in Wahrheit keineswegs frei von Leidenschaften und Gemütsbewegungen war, haben Zeugnisse aus den letzten Jahren an vielen Beispielen klargemacht. Adenauer verfügte über ein ungewöhnliches polemisches Potential. Seine Physis wurde durch den Kampf angeregt. An Willenskraft und Zähigkeit war er noch im hohen Alter seinen Gegnern überlegen. Aber er hatte zugleich die Fähigkeit des Beobachtens und Wartenkönnens. Seine rationale Härte hatte starke sentimentale Widerlager. Man hört, daß er im kleinen Kreis gern Gedichte aus der Schulzeit rezitierte, die er auswendig kannte – Eichendorff und Heine –, daß er lange vor Gemälden verweilte, mit Hingebung Musik hörte; auch die Gartenarbeit hat in dieser musischen Lebensökonomie ihren Platz. Bei aller Energie und Unerbittlichkeit in der Verfolgung einmal gesteckter und als richtig erkannter Ziele – der Erfolg Adenauers als Politiker lag wesentlich darin, daß er warten konnte. Auch als er, ungewöhnlich spät, die Chance politischer Gestaltung erhielt, verzehrte er sich nicht in kleinlicher Detailarbeit, verwendete aber ein großes Maß an Zeit auf genaue und umfangreiche Information und auf das Durchdenken der politischen Grundprobleme.

War er rücksichtslos im Umgang mit Menschen? Nicht nur Kritiker, auch Freunde haben tadelnd vermerkt, daß er in seiner Umgebung instrumentellen Gehilfennaturen ohne starken persönlichen Umriß den Vorzug vor eigenständigen, zum Widerspruch geneigten Geistern gegeben habe – wie er dies seinerseits kritisch an de Gaulle feststellte. Man mag den autoritativen Amtsstil, das Bedürfnis nach reibungsfreiem und schnellem Umsetzen von Entscheidungen auf die Oberbürgermeisterzeit zurückführen, wo Adenauer in einem überblickbaren Kreis wirkte und gewohnt war, die Wirkung seiner Anweisungen zu kontrollieren. Kompliziertere Systeme mit unwägbarer Fortpflanzung von Anstößen waren ihm – als Schranke des gestaltenden Willens – fremd und lästig: Heidenheimer hat dies an seinem Verhältnis zur pluralistischen CDU, Hausenstein an seinem Verhältnis zum Föderalismus gezeigt. Kein Zweifel, daß er im Umgang mit Menschen und politischen Karrieren wenig Sentimentalität zeigte, daß die Leichtigkeit, mit der er bewährte Mitarbeiter fallen ließ, wenn politisches Kalkül oder äußerer Druck es forderte, oft ans Schnöde grenzte. Dennoch ist auch bezeugt, daß er Widerspruch und eigenes Urteil schätzte, soweit sie außerhalb der Tagesroutine der Geschäfte – die er ungern stören ließ – an ihn herangetragen wurden. Er beschränkte sich dann auch keineswegs auf die Mächtigen, deren politischen Einspruch er zu respektieren hatte und die er – oft mit erstaunlicher taktischer Einfühlung – zu beeinflussen und zu überzeugen suchte.

In seinem langen Leben hatte Adenauer viele Beispiele menschlicher Anhänglichkeit und Freundestreue, aber ebensoviel Niedertracht, Verrat und Opportunismus erlebt. Wie rasch war der gefeierte Oberbürgermeister 1933/34 seinen Kölnern aus den Augen aus dem Sinn gewesen, so daß ihn Bekannte auf der Straße plötzlich nicht mehr grüßten; und umgekehrt: wie steil stieg von 1949 bis 1953 seine Popularitätskurve in den Umfragen über die großen Deutschen an, selbst Bismarck überflügelnd! Zu verwundern wäre es nicht, wenn der alte Mann die Menschen, und insbesondere seine politische Umgebung, für eine *race méchante* gehalten hätte wie weiland der Alte Fritz. Doch Menschenverachtung, obwohl sie ihm oft nachgesagt wurde, wäre für Adenauers Verhältnis zu seinen Mitmenschen eine zu handgreiflich-vereinfachende Formel. Zumal gegenüber Freunden und Bekannten seiner eigenen Generation und Lebenserfahrung hat Adenauer immer wieder ein Vertrauen gezeigt, das sich deutlich abhebt von der abwartenden Skepsis, mit der er Jüngeren gegenübertrat. Und die Rücksicht und Herzenshöflichkeit, die er gegenüber Untergebenen an den Tag legte, muß als Kontrast zur legendären Kälte gegenüber politischen Konkurrenten ebenso erwähnt werden wie die Ritterlichkeit und Aufopferung des Ehemanns gegenüber seiner früh erkrankten und verstorbenen ersten Frau und das bei aller patriarchalischen Strenge ungezwungene und herzliche Verhältnis zu seinen sieben Kindern und vierundzwanzig Enkelkindern und zu seiner zweiten Frau, die seinen abermaligen politischen Aufstieg nach dem Zweiten Weltkrieg – sie starb 1948 – nicht mehr erlebt hat.

Adenauer kam aus der Tradition des rheinischen Katholizismus und des rheinischen politisch liberalen Bürgertums. In der christlichen Überlieferung hat er sich, wie Wilhelm Hausenstein hervorgehoben hat, wie in einer selbstverständlichen Realität bewegt. Sie verschmolz bei ihm mit humanistischen und naturrechtlichen Überlieferungen, die in seiner Politik ein beträchtliches, bisher noch kaum gewürdigtes Gewicht besaßen. Dabei war sein Verhältnis zur kirchlichen Hierarchie alles andere als das des unterwürfigen Dieners und Befehlsempfängers. Zwischen Theologie und Politik hat er stets einen reinlichen Trennungsstrich gezogen. Es fehlt nicht einmal an gelegentlichen herben Äußerungen der Kirchenkritik, ein Umstand, der mit seiner persönlichen, ganz aufs Praktische gerichteten Frömmigkeit nicht im Widerspruch stand. Adenauer hat den Schutz der Kirche im Dritten Reich als Verfolgter erfahren, als er bei seinem Freund Abt Ildefons Herwegen in Maria Laach Zuflucht suchte und fand. Er lebte in seinem Familienkreis in Rhöndorf im sichernden Rhythmus kirchlicher Feste und Gebräuche. Gleichwohl hat er nicht gezögert, kirchliche Ansprüche zurückzuweisen, wo sie ihm das Gesetz der Freiheit der Kirchen im demokratischen Verfassungsstaat zu verletzen schienen: daß nämlich die Kirchen nur unter der Voraussetzung allgemeiner politischer Freiheit frei sein können und daß daher ihr Ziel nicht Privilegienbewahrung, sondern Mitarbeit in diesem Staate sein solle.

Aus dem rheinisch-katholischen Schwerpunkt von Person und Politik Adenauers ergaben sich – neben der starken Öffnungsbereitschaft nach Westen – auch Abgrenzungen nach verschiedenen Seiten hin. Zunächst nach Osten: Adenauer stand, wie oft hervorgehoben, dem eigentlichen östlichen Preußen innerlich fern, obwohl man den straff aufgerichteten, pünktlich agierenden Mann gelegentlich mit einem preußischen General vergleichen wollte. Weniger bekannt, aber ebenso bedeutsam ist, daß er auch zum deutschen Südosten, zu Bayern, kein näheres Verhältnis gefunden hat, und auch nicht zur donauländischen Sphäre: Wien war ihm ähnlich fremd wie Berlin. Kein Zweifel, daß er seine Zugehörigkeit zur Zentrumspartei und seinen Vorsitz im Preußischen Staatsrat (1921–1933) ganz aus der rheinischen Perspektive sah, wie er auch nach dem Zweiten Weltkrieg mit der Wahl Bonns als Hauptstadt die Bundesrepublik auf die rheinische Achse hin konzipiert hat: links des Stromes, auf das Nachbarland Frankreich bezogen, mit dem nordrhein-westfälischen Zentrum als politischem Schwerpunkt und fern von der alten Kapitale des Preußentums.

Adenauers Abneigung gegen Preußen scheint – sieht man von seiner generellen Fremdheit gegen alles »Östliche« ab – auf die Erfahrung der Bismarckschen Innenpolitik zurückzugehen. Kulturkampfreminiszenzen spielen dabei eine zentrale, wenn nicht gar ausschließliche Rolle. Mit gleichaltrigen Freunden war der junge Rheinländer früh der Ansicht, daß im Kampf des Bismarckschen Staates gegen Katholiken und Sozialisten die bedenkliche Kehrseite des sonst bejahten und wegen seiner außenpolitischen Mäßigung sogar gepriesenen Zweiten Kaiserreiches lag. Adenauers ablehnende Haltung hat sich auch während der Weimarer Republik nicht geändert, als die führenden Politiker des Zentrums, vor allem Wirth und Brüning, in einer historischen Nachholbewegung die preußisch-deutsche Tradition aufzuarbeiten und dem Katholischen einzuverleiben strebten – in ihrer großzügigen Anverwandlung nationaler Überlieferungen weit kompromißbereiter als der rheinische Katholik Adenauer, dessen Politik nie im Nationalstaatlichen aufging und der in seiner ganzen Art, Politik zu machen – etwa auch im großzügigen Umgang mit den Finanzen – mehr wie ein Nachfolger rheinischer Kurfürsten und Erzkanzler wirkte denn als ein Mann des kleindeutschen, preußisch-deutschen Staates.

Der innerkatholische Streit um die politische Orientierung gegenüber dem deutschen Nationalstaat hatte bereits in der Weimarer Republik begonnen. (*Den Kölschen Klüngel lassen wir nicht ran* hieß damals die Losung des Berliner Germania-Kreises.) Er setzte sich nach dem Zweiten Weltkrieg in verwandelten Formen fort und wirkte noch in die Richtungskämpfe der CDU um die außen- und innenpolitische Zielbestimmung hinein, an denen Adenauer führenden Anteil nahm. Die

Kräfte, die seiner Konzeption entgegenstanden, waren in der ersten Nachkriegszeit fast übermächtig. Bei Jakob Kaiser, Josef Müller, Karl Arnold dominierte das Programm einer außenpolitischen Brückenfunktion Deutschlands zwischen Ost und West, verbunden mit weitgehenden Sozialisierungsvorstellungen im Innern und dem Gedanken einer großen Koalition mit den Sozialdemokraten. Daß es Adenauer gelang, in mehrjährigem Ringen diese Kräfte zurückzudrängen und seine politische Konzeption innerhalb der CDU durchzusetzen, war ein Meisterstück kluger Taktik und geduldigen Abwartens. Es ist kein Zweifel, daß in dieser innerparteilichen Auseinandersetzung auch die Würfel fielen für den künftigen Kurs des neuen Staatswesens unter seinem ersten Kanzler in den Jahren 1949 bis 1963.

Zwei Dinge hat Adenauer dabei wohl schärfer erkannt als seine Gegner: daß das niedergeworfene Deutschland zur Politik einer aktiven Vermittlung zwischen Ost und West nicht fähig war und jeder Versuch, es in diese Richtung zu drängen, eine gefährliche Überforderung der deutschen Möglichkeiten gewesen wäre; sodann daß eine innenpolitische Orientierung nach links die schwierige Aufbauphase nach dem Krieg nicht gefördert, sondern gestört und gefährdet hätte. Die Politik des Schaukelns und Pendelns, unglückliches Kennzeichen der Weimarer Jahre, sollte sich nach Adenauers Willen nach 1945 nicht wiederholen. Die strikte Westorientierung der Bundesrepublik war für ihn die einzige Politik, die Deutschland wieder Vertrauen gewinnen konnte. An diesem Kurs hielt er, gegen alle Kritik auch aus den eigenen Reihen, unbekümmert fest. Die Ereignisse bestätigten die Richtigkeit seiner Analyse. Adenauer, nicht in der Länderpolitik engagiert, bis 1949 ein relativ distanzierter Betrachter der politischen Szene, erkannte schärfer als andere die neue Situation des Ost-West-Konflikts und der weltpolitischen Polbildungen, die fortan die deutsche Politik bestimmen sollten; er zog daraus die Konsequenzen einer klaren Westintegration der freien Teile Deutschlands. Um die deutsche Politik auf dieser Linie zu stabilisieren, hat er ein bewegliches, oft gerissenes Spiel sowohl in seiner Partei wie später im Bundestag gegen die SPD Kurt Schumachers gespielt; denn so einfach seine Politik in ihren Zielen war, so erfindungsreich war sie in ihrem personellen Instrumentarium und ihren taktischen Mitteln.

Innenpolitisch ging Adenauer davon aus, daß der Sozialismus in Europa seinen Höhepunkt überschritten habe. Eine Koalition mit ihm wäre nach seiner Meinung Aufopferung an eine tote Sache gewesen. Es versteht sich, daß er dabei an den Sozialismus in seiner alten Form dachte, einen Sozialismus marxistischer Provenienz, mit stark nationalistischem Einschlag, mit dem Ziel einer Verstaatlichung der Grundindustrien und eines gesamtgesellschaftlichen Umbaus. Die Differenz zum demokratischen Sozialismus westlicher Prägung war ihm kaum hinreichend deutlich – wobei zuzugeben ist, daß die sozialistische Planwirtschaft der britischen Militärregierung in Deutschland und der ungestüme Nationalismus des Westpreußen Kurt Schumacher kein geeignetes Lehrstück waren, Adenauer von seiner vorgefaßten Meinung abzubringen, Sozialismus und Nationalismus entstammten der gleichen Wurzel eines ebenso antieuropäischen wie antiliberalen Denkens. Wie dem auch sei: Die Prognose erwies sich als richtig, daß es im Prozeß des Wiederaufbaus nach dem Krieg nicht auf die gleichmäßige Verteilung des Mangels, sondern auf die Kräfte individueller Selbsthilfe und individuellen Leistungswillens ankam. So lag für Adenauer das innenpolitische Bündnis mit dem politischen Liberalismus und der Wirtschaftspolitik Ludwig Erhards nahe. Zugleich aber sprang hier noch eine andere Erwägung ein. Schon auf dem Münchener Katholikentag von 1922 hatte Adenauer die Meinung vertreten, daß eine stabile Innenpolitik in Deutschland nur möglich sei, wenn eine große Partei der Mitte aus beiden Konfessionen gebildet werde. Nach 1945 war er – obwohl nicht Mitbegründer der CDU – maßgebend daran beteiligt, daß die Union in den rheinischen katholischen Gebieten, die zunächst recht zentrumsfreundlich waren, sich durchsetzte. Dabei leitete ihn nicht nur, aus leidvoller Weimarer Erfahrung, das pragmatische Ziel einer regierungsfähigen Mehrheit. Es ging ihm auch darum, die Evangelischen, die seit dem Zusammenbruch des Zweiten Kaiserreiches politisch heimatlos waren, in den neuen Staat zu integrieren. Adenauer war sich bewußt, daß dies das Ende der alten politischen Orientierung des Zentrums bedeutete und daß die Union, je mehr sie die evangelischen Wähler anzog, infolge der sozialen Verfassung des deutschen Protestantismus eine Gravitation zum Liberal-Konservativen entwickeln mußte. Er hat diese Konsequenz als Mann des rheinischen liberalen Katholizismus wohl auch gewollt. Die Situation war günstig. Es gab nach 1945, anders als in Weimar, keinen Konkurrenten auf der rechten Seite. Und die verbindenden Erfahrungen der Konfessionen im Kirchenkampf hatten fast selbstverständlich zu gemeinsamen Initiativen in der Politik geführt. Gewiß war das Risiko einer Unionspolitik der Konfessionen die Entfremdung mindestens eines großen Teils der politisch aktiven Katholiken von den alten Bündnispartnern zur Linken, aber höher wog Adenauer der potentielle Gewinn: Die Bindung des protestantischen Elements einschließlich seiner deutschnationalen Gruppen; sie war die entscheidende innenpolitische Voraussetzung seiner Politik der Westintegration.

Über den vielen personellen und taktischen Gelegenheiten und Zufällen, die Adenauers Politik begünstigten, darf das allgemeine Zeitklima nicht vergessen werden. Die Zeit war müde. Die weltpolitischen Träume Deutschlands waren nach dem Zweiten Weltkrieg, wie es schien, für immer ausgeträumt. Die Strapazierung öffentlicher Tugenden, die gewaltsame Totalpolitisierung durch ein zynisches Regime hatten eine allgemeine Leere hinterlassen, in der das Persönliche und Private fast naturnotwendig nach Revanche verlangten. Was lag näher, als daß man sich an einen Politiker hielt, dessen sachliche Nüchternheit wohltuend vom Maßlos-Missionarischen der vorangegangenen Epoche abstach und dessen wortkarger Realitätssinn eine verläßliche Bürgschaft gegen neue politische Abenteuer zu sein schien?

Adenauers eigener Erfolg hat, wie so oft im politischen Leben, die geradlinige Fortsetzung seiner Politik erschwert und schließlich unmöglich gemacht. Das Ende des Wiederaufbaus stieß die Deutschen wieder in die alte Problematik ihrer politischen Form – Freiheit oder Einheit – zurück, und die Veränderung der weltpolitischen Szene zwang zu Anpassungen, die eine Rückkehr zu nationalstaatlicher Bündnispolitik bedeuteten, ohne doch den *cauchemar des coalitions* von Deutschland bannen zu können. Während der Erfolg der Adenauerschen Bündnis- und Sicherheitspolitik im Äußern und des steigenden Wohlstands im Innern eine trügerische Euphorie schuf, begannen die 1945 im Blick auf den Nationalsozialismus verdrängten Probleme des Wohlfahrtsstaates, der Planung, der technischen Entwicklung und des gesellschaftlichen New Deal wiederum die Geister zu beschäftigen, und eine ebenso gedächtnisarme wie tatendurstige Jugend griff, der Skepsis ledig, erneut zum Geländer vereinfachender Ideologien.

Es wäre töricht, Adenauer die Last für die Entwicklung zuzuschreiben. Jeder Staatsmann hat seine Stunde, und die politische Phantasie der Deutschen läßt sich offensichtlich leichter vom Reiz unsteter Dynamik gefangennehmen als von der Sicherheit ruhiger Führung. Daher eignet dem Werk Adenauers etwas charakteristisch Bruchstückhaftes, Unvollendetes. Zwar wirken seine Anstöße in der europäischen Politik bis heute fort. Seine Grundkonzeption, post-nationalstaatlich und darin alles andere als restaurativ, ist unverändert und harrt der Fortsetzung. Aber die unmittelbare politische Realisierung seiner Vorstellungen – und damit die weltpolitische Wirksamkeit – blieb doch auf die Nachkriegszeit und auf die fünfziger Jahre beschränkt. Es war die Zeit des pragmatischen Anfangs – eine Zeit heilsamer Ernüchterung nach einem Zeitalter politischer Illusionen. Ihr hat der patriarchalisch regierende Erzzivilist aus Köln die geschichtliche Richtung gewiesen – mit sparsamer Geste und dürrem Wort. (1971)

Ein »Staatssklave im Frack«

Er hatte, was bei deutschen Politikern selten ist: Leichtigkeit, Ironie, Distanz zum eigenen Ich.

Theodor Heuss, nach dem dieser Preis benannt ist, war ein ebenso unfeierlicher wie herzenshöflicher und würdiger Mann – der beste Repräsentant, den diese Republik nach den Exzessen neudeutscher Großmannssucht hat finden können. Er hatte, was bei deutschen Politikern selten ist: Leichtigkeit, Ironie, Distanz zum eigenen Ich. Einen »Staatssklaven im Frack« hat er sich gelegentlich genannt, und das Regiebuch öffentlicher Verpflichtungen zwang ihn zu bewegtem Pendeln »zwischen Männergesangverein Tumringen und Sinngebung dieser Zeit«. Doch fand er immer noch irgendwo zwischendurch ein Stückchen Zeit zum Zeichnen, Schreiben und Plaudern. Gelegentlich schrieb er sogar hintersinnig Nachrufe auf Vorrat, besonders auf Leute, die er nicht mochte – von sich selbst aber meinte er, es sei wohl sein Schicksal, ein Fossil aus der Biedermeierzeit zu werden. Doch er war weit mehr als ein Denkmal altliberaler Gesinnung, nämlich ein feiner und weiser Erzieher, und wenn man seine Tagebuchbriefe liest, dann wird deutlich, welchen pädagogischen Mentor wir in ihm gehabt haben, lange bevor die Heere der Bildungsforschung und -planung zu marschieren begannen. (Übrigens war er einmal Kultusminister, als das noch kein Prügelknabenberuf war und Bildung noch nicht hinderlich in der Bildungspolitik.)
Nun aber zum Theodor-Heuss-Preis. Ist er dem von Heuss gesetzten Anspruch gerecht geworden? Preiswürdig seien, so liest man, über alle parteipolitischen Grenzen hinweg alle Staatsbürger, »die in besonders überragender und vorbildlicher Weise demokratischen Einrichtungen oder Einsichten zum Durchbruch verholfen haben oder besonders hervorragende Beispiele für gelebte demokratische Fairneß, Toleranz und guten politischen Stil gegeben haben«. Nun, Theodor Heuss hätte hier

vielleicht ein paar große Worte gestrichen als Redakteur und »Kürzungs-Routinier«, wie er sich gerne nannte, und statt von gutem politischem Stil hätte er einfach von politischem Stil gesprochen; schlechter Stil ist eben keiner. Und das Wort Engagement – ich weiß es aus einem Gespräch mit ihm aus meiner Studentenzeit – war ihm verhaßt; er hörte dahinter immer das NS-Wort »Einsatz«. Er sprach lieber von Mitarbeit oder von Hilfe. Er war ja lange Redakteur der »Hilfe«. Und wäre er heute unter uns, würde er vielleicht mahnen: Kinder, laßt doch die großen Worte, stilisiert mich nicht zum Denkmal, ich bin kein ausgeklügelt Buch demokratischen Wohlverhaltens; schaut euch lieber mein Leben, meine Sprache, mein Auftreten, privat und öffentlich, genauer an; dann entdeckt ihr vielleicht da und dort etwas, was neu und aktuell sein könnte. Nämlich dies (und nun versuche ich zu übersetzen):

Nonkonformismus ist gewiß ein Element der Liberalität. Unbotmäßigkeit ist ein Ingrediens der Bürgertugend. Aber beide verflüchtigen sich, wenn sie standardisiert werden. Es ist wie mit der Kleidung: Ein bärtiger Student im Müllschluckermantel ist ein reizender Widerspruch zu einer glattgebürsteten Wohlstandsgesellschaft; deren Tausende aber sind schon wieder das Gegenteil, nämlich selbst Konformismus. Wir Deutschen lassen nun einmal nicht davon ab, eine Sache um ihrer selbst willen zu übertreiben. Wir kennen nur die Unform – oder die Uniform.

Wäre es aber heute nicht weit mutiger und – Verzeihung – liberaler, statt der Erziehung zum Ungehorsam den Respekt vor den Normen des Rechtsstaats zu prämiieren, statt des ach so wohlfeilen Widerspruchs gegen Alles und Jedes die Zustimmung zur demokratisch gefällten Entscheidung, statt der oft zur schäbigen Routine gewordenen Kritik die wirkliche Kritik, die den Kritiker einbezieht? Ist nicht der Konsens zwischen den demokratischen Kräften so bedroht, daß alles, wirklich alles getan werden muß, um ihn zu stärken? Muß sich der Theodor-Heuss-Preis nicht daran messen lassen, ob es ihm gelingt, den Konformismus der kritiklosen Ja-Sager ebenso zu überwinden wie den Nonkonformismus der Eitelkeit?

Dies sollen nicht unfromme Gedanken eines Andersgläubigen in einer sozialliberalen Familienfeier sein. Wohl aber will ich eine Anregung geben: Daß die Theodor-Heuss-Stiftung auch in Zukunft nicht nur Trends und Popularitätskurven nachzeichnen, sondern kräftige Akzente setzen möge, Akzente der Unabhängigkeit. Damit wir aus den Polarisierungen und Verteufelungen herauskommen; damit sich in der Politik unseres Landes jene »Produktivität des Behagens« wieder herstelle, in der Theodor Heuss zu Recht den Kern menschlicher und politischer Wirkung gesehen hat. Ich bin gewiß, wir würden damit nicht nur sein politisches Erbe ehren, wir würden ihm, dem Unfeierlichen, auch persönlich – ich muß ihn schwäbisch zitieren – »a Saufreud« machen. (1974)

Demokratische Lektionen

Von Weimar nach Bonn

Wehrhafte Demokratie, Parteiendemokratie, Kanzlerdemokratie – mit diesen Begriffen ist das veränderte Klima angedeutet, in dem sich der zweite Realisierungsversuch der deutschen Demokratie vollzogen hat und gegenwärtig noch vollzieht.

Die Länderverfassungen und das Grundgesetz haben dem zweiten Realisierungsversuch der deutschen Demokratie Züge aufgeprägt, die von denen der Weimarer Demokratie deutlich unterschieden sind. Die Reaktion auf den Fehlschlag der Ersten Republik zeichnet sich überall ab.

An erster Stelle ist wohl mit Hans Peters zu nennen die Abkehr vom positivistischen und formalistischen Verständnis der Demokratie. War diese für die Weimarer Verfassung ein bloßes Datum, eine Setzung des souveränen Volkes, die dieses, wenn es wollte, auch wieder aufheben konnte, so gehört sie für das Grundgesetz zu den grundlegenden Normen, die der Änderung durch den Verfassungsgesetzgeber entzogen sind.

Art. 79 Abs. 3 GG erhebt die freiheitliche demokratische Grundordnung zum unabänderlichen Bestandteil des Grundgesetzes. In ihr sieht das Bundesverfassungsgericht in seiner Entscheidung über die Verfassungswidrigkeit der sozialistischen Reichspartei (SRP) vom 23. Oktober 1952 eine Ordnung, »die unter Ausschluß jeglicher Gewalt- und Willkürherrschaft eine rechtsstaatliche Herrschaftsordnung auf der Grundlage der Selbstbestimmung des Volkes nach dem Willen der jeweiligen Mehrheit und der Freiheit und Gleichheit darstellt«. Zu den grundlegenden Prinzipien dieser Ordnung gehören: die Achtung vor den im Grundgesetz konkretisierten Menschenrechten, vor allem vor dem Recht der Persönlichkeit auf Leben und freie Entfaltung, die Volkssouveränität, die Gewaltenteilung, die Verantwortlichkeit der

Regierung, die Gesetzmäßigkeit der Verwaltung, die Unabhängigkeit der Gerichte, das Mehrparteienprinzip und die Chancengleichheit für alle politischen Parteien mit dem Recht auf verfassungsmäßige Bildung und Ausübung einer Opposition. Die demokratische Grundordnung ist also, wie Peters mit Recht hervorhebt, eine »wertgebundene, sachlich und ethisch fundierte Ordnung«. Nur weil und soweit dem Grundgesetz ein materialer Begriff der Demokratie zugrunde liegt, kann es – wie im Urteil gegen die SRP und dem gegen die KPD – als Schranke gegen antidemokratische Betätigung von einzelnen oder Parteien auch dort wirksam werden, wo äußerlich die Formen demokratischer Betätigung gewahrt werden. Die Wendung zur »wehrhaften Demokratie« (Hermann Jahrreiß), die sich freiwillig und bewußt des »Rechts auf Selbstmord« begibt, ist untrennbar verbunden mit der Wendung zu einem inhaltlich bestimmten Demokratiebegriff.

Die zweite wichtige Änderung, mit der das Grundgesetz über die Weimarer Verfassung hinausgegangen ist, ist die Entscheidung für die repräsentative Demokratie und den Parteienstaat. Ich nenne beide Dinge in einem Atem, weil sie mir – entgegen einer weitverbreiteten Meinung – nicht nur miteinander vereinbar, sondern geradezu zusammengehörig erscheinen. Ist einerseits Demokratie in einem Staat wie der Bundesrepublik heute nur noch als repräsentative Demokratie denkbar, so werden andererseits die Formen dieser repräsentativen Demokratie maßgebend von der Existenz und Wirksamkeit politischer Parteien bestimmt. Das Grundgesetz folgt, indem es die Parteien in die verfassungsmäßige Ordnung einbezieht, nur einer längst offenbar gewordenen soziologischen Konsequenz der modernen Demokratie.

Was die repräsentative Demokratie angeht, so ist ihr Charakter im Grundgesetz durch den Verzicht auf die plebiszitären Elemente, die der Weimarer Verfassung das Gesicht gegeben hatten, scharf akzentuiert worden. Niemand wird geneigt sein, das Spezifische der Bonner Demokratie in einer dauernden Artikulation des Volkswillens zu sehen; stehen wir doch vor der Tatsache, daß dieser Volkswille sich – abgesehen vom Sonderfall der Neugliederung des Bundesgebietes nach Art. 29 – nur alle vier Jahre zu Ablauf der Legislaturperiode des Bundestages in allgemeinen Wahlen manifestieren kann. Daß hier die Ideologie unmittelbarer Volksherrschaft, der Gedanke einer »Identität von Regierenden und Regierten« ganz unanwendbar ist, der herrschaftliche Charakter der Demokratie und ihr oligarchisches Führungssystem dafür um so deutlicher hervortreten, liegt auf der Hand. Hat nun der starke Einfluß der Parteien auf das Repräsentativsystem »die frühere Gegenüberstellung von Volk und Staatsführung abgewandelt« und das Volk durch die Parteien »mediatisiert«, wie Werner Weber in einer oft zitierten Wendung behauptet hat? Mir scheint, die Formulierung des Grundgesetzes, daß die Parteien bei der politischen Willensbildung des Volkes mitwirken (Art. 21, Abs. 1), läßt eine solche weitgehende Deutung kaum zu. Ist doch im Gegenteil die Spannung, die in der Doppelrolle des Abgeordneten als Repräsentant des Volkes und zugleich als Vertreter einer konkreten Parteiorganisation liegt, durchaus aufrechterhalten – in einer bewußten Gegenüberstellung des Ideals der liberalen Demokratie und der modernen politischen Wirklichkeit, die bei der Auslegung von Fall zu Fall gegeneinander abgewogen werden müssen. Auch ist die Konstitutionalisierung der Parteien nicht einfach die Anerkennung eines machtpolitischen *factum brutum:* Indem die Parteien in das Verfassungsrecht eingegliedert sind, werden sie zugleich an den Strukturerfordernissen der Demokratie gemessen; ihre innere Organisation muß, wie das Grundgesetz verlangt, demokratischen Grundsätzen entsprechen. Auch der Einwand, daß mit der Anerkennung der Parteien durch das Verfassungsrecht lediglich eine kleinere Gruppe von Parteifunktionären zum Träger der Demokratie geworden sei, geht an der Sache vorbei; denn auf die Willensbildung der Parteien wirken sehr viele Faktoren ein, die nicht aus der Partei selbst stammen: Der Einfluß von Vereinen, von Verbänden, von einzelnen macht sich hier in einer oft geradezu plebiszitär zu nennenden Weise bemerkbar, wie etwa das Schulbeispiel der Kandidatenaufstellung zeigt. Die Parteien – mindestens die beiden großen – sind heute um so mehr zu unentbehrlichen Vorformern des staatlichen Willens geworden, als sie, um an die Macht zu kommen, sachlich gezwungen sind, über die Vertretung einzelner Gruppen hinaus eine Integration aller Gruppen und Interessen im Volk in Angriff zu nehmen, und dies als einzige politische Organisation auch können. Soll sich das gemeine Beste als Resultante aus den divergierenden Meinungen und Interessen auf einem genügend breiten Grund gemeinsamer Übereinstimmung formen – und auf dieser Voraussetzung baut das parlamentarische *government by talking* auf –, so sind es gerade die Parteien, die hierzu in der modernen Massengesellschaft nicht entbehrt werden können.

Endlich die dritte, am meisten ins Auge fallende Änderung: die Stärkung der Exekutive. Auch hier liegt der Unterschied zu der Weimarer Demokratie mit ihren vergleichsweise schwachen und kurzlebigen Regierungen auf der Hand. Die »politische Gewalt« ist heute unabhängiger geworden. Was das im Guten wie im Schlechten bedeutet, dafür haben wir gerade in der Bundesrepublik in den letzten Jahren reiche Beobachtungsmöglichkeiten gehabt. Für den Durchschnittsbürger ist heute zweifellos die »Regierung« – wenn nicht gar »der Bundeskanzler« – die wichtigste Größe im Staat; und die Aufgabe des Parlaments wird weniger in seinen Legislativ- und Kontrollfunktionen gesehen als darin, daß es die Dynamik des politischen Kampfes rhetorisch sichtbar macht und sie der nationalen Öffentlichkeit zur Kenntnis bringt. Die Führungsschwäche der Weimarer Demokratie, die den Ruf nach dem starken Mann, dem Führer, entstehen ließ, ist durch diese Aufwertung der politischen Gewalt zu einem guten Teil kompensiert worden.

Die technischen Mittel, mit deren Hilfe dieser Umschwung vollzogen wurde, sind bekannt. An erster Stelle ist das »konstruktive Mißtrauensvotum« (Art. 67 GG) zu nennen, das schon durch seine Existenz die Abhängigkeit der Regierung vom Parlament stark vermindert und ihre Selbständigkeit gemehrt hat. Die Stärkung der Exekutive setzt aber schon in der Vorzone des Parlaments, beim Wahlrecht, ein. Die Abkehr vom reinen Verhältniswahlrecht, die Einführung der Fünf-Prozent-Klausel ineins mit der Möglichkeit, extreme Parteien für verfassungswidrig erklären zu lassen – dies hat alles ohne Zweifel die Fähigkeit des Parlaments, eine starke und leistungsfähige Regierung zu bilden, beträchtlich gestärkt. Und die Sicherung der gouvernementalen Arbeitsfähigkeit hört mit dem konstruktiven Mißtrauensvotum nicht auf: Die sehr wichtige Vorschrift Art. 113 GG, wonach die parlamentarischen Instanzen in den Haushaltsvorschlag der Bundesregierung neue Etatposten nur einsetzen und bestehende nur erhöhen können, wenn die Bundesregierung zustimmt – diese Vorschrift (übrigens ein beträchtlicher Eingriff in die traditionelle Budgethoheit des Parlaments) kommt zweifellos gleichfalls der Stabilisierung des Regierungsapparates zugute.

Wehrhafte Demokratie, Parteiendemokratie, Kanzlerdemokratie – mit diesen Begriffen ist das veränderte Klima angedeutet, in dem sich der zweite Realisierungsversuch der deutschen Demokratie vollzogen hat und gegenwärtig noch vollzieht. Gewiß ist damit nichts Endgültiges gesagt, sondern nur eine Entwicklungstendenz angedeutet, aber doch eine deutlich sichtbare und – wie wohl klar geworden ist – eine von der Verfassung selbst gewollte. Kein Zweifel: Die Grundlinien der heutigen deutschen Demokratie sehen wesentlich anders aus als die der Demokratie der Ersten Republik. Sehr vieles hat sich unwiderruflich geändert. (1966)

Risiken des Neubeginns

Man hat das monarchische Erbe, die nachwirkende Tradition des Obrigkeitsstaates für die Unpopularität, die Schwierigkeiten und Krisen der Weimarer Demokratie verantwortlich gemacht; man muß aber auch fragen, warum es den Demokratien nicht gelang, das Land ebenso energisch und erfolgreich zu verwalten, wie es den Königen gelungen war, also jene Synthese zu finden, die Charles Péguy für Frankreich klassisch formuliert hat: »La Révolution – notre Royaume de France«.

Inwieweit stellt die *wehrhafte Demokratie* mit ihrer unvermeidlichen Einschränkung der Meinungs- und Vereinigungsfreiheit eine Grundtechnik, ohne welche die Demokratie im traditionellen Verstand nicht denkbar ist, in Frage? Inwieweit läßt die *Parteiendemokratie* mit ihrer ebenso unvermeidlichen Lenkung des Abgeordneten (die sich freilich im parlamentarischen Leben weit öfter als natürliche Überlegenheit des spezialistischen Sachverstands denn als bewußt-persönliche Tyrannis eines die Gewissen vergewaltigenden Fraktionszwangs präsentiert) noch Raum für jene nicht gebundene, nur dem Gemeinwohl verpflichtete Gewissensentscheidung, die der älteren Demokratie vorschwebte? Und inwieweit engt die *Kanzlerdemokratie* nicht nur die Ressortverantwortlichkeit der Minister, sondern auch den Kontrollspielraum der im Parlament lokalisierten Volkssouveränität unzulässig ein, damit gleichfalls ein Grundprinzip verändernd, das dem älteren Demokratieverständnis unantastbar schien?

Das Gewicht dieser Fragen darf nicht verharmlost werden, auch dann nicht, wenn wir uns für die heutige Form der Demokratie entscheiden – eine Form, die ohne Zweifel leistungsfähiger und populärer ist als die der Weimarer Zeit. Es ist unbestreitbar, daß das Grundgesetz in allen diesen Punkten hart an die Grenze dessen gegangen ist, was im traditionellen kontinentalen Verständnis, von der Rousseauschen Theorie im engeren Sinne ganz zu schweigen, unter Demokratie begriffen wird. Die Frage ist aber, ob diese Wendung nur einer opportunistischen Augenblicksreaktion auf jüngste politische Erfahrungen entsprungen ist oder ob sie nicht vielleicht – was hier nur angedeutet sei – an ein älteres Verständnis der Demokratie und damit in einem entschiedenen Sinn wieder an die geschichtliche Tradition anknüpft.

Der Weg zu einer Antwort mag zunächst über eine Vorüberlegung führen. Erscheinungen wie die eben aufgeführten finden sich – und zwar nicht erst seit heute – in den meisten der modernen westlichen Demokratien. So gehört der materiale Wertgehalt der Demokratie, mag er nun in Menschenrechten ausdrücklich positiviert sein oder sich als ein selbstverständlicher, keiner Aufzeichnung bedürftiger *bloc des idées incontestables* manifestieren, seit jeher zum Selbstverständnis der eidgenössischen wie der französischen, der englischen wie der amerikanischen Demokratie. Die *wehrhafte Demokratie* ist also kein deutsches Monopol, mag sie hier mit einer gewissen grundsätzlichen Schärfe hervortreten. Und ganz ähnlich steht es mit der *Parteiendemokratie*. Der Parteienstaat ist seit je eine selbstverständliche Erscheinungsform der angelsächsischen Demokratie, und er beginnt es in den letzten Jahrzehnten auch auf dem Kontinent zu werden. Die französische Vierte Republik, in der die modernen Leaderparteien mit festem Anhang und zentralisierter Organisation (Kommunisten, Sozialisten, MRP) die alten Fraktions- und Honoratiorenparteien (Radikale, Unabhängige) überflügelten, hat hier einen lehrreichen Anschauungsunterricht erteilt.

Endlich darf daran erinnert werden, daß auch das Mehrheitswahlrecht, gleichfalls ein altes Kennzeichen der angelsächsischen Demokratie, seit dem Zweiten Weltkrieg auf dem Kontinent zunehmend diskutiert wird. Nimmt man noch hinzu, daß zum englischen Regierungssystem sowohl das konstruktive Mißtrauensvotum als auch die Premierminister-Demokratie gehören – und zwar nicht erst seit heute, sondern schon seit dem späten 19. Jahrhundert –, so wird deutlich, daß auch die Kanzlerdemokratie, deren Entdeckung so viel Erstaunen und Mißbilligung hervorgerufen hat, keineswegs eine Eigenart oder Unart der Bundesrepublik darstellt.

Aber auch in der deutschen politischen Tradition – und dies ist der Gesichtspunkt, auf den es uns hier ankommt – fehlt es keineswegs an Anknüpfungspunkten für die heutige Praxis demokratischer Staatsführung. Ja, diese Verbindungen sind häufiger und bieten sich heute natürlicher an als im Vergleich zur Weimarer Republik. So hat das Grundgesetz im Grundrechtsteil – besonders in Art. 1, der die Verpflichtung des Staates zum Schutz der Menschenwürde feststellt, aber auch in der Sozialstaatsklausel (Art. 20 u. 28 GG) – positive Staatszielbestimmungen formuliert, die eine gemeinsame Plattform breitester Art für die Gesamtheit der miteinander ringenden politischen Kräfte darstellen. Diese Formulierung eines verbindlichen Staatsethos bedeutet einen wesentlichen Schritt über die Weimarer Republik hinaus. Zwar ist dort eine derartige Charta der Staatsziele von Männern wie Naumann und Ebert gleichfalls angestrebt worden; das Resultat war aber dann schließlich nur ein taktischer Formelkompromiß, ein »interfraktionelles Parteiprogramm« ohne gemeinsam verpflichtende Kraft, weil es den gegeneinander hart abgegrenzten Weltanschauungsblökken an einer verbindenden naturrechtlichen Basis fehlte. Es ist kein Zweifel, daß demgegenüber die starke und von allen Beteiligten als verbindlich anerkannte Betonung des Gemeinsamen im Bonner Grundgesetz traditionsbelebend gewirkt hat, daß sie jenes unbefangene Verhältnis zum Staat als dem Gemeinwesen wieder hat anbahnen helfen, das in Deutschland verlorengegangen war, seitdem die natürlichen Integrationsfaktoren des landschaftlichen Gefühls der monarchischen Loyalität und der gemeinsamen nationalen Geschichte den artifiziellen einer geschriebenen Verfassung weichen mußten.

Auch der *Parteienstaat* ist der älteren deutschen Geschichte nicht so fremd, wie es von der Entwicklung der überwiegend am französischen Parlamentssystem orientierten liberalen Bewegung des 19. Jahrhunderts her erscheint. Gewiß verfügen wir in Deutschland nicht über die unbefangene Praxis der Interessenrepräsentation, wie sie England seit dem 17. und 18. Jahrhundert kennt, wo sich das Parlament in Oberhaus und Unterhaus und dieses wiederum in Whigs und Tories aufteilt, ohne daß die Einheit des *political body* durch diesen Pluralismus in Frage gestellt worden wäre. Gewiß konnte auch die deutsche Nation – konfessionell, landschaftlich und sozial so ungleich stärker zerklüftet als andere – ihrer Einheit niemals so gewiß sein, daß sie sich das freie Ausleben der Gegensätze ohne Gefahr gestatten konnte. Aber man darf darüber nicht vergessen, daß Deutschland sowohl im Reich wie in den Territorialstaaten bis ins 18. Jahrhundert hinein Prinzip und Praxis einer ständischen Repräsentation gekannt hat und in den Landständen und dem Reichstag über Organe verfügte, die weit länger in-

takt geblieben sind als etwa die entsprechenden französischen der Landschaftsparlamente und Generalstände. In manchen Zügen haben diese Repräsentativorgane mit dem englischen Parlamentarismus vor den Wahlrechtsreformen des 19. Jahrhunderts vieles gemeinsam. Wenn die deutsche Demokratie nicht wie die englische aus dem Ständestaat herauswuchs, so hängt dies einerseits mit dem Einbruch des Absolutismus zusammen, dessen Kraft in England durch die Glorreiche Revolution gebrochen wurde, während er in dem durch den Dreißigjährigen Krieg erschöpften Deutschland sich durchzusetzen vermochte – andererseits aber mit der Orientierung an dem französischen Typus der Demokratie, der, aus der Reaktion gegen den Hochabsolutismus entsprungen, selbst wesentliche Züge des absolutistischen Staatsgedankens in sich aufgenommen hatte.
Endlich weist auch die *Kanzlerdemokratie* auf die ältere Tradition zurück – sie sogar in ganz besonderem Maße. Diese Traditionen liegen freilich nicht im Ständestaat, der in der deutschen Geschichte den äußersten Pol der Gewaltenaufteilung und Pluralisierung des Staates darstellt, sondern im monarchischen Staat des aufgeklärten Absolutismus, der ihn in der geschichtlichen Sukzession abgelöst hat. Auch hier reichen die Wirkungen bis ins 19., ja bis ins 20. Jahrhundert hinein. Es war ja das Problem der im 19. Jahrhundert einsetzenden Parlamentarisierung Deutschlands, daß sich diese – anders als in England – einem seit langem ausgebildeten Beamtenapparat und einer hochspezialisierten Verwaltung gegenübersah – gegenüber den eingelebten Traditionen »guter Herrschaft« mußte die Dynamik des politischen Kampfes, das *government by talking* und mit ihm die Figur des Parlamentariers, der »Politik als Beruf« (Max Weber) betrieb, seltsam funktionslos erscheinen. Der liberalen Bewegung im 19. Jahrhundert gelang es nicht, den intakten Regierungs- und Verwaltungsapparat mit der monarchischen Spitze und dem Unterbau des Beamtenheeres stärker in das parlamentarische Kräftefeld einzubeziehen. Die Weimarer Demokratie beschritt dann den entgegengesetzten Weg einer Minimalisierung der »politischen Gewalt«. Das Problem demokratischer Herrschaft wurde nicht gelöst, das herrschaftliche Moment im Staatsaufbau vielmehr umgangen, beziehungsweise im Amt des Präsidenten, der »herrschen, aber nicht regieren« sollte, immobilisiert. Dadurch aber geriet gerade der erste Realisierungsversuch der Demokratie in Deutschland in einen gefährlichen Widerspruch zur geschichtlichen Tradition. Man hat

das monarchische Erbe, die nachwirkende Tradition des Obrigkeitsstaates vielfach für die Unpopularität, die Schwierigkeiten und Krisen der Weimarer Demokratie verantwortlich gemacht; man muß aber auch fragen, warum es den Demokratien nicht gelang, das Land ebenso energisch und erfolgreich zu verwalten, wie es den Königen gelungen war, also jene Synthese zu finden, die Charles Péguy für Frankreich klassisch formuliert hat: *»La Révolution – notre Royaume de France«*. Damit will ich kein Urteil darüber vorwegnehmen, ob der Ausgleich obrigkeitsstaatlicher und demokratischer Traditionen – und im Ablauf zumindest der kontinentalen Staatengeschichte ist immer nur ein Ausgleich, kein absoluter Neuanfang möglich gewesen – heute besser gelungen sei als damals. Daß die heutige Demokratie den Herrschafts- und Führungserwartungen des Volkes besser entspricht als die Weimarer Demokratie, scheint mir freilich festzustehen.

So betrachtet, scheint sich nun allerdings die Frage nach der heutigen Demokratie und ihrer Tradition aufzulösen in die umfassendere Frage nach der zweckmäßigsten »gemischten Regierungsform«, in der demokratische, aristokratische und monarchische Elemente harmonisch ineinander verwoben sind. Aber es scheint nur so. Denn auch die heutige Demokratie bleibt ihrem theoretischen Verständnis nach eine wirkliche Demokratie: Sie ist, wie Erich Kaufmann es formuliert hat, eine »Staatsform der Approbation und Reprobation«; eine Staatsform, nach Hermann Jahrreiß, in der die regierten Menschen die Regierenden ein- und absetzen und sie in ihrem Amt lenken, »indem sie bestimmte Aufgaben der Herrschaft und bestimmte Methoden der Herrschaft fordern oder erlauben oder verdammen«. Freilich, eines ist sie nicht: unmittelbare Selbstregierung des Volkes durch das Volk.

Aber ist die Demokratie der großen Kontinentalstaaten das jemals irgendwo gewesen? Und wenn L. S. Amery die berühmte Lincolnsche Definition der Demokratie für das englische Regierungssystem von heute abgewandelt hat: *»a government of the people for the people with, but not by the people«* – hat er damit nicht etwas gesagt, was für die kontinentalen Staatsdemokratien schon immer galt? Herrschaft des Volkes, für das Volk, mit dem Volk, aber nicht durch das Volk – mehr ist Demokratie in den modernen Staaten nie gewesen. Mehr kann sie auch heute nicht sein. Genug, wenn sie dies ist und als solche mit der Zustimmung des ganzen Volkes rechnen kann, durch welche alle demokratische Herrschaft vorab legitimiert wird. (1966)

Eine andere Parteienszenerie

Die erstaunliche Vereinfachung und Konzentration des Parteiensystems, die sich in den Jahren 1948–1960 vollzogen hat, ist das Ergebnis politischer Erfahrungen. Zunächst und grundlegend wohl der Erfahrungen mit dem Weimarer Parteiensystem, seiner Schwäche und Handlungsunfähigkeit.

Ich versuche einige Grundzüge unseres Parteiensystems herauszuarbeiten, die sich nach 1945 herausgebildet haben.
Ein erster Grundzug: Wir haben in der Bundesrepublik Deutschland ein Parteiensystem, das auf relativ großen und *im Prinzip mehrheitsfähigen* Parteien aufbaut. Gewiß gibt es heute in Deutschland kein reines Zweiparteiensystem. Prophezeiungen, daß unser System sich mit einer gewissen inneren Zwangsläufigkeit in Richtung des angelsächsischen mit seinem Gegenüber zweier großer (und strukturell ähnlicher) Parteien entwickeln werde, haben sich nicht erfüllt. Dennoch geht die Tendenz seit vielen Jahren dahin, daß zumindest vergleichbare Partei*enblöcke*, Parteien*bündnisse* einander gegenüberstehen – die Diskussion um die vierte Partei ist ein beredtes Zeugnis für den im Parteiensystem wirksamen Symmetriezwang. Ganz deutlich wird der Unterschied, wenn man die Weimarer Parteienszenerie mit dem Bonner System vergleicht. In der Weimarer Republik gab es eine Vielzahl kleinerer Parteien, und selbst unter den Regierungsparteien war keine, die mehr als ein Drittel der Wählerstimmen an sich zog – und auch dies nur im günstigsten Fall. Die Parteien waren also in Weimar *strukturell minoritär*, sie hatten gar nicht die Aussicht, regierungsfähige Mehrheiten zu gewinnen; in den rasch wechselnden Regierungen waren selten weniger als drei, vier Parteien vertreten; Regierungsprogramme waren also zwangsläufig von interfraktionellen Kompromissen geprägt. Daß diese Struktur des Parteiensystems wiederum auf die innere Verfassung der einzelnen Partei zurückwirkte, ist klar: das System verlockte die Par-

teien zur Individualisierung, zum Ausleben der Gegensätze, zur Ausprägung des Je-Eigenen, zur Profilierung. Das Bonner System wirkt demgegenüber genau in der Gegenrichtung: Abflachung der Unterschiede, Annäherung der Parteiprogramme, Entprofilierung; der Kampf um den Wähler wird nicht mehr so sehr im Unverwechselbar-Eigenen der Partei, mit gezielten Programmen, geführt – er spielt sich mehr ab in der Mittelzone, im *floating-vote* der Wechselwähler, in einer Idealkonkurrenz der Parteien um die Besetzung von »Mitte«, Konsens, Gemeinsamkeit.

Ein zweiter Grundzug, der mit dem ersten zusammenhängt: Es sind politische Parteien, die das Bonner Parteiensystem bilden – politische Parteien und nicht Regional- oder Interessenparteien. Auch dies ist ein Unterschied zu Weimar. Damals gab es zahlreiche Splitterparteien, die sehr partielle Ziele verfolgten. Geschädigte aller Art, Lokalgruppen, kurzlebige Interessen schlossen sich zu Parteiformationen zusammen – und konnten dies, unter der Herrschaft des geltenden Wahlsystems, auch mit Aussicht auf Erfolg tun. Im Bonner System hält die Fünf-Prozent-Klausel solche Interessen im vorparlamentarischen Raum der Bürgerinitiativen, gibt ihnen allenfalls in der Kommunalpolitik ein Betätigungs- und Entfaltungsfeld. Freilich darf daran erinnert werden, daß dies in den Anfängen der Nachkriegspolitik in den Ländern und im Bund keineswegs so war – es sei nur an den mächtigen Bund der Heimatvertriebenen und Entrechteten (BHE) erinnert – und daß in jüngster Zeit Interessengruppen bei Landtags- und Bundestagswahlen wieder stärker hervortreten: man denke nur an die »Grünen«, an Umweltschützer, Anti-Atombewegungen, Steuerparteien, Alternativgruppen etc. Einstweilen ist das Parteiensystem noch stark genug, diese Gruppen zu integrieren. Sollte jedoch die Fünf-Prozent-Klausel bei kommenden Wahlen auf breiter Front überrannt werden, könnte sich eine neue Lage ergeben.

Als dritten Grundzug hebe ich hervor die starke Tendenz des deutschen Parteiensystems zur Mitte hin – eine Eigentümlichkeit, die gerade Betrachtern aus romanischen Ländern immer wieder auffällt. Es gibt in der Bundesrepublik Deutschland zumindest im parlamentarischen Spektrum der Landtage und des Bundestages keine ausgesprochene, ins Gewicht fallende Repräsentanz der extremen Rechten und Linken, wie sie etwa in Frankreich ganz selbstverständlich ist – das deutsche Parteiensystem wirkt stärker in der Mitte zusammengedrängt (vom Anspruch *aller* Parteien, die »Mitte« zu vertreten, war schon die Rede). Damit hängt die begreifliche Allergie zusammen, mit der man hierzulande auf Extremisten von rechts und links reagiert – auch dies ein Trauma aus Weimarer Zeiten, als die schmale demokratische Mitte immer wieder von rechts und links durch »tote Mehrheiten« außerhalb der verfassungsmäßigen Ordnung in Gefahr gebracht wurde – bis hin zum bitteren Ende 1933.

Ein vierter Grundzug: Die deutschen Parteien verfügen allesamt über ein ausgeprägtes, stark strukturiertes *Vorfeld*. Das hängt mit ihrem (verglichen mit Weimar) unspezifischen, auf Einbeziehung vieler Interessen bedachten Charakter zusammen. Ein großer Teil politischen Interessenaustrags und -ausgleichs vollzieht sich so bereits im Weg der Vorab-Integration: in Verbänden, Landsmannschaften, Fachvereinigungen, in Männer-, Frauen-, Jugend- und Altengruppen. Die Bedeutung solcher Vorfeld-Gruppen bei der Willensbildung der Parteien, bei der Kandidatenaufstellung, bei Wahlentscheidungen ist oft hervorgehoben und analysiert worden – sie haben auf Grund der stärkeren Impulse direkter Demokratie (Bürgerinitiativen und -zusammenschlüsse) in den letzten Jahren noch an Bedeutung gewonnen.

Als fünfter Grundzug muß das breitere politische Aktionsfeld des deutschen Parteiensystems hervorgehoben werden. Bund, Länder und Gemeinden stehen einander als annähernd gleichgewichtige Rekrutierungsfelder und Aktionsrahmen gegenüber – ein System, das man als regionale und horizontale Gewaltenteilung bezeichnen könnte. Bundestagswahlen, Landtagswahlen, Kommunalwahlen lösen einander in regelmäßiger Folge ab, wobei die Tendenzen wechseln: in Zeiten starker politischer Polarisierung gleichen die Ergebnisse sich an, unter Normalbedingungen macht sich eher die Balance- und Kompensationswirkung geltend. Im ganzen haben die drei Spielfelder der politischen Aktion sich im Lauf der Jahre einander angenähert. Es herrscht auch ein reger, im Lauf der Zeit sogar intensivierter Austausch des politischen Personals hinüber und herüber. Ein Bundeskanzler (oder Kanzlerkandidat) kann ohne weiteres aus der Landespolitik kommen, ein erfolgreicher Kommunalpolitiker in die Landes- oder Bundespolitik wechseln. Für die politische Wetterlage sind die Wahlen auf den drei Gebietsebenen ein anstrengender, aber nützlicher Dauertest, der das politische System zwingt, sich gegenüber dem Bürger stetig personell und programmatisch zu exponieren.

Die geschilderten Grundzüge des Parteiensystems waren nicht von Anfang an vorhanden – die von den Alliierten nach 1945 lizenzierten Parteien waren ja noch im wesentlichen ein Spiegel des Weimarer Parteiensystems. Die erstaunliche Vereinfachung und Konzentration des Parteiensystems, die sich in den Jahren 1948 bis 1960 vollzogen hat, ist das Ergebnis politischer Erfahrungen. Zunächst und grundlegend wohl der Erfahrungen mit dem Weimarer Parteiensystem, seiner Schwäche und Handlungsunfähigkeit. Die Mechanismen gegen eine Zersplitterung der Parteienszenerie – Fünf-Prozent-Klausel, konstruktives Mißtrauensvotum, Stärkung der Exekutive – gehörten nach 1945 nahezu zum überparteilichen Konsens. Hinzu kommt, daß sich das Verfassungsrecht nach 1945 mit Entschiedenheit der Formung und Gestaltung der Parteien annahm (die für die Weimarer Verfassung noch fast außerkonstitutionelle naturhafte Gebilde waren!): Vom Art. 21 des Grundgesetzes läuft hier eine konsequente Linie zur Rechtsprechung des Bundesverfassungsgerichts über Parteiverfassung, Parteifinanzierung, Stellung des Abgeordneten etc.

Daß der Verfassungsgesetzgeber und die Rechtsprechung in dieser Richtung tätig werden konnten, hatte neben psychologischen auch soziale Wurzeln. Die Bevölkerung fand sich nach 1945 in einer Art von politischem Naturzustand wieder. Die Schicksalskategorien des Heimkehrers, des Flüchtlings, des Ausgebombten, des Normalverbrauchers legten sich über alte soziale und regionale Schichtungen und ebneten sie ein. Ähnlich im kirchlichen und konfessionellen Bereich. In der Flucht und Vertreibung aus der angestammten Heimat, in der Mischung mit anderen, andersgläubigen Bevölkerungsgruppen, in der Auflösung territorial-konfessioneller Besitzstände ging das Zeitalter des *Cuius regio eius religio* endgültig und unwiderruflich zu Ende. Und wenn die Erfahrungen mit den Unzulänglichkeiten des Weimarer Parteiensystems den Katholiken und Protestanten nach 1945 eine stärkere politische Zusammenarbeit nahelegten, so hat umgekehrt die Entstehung einer mehrheitsfähigen CDU/CSU die SPD gezwungen (zumindest zeitweilig!), von überholten Klassenkampfparolen abzugehen und sich der Entwicklung zur Volkspartei zu öffnen. Hier kündigte sich, in den fünfziger Jahren, erstmals jene Tendenz wenn nicht zum Zweiparteiensystem, so doch zur Symmetrie ähnlich verfaßter und strukturell vergleichbarer politischer Kräfte an, von der ich eingangs sprach. (1978)

Was wird vom Abgeordneten verlangt?

Der Abgeordnete hat es schwer. Offenbar ist er der Adressat für alle Idealvorstellungen in der Politik. Wie sollen, vor so ideologisiertem Hintergrund, Reformen in Gang kommen?

Seit dem »jungen« Bundestag von 1965 ist die Parlamentsklage des neugewählten Abgeordneten zum literarischen Ritual geworden. Doch nicht nur der Neugewählte hat es schwer. An keinem anderen Beruf kleben so viele Tabus und Traditionsreste, so viele Erwartungen, so viele selbstverständlich gewordene moralische Zumutungen. Die Diätenfrage ist nur ein Beispiel. Was wird nicht alles vom Abgeordneten verlangt! Einmal soll er allgegenwärtig sein – eine thaumaturgische Fähigkeit, die sonst mit Recht von Durchschnittsmenschen nicht erwartet wird: gegenwärtig im Plenum, in den Ausschüssen, in den Arbeitskreisen und selbstverständlich auch im Wahlkreis. Wehe ihm, wenn er die wichtige Einladung potenter Verbände mit dem Hinweis auf dringende Geschäfte in Bonn in den Wind schlägt, wenn er APO-Scherbengerichten in Universitätshörsälen sich entwindet, wenn er sich von seinem Kreisverband nicht beliebig, sondern nur nach Maßgabe seines Terminkalenders zitieren läßt! Der allmähliche Entzug der »Basis« ist ihm sicher, es sei denn, er kann auf Grund seiner Wichtigkeit für die Partei mit einem sicheren Platz der Landesliste rechnen. Zieht er sich aber in Bonn mit anderen Abgeordneten aus dem Plenum, wo die länger dienenden Matadore fechten, zurück, um in kleineren Gremien nützliche Arbeit zu tun, ist die Entrüstung nicht minder prompt zur Hand: ist doch der leere Plenarsaal in den letzten Jahren zu einem Klischee der Parlamentsberichterstattung und zum Synonym für die mangelnde berufliche Verantwortung des Parlamentariers geworden – ein törichtes Urteil für den, der das ebenso leere Unterhaus und den weit leereren amerikanischen Kongreß kennt. (Hat man vergessen, daß nur in Diktaturen die Parlamente gefüllt sind

und daß die Plenumspräsenz mit steigender Machtfülle des Parlaments, also je weniger dieses nur ein dekorativer »Gesangverein« ist, nicht zunimmt, sondern abnimmt?)
Tatsächlich ist schon die zeiträumliche Organisation der Abgeordnetentätigkeit ein schwieriges Problem. Heimatort und Anfahrtswege schaffen oft unüberschreitbare Barrieren zwischen den Abgeordneten. Die Lage Bonns inmitten des volkreichsten Bundeslandes bringt es mit sich, daß ein Viertel, ja fast ein Drittel der Mitglieder den Bundestag mit ein, zwei Stunden Bahnfahrt »vor der Haustür« hat. Natürlich fahren sie abends nach Hause. Liegt es an ihnen, daß Bonn die Attraktionen einer Hauptstadt fehlen, in der man wohnt und übers Wochenende bleibt – oder ist es umgekehrt? Jedenfalls bedingt eins das andere. Bonn als Hauptstadt integriert nicht, weil das Politisch-Parlamentarische hier nicht – wie im Berlin der Kaiserzeit und der Weimarer Republik – in ein geselliges *ambiente* eingebettet ist. Bonn isoliert aber auch nicht genügend von der umgebenden wirtschaftlichen und politischen Landschaft, wie es Berlin mit weiten Anfahrtswegen, dünner Besiedelung ringsum, dazu der Konzentrationskraft eines kulturellen Zentrums tat: Abends ist der nordrhein-westfälische Abgeordnete – und zunehmend auch der baden-württembergische, rheinland-pfälzische, hessische – eben wieder Kölner, Hagener, Wuppertaler, und allenfalls versprengte Trupps von hauptstadtfernen Bayern und Hanseaten trösten sich in ihren Landesvertretungen mit der jeweiligen Landesatmosphäre. Innerhalb eines solch luftlosen und milieuarmen Betriebs aber entwickelt sich nur zu leicht ein Typ des amusischen, glatten Politik-Managers und Karrieristen, für den die parlamentarischen Bretter *nolens volens* die Welt bedeuten. Wolfgang Koeppens Metapher vom »Treibhaus« ist abgegriffen, aber ihr Recht hat sie behalten.
Das Gefühl, einem Parlaments- und Fraktions-Establishment mit Zementfüßen gegenüberzustehen, verstärkt sich, wenn der parlamentarische Neuling die innere Verfassung des Hauses und die bedrückenden technischen Arbeitsmöglichkeiten kennenlernt. Da ist der riesige Bau: ein diffiziler Irrgarten mit abgelegenen Zimmern, Ein-Mann-Treppen und einer plumpen roten Lobby in der Mitte – ein Haus, das zu Rollschuhgängen durch die Korridore und gymnastischen Übungen treppauf, treppab geradezu herausfordert, in dem man mühelos Viertelstunden-Spaziergänge von einem Ende zum andern unternehmen

kann und dessen besondere Attraktionen Abgeordneten-Schlangen vor dem Postamt und langes Warten auf das Mittagessen im Restaurant nach plötzlich beendetem Plenum sind. Da ist zum andern die bedrükkende Raum-Enge (wenigstens bisher, vor dem Bau des Hochhauses), die dem normalen Abgeordneten ohne Fraktionsamt nicht erlaubt, richtig seßhaft zu werden: Er muß das Zimmerchen mit dem Kollegen teilen, hat keine eigene Schreibkraft, muß hundert Dinge tun, die ein Inspektor besser tun könnte, verliert wertvolle Zeit mit technischem Kleinkram, die er eigentlich an politische Fragen wenden sollte. Da ist endlich das alles beherrschende Problem des Sich-Informierens, der Ausstattung mit Detailwissen, der professionellen Schulung für den Beruf des Gesetzemachens: nicht nur gegenüber der nach Zahl und Spezialisierungsgrad bedrückend überlegenen Bürokratie, sondern auch nach innen, gegenüber den Fraktionskollegen und den Abgeordneten anderer Parteien. Bis mancher entdeckt hat, wie man an Vorlagen herankommt, bis er den ersten Versuch der Durcharbeitung, Kommentierung oder gar systematischen Ordnung des riesigen Materials unternimmt, das täglich auf ihn einströmt, ist ein Jahr und mehr vergangen.
Gewiß läßt sich auch die Gegenrechnung aufmachen. Dem Abgeordneten, der arbeiten will, Initiative entfaltet, steht der andere gegenüber, der sechs Wochen lang keinen Finger rührt und damit, dank der geschilderten Struktur des Hauses, keineswegs auffällt. Auch ist die Schar der Führungsbedürftigen, Anpassungswilligen nicht klein, die für die starke Hierarchisierung der Fraktionsarbeit ausgesprochen dankbar sind. Fragt man, warum die Parlamentarier nicht längst für bessere Arbeitsbedingungen gesorgt haben, so wird einem meist die politische Situation nach Gründung der Bundesrepublik entgegengehalten: Der Kampf der Parteien war lebhafter, der Zusammenhalt in den Fraktionen fester; die starken Polarisierungen, zu denen die politische Entscheidung trieb, verscheuchten die Gedanken an demokratische Bequemlichkeiten. Heute jedoch ist die Lage anders. Jüngere Abgeordnete, die neu ins Parlament kommen, sehen in ihm nicht mehr ein Instrument des politischen Kampfes, sondern ein zu rationaler Arbeit verpflichtetes Organ der Gesetzgebung und Kontrolle. Zumal seit Bildung der Großen Koalition hat sich quer durch die Fraktionen so etwas wie ein eigenes Parlamentsbewußtsein gebildet: Man reflektiert auf die internen Probleme und fühlt sich erst in zweiter

Linie als Kampftrupp für die Regierung oder – als Opposition – wider sie.

Nur in diesem Parlament konnte das Wort von den drei Klassen der Abgeordneten (H. Apel) aufkommen. An der Spitze die schmale Schicht derer, die ein Parlaments- oder Fraktionsamt innehaben und in dieser Eigenschaft über ein gesteigertes Maß von Informationen, Arbeitsmitteln und -räumen, Assistenten und sekretariellen Hilfen verfügen. An zweiter Stelle die Abgeordneten, die in Verbänden tätig sind und innerhalb ihres Verbandes ähnliche, oft noch größere Möglichkeiten haben. An dritter Stelle das Gros derer, die auf sich selbst und auf die wissenschaftlichen Dienste des Hauses gestellt sind, niemanden für sich arbeiten lassen können und daher oft an den technischen Handicaps des Bundeshauses scheitern: die »Neger«, wie ein Abgeordneter sie im Plenum drastisch nannte. Es war vor allem das Aufbegehren dieser Schicht, das seit etwa zwei Jahren zu ersten Reforminitiativen führte.

Natürlich läßt sich auch hier die Gegenrechnung aufmachen. Schließlich haben sich die Mitglieder der Fraktionsvorstände auch allmählich von unten emporgearbeitet. Ähnliches gilt meist von den Verbändevertretern. Das Problem liegt aber darin, daß durch die »Amtsausstattung« und den Informationsvorsprung der Arrivierten die einmal getroffene Auswahl zum fast unwiderruflichen Faktum wird. Um aus einem Fraktionsvorstand wieder herauszufallen, muß man sich einigermaßen anstrengen und mit Fleiß viele Leute verärgern. Und Verbandspositionen und politisches Mandat festigen sich meist gegenseitig. Der einfache Abgeordnete dagegen müßte ein all-round-Talent mit unwahrscheinlicher Arbeitskraft sein, wenn er in diesem ungleichen Wettlauf bestehen wollte. Wer die Exekutive von IG Metall für sich arbeiten lassen kann, den Bauernverband oder den BDI, wer – wie die Fraktionsspitzen – über die zentralen Regierungsinformationen verfügt und selbst mitentscheidet, wird immer einen beträchtlichen Vorsprung vor den »Negern« haben. Das Skandalon liegt nicht in der Hierarchisierung der Fraktion oder in ihrer Verbandsfärbung – wer das meint, stürzt sich in einen Windmühlenkampf gegen politische Realitäten. Es liegt darin, daß oben Selektion ohne Rotation herrscht, daß die Ämter zu lange in den gleichen Händen sind.

Diese baulichen, technischen und sozialen Probleme des Bonner Parlamentarismus haben einen sehr plausiblen Ursprung. »Bonn« ist bekanntlich als Provisorium, als »Transitorium« (Theodor Heuss) eingerichtet worden. So wurde zum Beispiel das Bundeshaus wenn nicht auf Abbruch, so doch auf Mehrzweck-Verwendung angelegt: der Plenarsaal sollte laut Anweisung an den Architekten später auch als Konzertsaal verwendbar sein. Außerdem ist man, in geradezu frühliberalen Vorstellungen befangen, von einem Bild des Parlaments ausgegangen, in dem das Plenum das Wesentliche und fast das Einzige war; die Ausschußzimmer wurden nur pro forma angestückt, der Abgeordnete als einzelner kaum zur Kenntnis genommen. Aber diese historische Reminiszenz erklärt das Versäumnis nur, sie entschuldigt es nicht. Denn im Bereich der Exekutive hat man sich von der Provisoriums-Ideologie längstens wegbewegt, hier langsamer, dort schneller: Es muß ja regiert werden. So hat sich manches Ministerium, manche Bundesbehörde seit 1949 in aller Stille verfünffacht, ohne daß Kritik daran in der Öffentlichkeit lautgeworden wäre. Welche Entrüstung aber nun, als der Bundestag endlich daranging, Versäumtes nachzuholen, die Diäten- und Pensionsfrage wenigstens mit spitzem Finger anzufassen, vom einzelnen Abgeordneten und seinen Arbeitsbedingungen Notiz zu nehmen und die skandalösen Raumverhältnisse ein wenig freundlicher zu gestalten. Kein Ferienschiff auf dem Rhein, das nicht, am »Langen Eugen« vorüberfahrend, die Melodie »Wer soll das bezahlen?« anstimmte!

Noch einmal: Der Abgeordnete hat es schwer. Offenbar ist er der Adressat für alle Idealvorstellungen in der Politik. Wie sollen, vor so ideologisiertem Hintergrund, Reformen in Gang kommen? (1969)

Parlament und Regierung

Noch kein Rätesystem hat den historischen Leistungsbeweis erbracht, den das vielgeschmähte parlamentarische System reichlich vorweisen kann: daß es eine arbeitsteilig strukturierte (und daher notwendig bürokratisierte) Industriegesellschaft politisch organisieren kann.

Wie in anderen Ländern ist auch bei uns in den letzten Jahren das Parlament näher an die Regierung herangerückt. Es ist – den Prinzipien der Gewaltenteilung alten Stils zum Trotz – Teil des *government* geworden. Das gilt in doppelter Beziehung. Einmal steht das Parlament naturgemäß schon in seiner Funktion als Kreations- und Kontrollorgan der Exekutive in engerer Verbindung mit dem politischen Prozeß als früher; es ist ja nicht mehr allein Diskussionsforum, Gesetzgebungsorgan, Instrument abstrakter Normensetzung. Aber gerade durch diese Verflechtung mit dem Regierungsprozeß ist auch seine Abhängigkeit von der Exekutive größer geworden. Die alte Autonomie seiner Gesetzgebungsfunktion – ein Kernstück zumindest der kontinentalen Theorie seit Montesquieu – wird vielfältig in die Zeitdynamik, das Parteien- und Koalitionskalkül der Regierung hineinverspannt. Als Sog zur Exekutive hin wirkt diese Entwicklung bis in die Personalstruktur der parlamentarischen Institutionen hinein, wobei sich nachdauernde Prioritäten der Staatsverwaltung aus vordemokratischer Zeit mit modernen Tendenzen des *»état actif«* (B. de Jouvenel) und mit der Schubwirkung von Sozialstaat und Technisierung mischen.

Der Zuwachs neuer Aufgaben wird im deutschen parlamentarischen System besonders fühlbar, weil das Parlament bei uns bis heute seine traditionellen gesetzgeberischen Aufgaben mit Energie, ja Eifersucht behauptet hat. Anders als das britische Unterhaus, das im Lauf eines immer engeren Amalgamierungsprozesses mit der Regierung zur »Fiktion« (Lloyd George) geworden ist und sich heute auf pure Diskussionsfunktionen beschränken muß, ohne wirklich gestaltenden Einfluß auf die Gesetzgebung zu haben, ist unser Parlament das maßgebende Instrument der Gesetzgebung geblieben – wobei diese übrigens auch infolge der Mitwirkung der Opposition in den Ausschüssen (wiederum im Gegensatz zu Großbritannien) niemals völlig auf die programmatischen Vorstellungen der Regierung reduziert werden konnte. Insofern kann man sagen, daß der Bundestag bis heute immer noch das zweitmächtigste Parlament der westlichen Welt darstellt – in gewichtigem Abstand zum amerikanischen Kongreß, gewiß, aber mit deutlichem Vorsprung vor dem britischen Unterhaus; nicht zu reden von der auf Dekorfunktionen beschränkten Nationalversammlung der Fünften Republik.

Doch der Preis der politischen Selbstbehauptung war hoch: einerseits ein immer erneuter strapaziöser Wettlauf mit der Bürokratie um die Ausformulierung der Gesetze, weil gerade in der Festlegung des Details der entscheidende Einfluß der Legislative unter sozial- und leistungsstaatlichen Gesichtspunkten liegt; anderseits, eng damit zusammenhängend, die Verlagerung der Arbeitsschwerpunkte in die Ausschüsse, der Verzicht auf Pauschaldebatten und sinnfällige politische Polarisierungen, der Rückzug aus dem Plenum und damit zwangsläufig auch aus der Öffentlichkeit. Die Opposition ist bei uns nie Regierung im Wartestand geworden – was auch mit den Unzulänglichkeiten unseres Wahlsystems zusammenhängt, das klare und annähernd gleichstarke Fronten nicht erlaubt. Ob damit nicht der generelle Eindruck zählebiger, unabhängig vom jeweiligen Träger etablierter Macht sowie das Fehlen politischer Alternativen und Wachablösungen zusammenhängt, der uns heute psychologisch im Blick auf »die in Bonn« so viel Beschwernis macht?

Aus der Funktionsüberbürdung der Legislative gibt es zwei Auswege, die in verschiedene Richtungen führen. Es ist bezeichnend für die Situation, daß man beide nacheinander zu begehen versucht hat, ohne sich über ihren kontradiktorischen Charakter im klaren zu sein. Der eine Weg ist die Flucht nach vorn, in die Regierung (nach britischem Vorbild), das Zu-Ende-Denken und Zu-Ende-Führen der Tendenz des parlamentarischen Regierungssystems: Auf dieser Linie liegt die Einführung parlamentarischer Staatssekretäre (die jedenfalls in Bonn bereits heute eindeutig zur Exekutive zu rechnen sind), überhaupt alles, was zur Gouvernementalisierung des Parlaments hinführt. Verfolgte man diese Entwicklung konsequent weiter, würde das Parlament seine schon stark zusammengeronnene Autonomie vollends einbüßen und zum administrativen Organ der Planungsstäbe von Parteigremien und Regierung werden, die ihm das gesetzgeberische Programm im Grobaufriß zur Exekution vorlegten; es hätte aber auch, zumindest in Gestalt seiner führenden Abgeordneten aus den Regierungsfraktionen, Anteil an den politischen Grundsatzentscheidungen, während die Opposition den Trostpreis der Institutionalisierung ihrer Funktionen davontrüge. Kurz: An die Stelle einer prekären Autonomie träte eine beschränkte, aber sichere Teilhabe am *government*.

Der andere Weg führt in die Gegenrichtung, nämlich zur Stärkung des verbliebenen Restes an parlamentarischer Autonomie und einer schärferen Funktionentrennung von Regierungsamt und Parlamentsmandat. In dieser Richtung liegt alles, was zur Unterstützung der gesetzgeberischen Funktionen unternommen wurde (Assistenten, Stärkung des einzelnen Abgeordneten). Es scheint, daß auch die meisten neuen Vorschläge zur Parlamentsreform diesem Konzept verpflichtet sind.

Welcher Weg auf die Dauer der richtige ist, läßt sich in abstracto schwer sagen. Nur wäre es eine Illusion, zu meinen, beide Richtungen ließen sich in einer geraden Linie verbinden. Das Parlament muß wählen, und je nach seiner Wahl wird seine innere Struktur sich ändern: Es wird entweder ein (relativ) autonomes Gesetzgebungsorgan werden oder eine legislative Dependance der Regierung, ein Ort, an dem man sich niederläßt, um gesetzgeberische Arbeit zu leisten, oder ein federnder Boden, von dem man als politischer Antäus in die Exekutive emporschnellt.

Das führt zuletzt auf die Frage des »Berufs« der parlamentarischen Institutionen heute – und auf die entsprechende Frage nach dem zugehörigen Bild des Abgeordneten. Auch hier sind verschiedene Antworten möglich. Man sollte sich mit dem theoretisch gewiß richtigen Hinweis auf die unentbehrliche Gesetzgebungsfunktion des Parlaments im industriell-sozialstaatlichen Zeitalter nicht vorschnell beruhigen. Wer sagt denn, daß Gesetzgebung für alle Zeit an parlamentarische Formen gebunden ist? Gewiß liegt der Schwerpunkt des modernen Staates in der Gesetzgebung, und gewiß impliziert das ein engeres Verhältnis des Parlaments zur Regierung. Aber das Heranrücken an Exekutivfunktionen ermöglicht nur formal die Weiterexistenz des parlamentarischen Systems, garantiert nicht sein faktisches Überleben. Könnte nicht ein technokratisch gesättigter Gesetzgebungsausschuß der Regierung im Zweifelsfall die gleiche oder sogar bessere Arbeit leisten als ein Parlament traditionellen Stils?

Wer also das parlamentarische System verteidigen will, muß wissen, daß es sich nie allein aus seiner Technik legitimieren läßt. Man kann sich ohne Schwierigkeiten einen Stand technischer und sozialer Entwicklung vorstellen, in dem die *Legislativfunktion* des Parlamentariers auf eine Art Schöffenbeisitz in einem immer mehr sich verfeinernden, nach unten in mannigfache Partizipationsverhältnisse auslaufenden Gesetzgebungsverfahren zusammenschmölze. Damit wären aber Parlament und Abgeordneter keineswegs überflüssig geworden, im Gegenteil; denn gerade die wachsende Differenzierung im Technischen würde erhöhte Anstrengungen der personalen Legitimation nötig machen – und damit die Figur des Politikers herausfordern, der das platonische Paradox realisiert: daß man, um alles zu verstehen (als Politiker), gerade nicht alles verstehen kann, muß, ja darf (als Fachmann).

Für diese Aufgabe sind Parlament und Abgeordnete gerade auch in der heutigen Gesellschaft, soweit sie den Prinzipien der Freiheit dienen will, unentbehrliche Treuhänder. Ich sehe nicht, welche anderen Institutionen ihnen diese Aufgabe abnehmen könnten. Kybernetik, Demoskopie, Futurologie? Ihre Herrschaft wäre – weil anonym – undurchschaubar und unkontrollierbar; sie würde weder rechtsstaatlichen noch demokratischen Forderungen genügen. Die neue Unmittelbarkeit einer Rätedemokratie? Noch kein Rätesystem hat den historischen Leistungsbeweis erbracht, den das vielgeschmähte parlamentarische System reichlich vorweisen kann: daß es eine arbeitsteilig strukturierte (und daher notwendig bürokratisierte) Industriegesellschaft politisch organisieren kann. Jedes ist nach kurzer Zeit zusammengebrochen oder von der Diktatur absorbiert worden. Gegenüber den feindlichen Brüdern der Technokratie und der Rätedemokratie ist das parlamentarische System auch heute die einzige reale Alternative, weil es indirekte, aber öffentlich vermittelte und eben dadurch demokratischer Legitimierung zugängliche politische Strukturen schafft. Alle Reform muß daher versuchen, es funktionsfähig zu erhalten oder wieder funktionsfähig zu machen, damit die Demokratie nicht in einem Utopia des Gedankens bleibt, sondern fähig, auch unter den heutigen sozialen Bedingungen reale Gestalt anzunehmen. (1969)

Um die »Solidarität der Demokraten«

Man kann vom Staat viel an Toleranz verlangen. Man kann aber nicht von ihm verlangen, daß er den Selbstmord der Demokratie prämiiert.

Dr. Maier, Minister des Landes Bayern: Es geht in dieser Debatte, wenn ich sie recht verstanden habe, um drei Dinge, erstens um das gemeinsame Verfassungsverständnis aller demokratischen Parteien – das gemeinsame Verfassungsverständnis! –, zweitens um die Beurteilung dessen, was sich am Rande oder außerhalb dieses Verfassungsverständnisses in den letzten Jahren an Kräften und Bewegungen in diesem Lande entwickelt hat,
(Beifall bei der CDU/CSU)
und drittens – und das ist das Wichtigste – um ein solidarisches Handeln der demokratischen Parteien gegenüber diesen Kräften.
(Erneuter Beifall bei der CDU/CSU)
Dabei liegt der Streit viel weniger in der Theorie als vielmehr in der Praxis. Ich könnte allem zustimmen, was der Verfassungsminister des Bundes heute mittag zur Eröffnung der Debatte gesagt hat. Das hätte ein Unionspolitiker sicher nicht besser sagen können.
(Beifall bei der CDU/CSU)
Die Frage ist gar nicht: Ist dieses oder jenes verfassungsrechtlich oder verfassungspolitisch problematisch? Darüber erzielt man mit SPD-Kollegen rasch Einigkeit, manchmal unter vier Augen rascher als in der Öffentlichkeit.
(Heiterkeit und Beifall bei der CDU/CSU)
Sondern die Frage ist: Was tun wir dagegen? Hier fangen die Fragen, die Zweifel und die Bedenklichkeiten an. Diese Debatte hat sie nicht beheben können. Denn ich habe eine Antwort auf die Fragen der Unionsfraktion nicht gehört.
(Abg. Dr. Schäfer [Tübingen]: Von der CDU nicht gehört!)

– Nein, gerade von Ihnen, Herr Kollege Schäfer. Ich komme noch darauf zurück. (Beifall bei der CDU/CSU)

Zunächst zum Verfassungsverständnis! Die Verfassung ist die rechtliche Grundordnung eines Staates. Sie ist die Ordnung unseres gemeinsamen Zusammenlebens. Sie ist die Spielregel für den Austrag unserer Konflikte. Sie ist auch – darin stimme ich den SPD-Rednern zu – der Grundriß für den Ausbau dieser Demokratie. Sie ist aber vor allem ein gesetztes Maß, das eingehalten werden muß. Sie gilt. Sie darf nicht verletzt werden. Sie muß beachtet werden.

Man sage nicht, das sei statisches Denken. Jeder weiß, daß Verfassungen sich entwickeln. Jeder weiß, daß wir heute das Grundgesetz mit anderen Augen sehen, anders interpretieren, andere Akzente setzen als 1949. Aber in aller Entwicklung, die stets offen ist und die offen gehalten werden muß, müssen Grundmaße unverrückt bleiben, die zu beachten der Verfassungsgeber sich selbst verpflichtet hat. Das sind die Menschenrechte, vor allem das Recht der Persönlichkeit auf Leben und freie Entfaltung, das ist die Volkssouveränität, die Gewaltenteilung, die Verantwortlichkeit der Regierung, die Gesetzmäßigkeit der Verwaltung, die Unabhängigkeit der Gerichte, das Mehrparteienprinzip, die Chancengleichheit für alle politischen Parteien mit dem Recht auf verfassungsmäßige Bildung und Ausübung einer Opposition. So hat das Bundesverfassungsgericht in verbindlicher Auslegung unseres Grundgesetzes die freiheitlich-demokratische Grundordnung umschrieben, und man sollte sich heute daran erinnern, daß diese Abgrenzung vom Verfassungsgericht zuerst nach rechts befestigt worden ist, nämlich im Urteil von 1952 über die Sozialistische Reichspartei. Ich hoffe, diese freiheitliche Grundordnung ist eine verpflichtende Regel für alle.

Es wird nicht bestritten, daß das Grundgesetz breite Zonen der Ausgestaltung und Weiterentwicklung enthält. Ich will nur an die Begriffe Demokratie, Sozialstaat, Leistungsstaat, aber auch Rechtsstaat denken; denn auch der Rechtsstaat ist keineswegs abgeschlossen, vollendet. Hier liegt das legitime Kampffeld aller Parteien. Hier geht auch die Auseinandersetzung vor sich, ganz zu Recht, um die Fragen Sozialismus, Demokratie, Mitbestimmung und was man immer hier nennen mag. Aber es wäre verfehlt – ich habe das ein paarmal in Beiträgen der Regierungsparteien anklingen hören –, die Einhaltung geltenden Verfassungsrechts, geltender Verfassungsgrundsätze von dem Postulat der sozialen Weiterentwicklung des Grundgesetzes abhängig zu machen. Wenn die Unionsparteien ganz selbstverständlich sich dazu bekennen, daß das Grundgesetz nichts Abgeschlossenes ist, sondern der Weiterentwicklung ebenso fähig wie bedürftig ist, wenn sie ohne weiteres den Satz unterschreiben, daß ein Rechtsstaat ohne soziale Gerechtigkeit heute eine Leerformel ist, etwas Leeres, so sollte auch die SPD einräumen, daß die freiheitlich-demokratische Grundordnung in jedem Fall der Diskussion der Parteien entzogen ist

(Abg. Dr. Schäfer [Tübingen]: Wie können Sie »einräumen« sagen!?)

und nicht unter ein Gebot einer sozialen, sozial-staatlichen oder sozialistischen Ausfüllung, gewissermaßen unter einen Ausfüllungsvorbehalt gestellt werden kann.

(Beifall der CDU/CSU)

Ich räume ein: es gibt sicher Politiker, die zu lernen haben, daß eine Verfassung ein offenes System ist und daß man sie weiterentwickeln muß, oder die *mehr* auf diesem Gebiet zu lernen haben. Aber ebenso sollten andere Politiker lernen, daß die Verfassung nicht erst durch den Gesetzgeber erfüllt wird, sondern daß sie schon in ihrer Grundordnung, in ihrer freiheitlich-demokratischen Grundordnung ein Bestand ist, der gilt, der zu beachten ist und gegen dessen Verletzung alle Parteien eintreten müssen, ganz unabhängig von ihren – je nachdem – andersgearteten politischen Zielen.

Soviel nur zur Einleitung. Ich meine, diese Grundbesinnung und diese Überlegung sind notwendig; denn wir stehen gemeinsam vor den gleichen Aufgaben, die ich jetzt kurz darstellen will.

Zweifellos haben sich in den letzten Jahren Kräfte entwickelt, die über den lange Zeit unbestrittenen Grundkonsens unserer Verfassung hinausdrängen. Es ist ja nur ein kleines Symptom, wenn in einer gestern erschienenen Infas-Umfrage unter Gymnasiasten und Studenten bekannt wird, daß sich zehn Prozent für eine Revolution aussprechen, daß nur wenige am Bestehenden Vergnügen finden. Man sollte das weder unterschätzen noch überschätzen. Es ist das gute Recht junger Menschen, sich nicht mit dem Bestehenden zu begnügen. Hier liegt nicht das eigentliche Problem. Es ist auch klar, daß diese Jugend, die keine Erfahrung mehr mit dem Dritten Reich gehabt hat, die auch keine Erfahrung mit kommunistischen Diktaturen hat, nicht den gleichen Zugang zur Verfassung und zu der Erfahrungsgrundlage dieser Verfassung hat wie die mittlere und ältere Generation.

Vizepräsident Frau Funcke: Herr Minister, gestatten Sie eine Zwischenfrage des Herrn Abgeordneten Moersch?

Dr. Maier, Minister des Landes Bayern: Bitte schön!

Moersch (FDP): Herr Minister, können Sie mir bei der Auswertung dieser Umfrage zustimmen, wenn ich sage, daß dies ein ungewöhnlich günstiges Ergebnis ist, wenn es heißt, daß nur zehn Prozent ihre politischen Vorstellungen nicht im Rahmen der Verfassung verwirklichen wollen, verglichen mit der Verhaltensweise aller hier anwesenden Abgeordneten zu dem Zeitpunkt, als sie 18 Jahre alt waren?

Dr. Maier, Minister des Landes Bayern: Ich habe schon gesagt, daß ich die Ergebnisse solcher Studien nicht überbewerte, zumal es heute einem gewissen modischen Trend entspricht, für Veränderung, auch für Revolution zu sein.

Aber hier scheint mir nicht das Problem zu liegen. Wir müssen auch betonen: nicht die Jugend allein hat die Verantwortung für diese Entwicklung. Oft ist die Saat des radikalen Zweifels an überlieferten Werten schon in der Familie gesät worden, von Eltern, die angesichts der rapiden Veränderungen in ihrer Umwelt immer weniger in der Lage waren, ihren Kindern erzieherische Werte mitzugeben. Was als Aufstand gegen alle Autorität erscheint, ist oft nur eine Reaktion auf verweigerte Autorität, vorenthaltenen Widerstand, auf ein Fehlen von Vorbildern der Lebensgestaltung, und hier sind wir alle mitverantwortlich. Die Folge ist jenes große Mißtrauen, das heute jeder Erzieher, aber auch jeder Politiker zu spüren bekommt, der mit der Jugend zu tun hat.

Eines aber möchte ich sagen: Je mehr Erwachsene, je mehr Politiker, je mehr demokratische Parteien darauf relativistisch oder »jugendverstehend«-lau reagieren, desto stärker wird die Empfänglichkeit der jungen Generation für absolute und totale Lösungen und für die Revolution sein, desto stärker wird der Wunsch sein, wenn nicht geliebt, so doch wenigstens bekämpft zu werden.

(Beifall bei der CDU/CSU)

Die Unsicherheit der älteren Generation und der abstrakte Moralismus der Jüngeren bieten eine Chance für Verführer, die sich im Besitz von Totalerklärungen für alle Lebensprobleme und Lebensrätsel wähnen. Hieraus erklärt sich wenigstens zum Teil die Anziehungskraft des Neomarxismus und seiner verschiedenen Organisationen auf die junge Generation. Genau hier ist der Punkt, wo Verwaltung und Gesetzgebung, wo wir alle, meine Damen und Herren, ein waches Gespür für die Folgewirkungen geistiger Bewegungen in der Tiefe der Gesellschaft entwickeln müssen,

(Abg. Dr. Mertes [Gerolstein]: Sehr gut!)

wo wir versuchen müssen, zerstörerischen Radikalismus abzuwehren, ohne die Fragen der jungen Generation zu verdrängen, wo wir Grenzen ziehen müssen, um die Freiheit und Pluralität der Wissenschaft gegen ideologische Zwangsmuster, gegen Schulungskurse zu sichern, seien sie nun durch Richtlinien oder durch Studienordnungen eines sozialistischen Studiums abgesichert. Das ist eine gemeinsame Aufgabe aller Parteien; denn wir finden die gleiche Lage und die gleiche Psychologie der jungen Generation überall, in allen Ländern und in allen Parteien, vor.

Aber ohne Frage – das sei keine Kritik – leidet die SPD unter dieser Entwicklung im Augenblick besonders stark. Ich darf es, um jede Mißdeutung abzuwehren, mit den Worten eines der Ihren sagen. Bruno Friedrich hat davon gesprochen, daß die SPD in gewissem Sinne den Preis ihres Sieges von 1972 zahlen müsse, und zwar durch den Zustrom vieler Mitglieder, die – ich zitiere – »nach ihrem Herkommen und ihrem Denken wenig von dem wissen, was die Sozialdemokratie bisher geprägt hat. Es gibt Großstädte, vor allem Universitätsstädte, in denen die SPD in zwei Jahren mehr als ein Drittel der Mitglieder neu hinzugewonnen hat, und es gibt Mitgliederversammlungen, in denen mehr als die Hälfte der Anwesenden neue Mitglieder sind.«

Er sagt im gleichen Artikel in der *Zeit* vom 6. April 1973 – ich zitiere wiederum –: »Es wäre untunlich, hier zu verschweigen oder zu kaschieren, daß von den Hochschulen kommend, ein den Reformsozialismus ablehnender, weltanschaulich formulierter Marxismus in der SPD Boden gewinnen will.«

Ich glaube, in der Schärfe hat es kein Debattenredner der Unionsparteien gesagt.

(Abg. Dr.Glotz meldet sich zu einer Zwischenfrage.)

Vizepräsident Frau Funcke: Herr Minister, gestatten Sie eine Zwischenfrage?

Dr. Maier, Minister des Landes Bayern: Ich möchte das Zitat noch zu Ende führen; dann gern! Ich zitiere weiter: »Das von den Hochschulen kommende wachsende Potential der Kommunisten und die von der Studentenselbstverwaltung zur politischen Aktionseinheit durchschla-

gende Studentensolidarität wird die SPD zwingen, stärker als bisher auf eine klare Abgrenzung zum Kommunismus zu achten.«
Anderes würde ich auch nicht sagen. Anderes hat, wenn ich ihn recht verstanden habe, auch Herr Dregger nicht gesagt.
(Lebhafter Beifall bei der CDU/CSU)
Das, meine Damen und Herren von der SPD, sind die Fragen, die wir an Sie haben. Wie gesagt, ich sehe noch nicht, daß sie befriedigend beantwortet worden wären.
Vizepräsident Frau Funcke: Herr Minister, gestatten Sie eine Zwischenfrage des Herrn Abgeordneten Glotz?
Dr. Glotz (SPD): Herr Staatsminister, würden Sie mir denn zugestehen, daß die Sozialdemokratie diesem Staat und dieser Verfassung dadurch, daß sie seit 1968 viele der jungen Kritiker unserer Staatsordnung in eine reformistische Arbeiterbewegung integriert hat, einen großen Dienst geleistet hat?
Dr. Maier, Minister des Landes Bayern: Insoweit, als sie es tatsächlich getan hat, Herr Kollege Glotz, erkenne ich das voll an.
(Beifall bei der CDU/CSU)
Meine Kritik beginnt dort – ich glaube, Sie werden mir in der Diagnose zustimmen –, wo aus Integration Anpassung, das heißt aus Kritik an dieser Gruppe und aus Zurechtweisung und Eingliederung eine bedingungslose Anpassung geworden ist.
(Beifall bei der CDU/CSU. – Abg. Conradi: Ihr Verhältnis zum Wirtschaftsrat!)
Vizepräsident Frau Funcke: Herr Minister, gestatten Sie eine Zwischenfrage des Herrn Abgeordneten Vogel?
Vogel (Ennepetal) (CDU/CSU): Herr Minister, was, meinen Sie, würde der Herr Kollege Glotz sagen, wenn sich ein gleicher Vorgang im rechten Spektrum vollzogen hätte und die CDU NPD-Mitglieder in ihre Reihen aufgenommen hätte?
(Zuruf von der SPD: Das hat sie doch!)
Dr. Maier, Minister des Landes Bayern: Da die Frage an den Herrn Kollegen Glotz gerichtet ist und ich mir nicht gut seinen Kopf zerbrechen kann, kann ich keine Antwort geben. Aber vielleicht können sich die beiden Interpellanten selbst verständigen.
(Heiterkeit bei der CDU/CSU)
Vizepräsident Frau Funcke: Gestatten Sie eine Zwischenfrage des Herrn Abgeordneten Schäfer?

Dr. Maier, Minister des Landes Bayern: Bitte!

Dr. Schäfer (Tübingen) (SPD): Herr Minister, würden Sie mir zustimmen, daß sich die Problematik für die CDU/CSU im Verhältnis zur NPD und ihren Angehörigen genauso stellt?

Dr. Maier, Minister des Landes Bayern: Nein, denn ich kenne keine NPD-Mitglieder, die bewußt versucht haben, in einer Doppelstrategie – ich komme gleich darauf zurück – Aktionseinheiten, Organisationen und Institutionen der Unionsparteien zu unterwandern und sie für ihre Ziele mit der Absicht einzuspannen, aus den Unionsparteien eine andere Partei zu machen.

(Anhaltender lebhafter Beifall bei der CDU/CSU)

Dr. Schäfer (Tübingen) (SPD): Herr Minister, vermögen Sie nicht zu erkennen, daß es insbesondere bei der CSU einer Unterwanderung gar nicht bedurfte, sondern man directement tätig werden konnte?

(Beifall bei der SPD. – Widerspruch bei der CDU/CSU. – Abg. Kroll-Schlüter: Das ist Ihre Primitivität! – Abg. Franke [Osnabrück]: Sie haben es nötig!)

Dr. Maier, Minister des Landes Bayern: Herr Kollege Schäfer, das ist wirklich eine Unterstellung, die ich scharf zurückweisen muß.

(Lebhafter Beifall bei der CDU/CSU – Abg. Rawe: Das sagt ausgerechnet Herr Schäfer! Der hat es nötig! – Weitere Zurufe von der CDU/CSU)

Ich darf zurückkommen – –

(Abg. Rawe: Ausgerechnet Herr Schäfer hat das nötig! – Abg. Kroll-Schlüter: Sie sollten sich schämen! – Anhaltende weitere Zurufe von der Mitte – Abg. Kroll-Schlüter [zu Abg. Dr. Schäfer/Tübingen]: Wo waren Sie denn vor 30 Jahren?)

Vizepräsident Frau Funcke: Gestatten Sie noch eine Zwischenfrage?

(Fortgesetzte Zurufe von der CDU/CSU)

– Meine Damen und Herren, es ist eine Zwischenfrage angekündigt; ich bitte um Ruhe.

Vahlberg (SPD): Herr Staatsminister, erinnern Sie sich nicht mehr daran, daß die CDU/CSU und die NPD 1969 gemeinsam Herrn Schröder zum Bundespräsidenten machen wollten?

(Beifall bei der SPD)

Dr. Maier, Minister des Landes Bayern: »Gemeinsam machen wollten« setzt eine Absprache voraus. Davon kann überhaupt keine Rede sein.

(Lebhafter Beifall bei der CDU/CSU)

Vizepräsident Frau Funcke: Gestatten Sie eine letzte Zwischenfrage des Abgeordneten Müller?
Dr. Müller (München) (CDU/CSU): Herr Staatsminister, ist Ihnen bekannt, daß der SPD-Abgeordnete Vahlberg, der Sie gerade gefragt hat, im Bundeswahlkampf 1969 auf einer gemeinsamen Veranstaltung mit Kommunisten gesprochen hat?
(Stürmische Rufe Hört! Hört! von der CDU/CSU)
Dr. Maier, Minister des Landes Bayern: Das ist mir nicht bekannt.
Ich kehre jetzt wieder zu meiner Rede zurück, wenn es gestattet ist.
(Abg. Dr. Stark [Nürtingen]: Parteigenosse Schäfer! – Weitere anhaltende Zurufe. – Abg. Franke [Osnabrück] meldet sich zu einer Zwischenfrage.)
– Bitte jetzt keine Zwischenfrage mehr!
Vizepräsident Frau Funcke: Meine Damen und Herren, der Herr Staatsminister hat vor der letzten Frage gebeten, keine Zwischenfragen mehr stellen zu lassen. Ich glaube, es liegt in unser aller Interesse, daß die Rede jetzt fortgesetzt und nicht wieder unterbrochen wird.
(Abg. Stücklen: Bevormundung! – Weitere lebhafte Zurufe von der CDU/CSU)
– Der Herr Staatsminister hat mich gebeten, keine Zusatzfragen mehr zuzulassen. Ich bitte, dies zur Kenntnis zu nehmen.
Dr. Maier, Minister des Landes Bayern: Ja, das trifft zu. Ich bitte um Entschuldigung. Aber ich möchte das Hohe Haus auch nicht gegen den Bundesrat aufbringen, weil er seine Redezeit hier überzieht. Aber vielleicht können nachher zu anderen Themen noch Fragen gestellt werden.
Ich komme zum letzten Teil meiner Ausführungen, nämlich zu der Frage: Was tun? Meine Damen und Herren, ich darf es wiederholen: In der Diagnose der Verhältnisse in Schulen und Hochschulen sind die Unionsparteien und die hiesigen Regierungsfraktionen näher beieinander, als man glaubt. Ich sehe gerade in der Hochschulpolitik eine gewisse Wendung auch in der Beurteilung mancher Dinge durch SPD-Kollegen.

Ich bin weit davon entfernt, diesen bitteren Triumph auszukosten. Man hat uns vor Jahren noch geprügelt und in eine rechte Ecke gestellt, wenn wir von Ordnung an Hochschulen sprachen, wenn wir ein Ordnungsrecht für *eine* unter anderen notwendigen Maßnahmen hielten. Daß es die allein notwendige sei und daß damit allein die

Hochschulen zu retten seien, hat niemals ein Unionspolitiker behauptet.
(Beifall bei der CDU/CSU)
Aber es ist schon etwas beschämend, wenn heute das Ordnungsrecht von seiten der SPD gefordert wird und man nicht mit jenem kleinen Rest von Courtoisie, die auch in der Politik üblich sein sollte, zugibt, daß die SPD damit nach dreijähriger Verspätung eine Position der Unionsparteien eingeholt hat. Meine Damen und Herren, man sollte sich nicht fortschrittlich nennen, wenn man eine so lange Leitung hat und drei Jahre länger braucht als andere;
(Lebhafter Beifall bei der CDU/CSU)
sosehr ich der Meinung bin, daß unser Bildungswesen auch für langsamer lernende Schüler etwas tun muß.
(Heiterkeit bei der CDU/CSU)
Lassen Sie mich nun zurückkommen. Ich sagte: In der Diagnose stimmen wir vielfach überein. Ich darf wiederum einen sozialdemokratischen Kollegen zitieren, Richard Löwenthal. Er hat gesagt, das Experiment der demokratisierten Universität, der Freien Universität in Berlin sei gescheitert. Ich zitiere aus einem Vortrag zum 25. Jahrestag der Gründung der FU. Er steht in der *Frankfurter Allgemeinen Zeitung* vom 5. Dezember 1973. Es heißt dort:
»Dieser Lösungsversuch ist gescheitert. Die durch das Gesetz von 1969 geschaffene, ›demokratisierte‹ Universität hat weder die inhaltliche Reform des Studiums geleistet noch die Integration der Extremisten verwirklicht, noch auch nur den äußeren Frieden, die elementarste Bedingung wissenschaftlicher Arbeit und freiheitlicher Erziehung, wiederhergestellt. Aber Berlin braucht eine Universität – eine wahrhaft freie Universität. Wenn die FU eine Zukunft haben soll, wenn sie wieder in Freiheit nach Wahrheit streben soll, so muß ein neuer Versuch gewagt werden – und dieser Versuch kann nicht den bequemen Weg des geringsten Widerstandes gehen.«
(Beifall bei der CDU/CSU)
Meine Damen und Herren, ich möchte das verallgemeinern und fragen: Was tun wir in dieser Situation gegenüber den Problemen, die wir gemeinsam vorfinden und an die wir mit verschiedenen Traditionen und verschiedenen politischen Zielvorstellungen, aber gemeinsam der Verfassung verpflichtet herangehen?
Zunächst: Es scheint mir keineswegs nötig zu sein, eine waffenstarren-

de, abwehrbereite Demokratie in Szene zu setzen. Großzügigkeit und Gelassenheit müssen auch für uns das Richtmaß sein. Das ist von allen Seiten dieses Hauses gesagt worden. Aber es gibt drei deutliche Grenzen, anknüpfend an das, was ich einleitend gesagt habe.
Die eine Grenze ist die folgende. Es mag Extremisten in der Gesellschaft geben. Aber – um Herrn Neubauer zu zitieren – Nationalsozialisten und Kommunisten haben in unserer Gesellschaft keinen Anspruch auf Ämter dieses demokratischen Staates.
(Beifall bei der CDU/CSU)
Man kann vom Staat viel an Toleranz verlangen. Man kann aber nicht von ihm verlangen, daß er den Selbstmord der Demokratie prämiiert.
(Beifall bei der CDU/CSU)
Man kann von ihm auch nicht verlangen, daß er der Subventionierung der Revolution zustimmt und daß er Leute auf Planstellen setzt, die von dieser Basis her diese Demokratie, die unsere gemeinsame Basis ist, zerstören. Das kann man nicht verlangen.
(Beifall bei der CDU/CSU)
Insofern steht die Antwort, die klare, präzise Antwort der SPD – in allgemeiner Form ist das gesagt worden – zu der Frage des Extremistenerlasses und der Praxis des Extremistenerlasses immer noch aus. Ich wehre mich auch dagegen, daß hier immer gesagt wird: der Erlaß der Ministerpräsidenten. Es ist der Erlaß der Ministerpräsidenten und des Bundeskanzlers, meine Damen und Herren.
(Zuruf von der CDU/CSU: So ist es!)
Ich habe nicht gehört, daß er seine Unterschrift zurückgezogen hätte. Die zweite Maxime, auf die sich alle Seiten einigen sollten, ist: Keine Zusammenarbeit mit extremistischen Kräften!
(Beifall bei der CDU/CSU)
Es geht heute quer durch die SPD, vor allem in den großen Städten, eine Auseinandersetzung um die Fragen der Zusammenarbeit oder Nichtzusammenarbeit und der Abgrenzung nach links. Ich könnte hier aus der Münchner Szenerie eine Fülle von Äußerungen zitieren, von Herrn Kronawitter über Herrn Preisinger und Herrn Johann bis zu Herrn Bundesminister Vogel. Ich will mir das ersparen. Ich möchte auch gar nicht Salz in die Wunden der SPD streuen. Meine Damen und Herren, was ich von Ihnen erwartet hätte, wäre nur gewesen, daß Sie wenigstens die Lage so geschildert hätten, wie sie ist.
(Lebhafter Beifall bei der CDU/CSU)

Man sollte das doch wenigstens aussprechen und nicht so tun, als sei man der einzige Fremdling in Jerusalem, der davon noch nie gehört hat.
(Heiterkeit und Beifall bei der CDU/CSU)
Das ist politisches Biedermeier.
(Erneute Heiterkeit und Beifall bei der CDU/CSU)
Das dritte – und damit komme ich zur Hochschulpolitik – ist eine Gemeinsamkeit in den Grundfragen der Hochschulpolitik. Es genügt nicht, wenn der Bundeswissenschaftsminister jetzt auf einmal von der Notwendigkeit eines Ordnungsrechts spricht. Ich sage Ihnen sehr deutlich als einer, der dieses Ordnungsrecht durchgekämpft hat, auch gegen Sie und Ihre Partei: Damit allein ist überhaupt nichts gewonnen. Wenn Sie nicht den Vertrauensschwund stoppen, wenn Sie nicht die Verantwortungsbereiche klar regeln, wenn Sie nicht denen, die zu Forschung und Lehre verpflichtet sind und das in der Urkunde, in der Bestallung, bekommen, die Möglichkeit geben, sich in den Gremien durchzusetzen – Sie können sie ja nicht mit Boxhandschuhen ausstatten –, dann nützt Ihnen ein nachträglich imputiertes Ordnungsrecht überhaupt nichts.
(Beifall bei der CDU/CSU)
Bei diesem Punkt – wenn man schon über die Frage der Verfassungskonformität spricht und über die Haltung der SPD zur Verfassung und wenn man mit Recht die Verfassungsloyalität der SPD betont – hätte ich auch ein Wort zu den Fragen der Anpassung sozialdemokratischer Länderhochschulgesetze an das Urteil des Karlsruher Gerichts erwartet
(Beifall bei der CDU/CSU)
– davon ist nicht gesprochen worden – und eine Äußerung zur Frage des künftigen Hochschulrahmengesetzes; aber das wird vielleicht noch kommen. Doch auch hier ist festzustellen, daß das Karlsruher Urteil in einem zentralen Punkt durch eine taktische Umsteuerung unterlaufen wird.Ich will es mir jetzt versagen, auf Einzelheiten einzugehen.
Wenn man die Verfassung weiter entwickeln will, muß man sie zunächst einmal einhalten.
(Lebhafter Beifall bei der CDU/CSU und Beifall des Abg. Dr. Schäfer [Tübingen])
Wenn man den Respekt vor dem Bundesverfassungsgericht beschwört bei gleichzeitiger Offenheit der Kritik – denn dies steht allen frei –, dann sollte man auch in diesem Punkt, wo das Gericht sehr dezidiert

gesprochen und Positionen der SPD-Hochschulpolitik für nichtig erklärt hat, die Courtoisie, die Ehrlichkeit und den Anstand haben zu sagen: Gut, hier haben wir geirrt; und hier revidieren wir unseren falschen Ansatz. Das ist leider nicht geschehen.

Abschließend: Wir führen hier keine Debatte gegen die SPD, das wäre anmaßend oder lächerlich. Wir führen aber sehr wohl eine Debatte gegen die USPD in den allzu breiten Mantelfalten der heutigen SPD.

(Lebhafter Beifall bei der CDU/CSU)

Mir scheint – und nicht nur mir allein –, die Zeit für eine deutlichere Unterscheidung ist hier gekommen, im Interesse dieser Republik, aber auch im eigenen Interesse dieser Regierung und vor allem der SPD. Diese Entscheidung wird Ihnen niemand abnehmen, und der Bundeskanzler sollte vor dieser Entscheidung nicht in eine ebenso faltenreiche wie konsequenzlose Rhetorik flüchten.

(Heiterkeit und Beifall bei der CDU/CSU)

Ich kann verstehen, daß man sagt: man muß jeden Versuch der Integration unternehmen. Dafür habe ich Verständnis. Aber es gibt extremistische Kräfte, die können Sie nicht eingliedern; denn die werden immer die SPD als Vehikel und Durchgangsstation für einen ganz anderen Staat ansehen. Und am Ende werden Sie dann auch noch die Wähler verlieren, die auf die SPD gesetzt haben als Anwalt der Schwachen gegen Gewalttätigkeit und als Anwalt des Rechts gegen Gewalttäter.

Ich schließe mit einer Äußerung, die vor kurzem der Bundespräsident beim Wissenschaftsrat und Bildungsrat getan hat:

Mit dem Grundgesetz nicht in Einklang zu bringen sind alle Bestrebungen, auf dem Wege über Schule und Hochschule aus der Bundesrepublik einen Klassenstaat oder einen Weltanschauungsstaat zu machen. Das Grundgesetz schützt die Koalitionsfreiheit, die Freiheit des Gewissens und das Recht auf die eigene Meinung, aber es gibt keinem einzelnen und keiner Gruppe das Recht, ihre Meinung, ihren Glauben oder ihre Weltanschauung zur verbindlichen Staatslehre zu erheben.

Dem ist nichts hinzuzufügen – es sei denn der Appell an alle Demokraten, sich auf diese Sätze auch für die gemeinsame Resolution zu einigen.

(Lang anhaltender lebhafter Beifall bei der CDU/CSU) (1974)

Die Tradition auf dem Prüfstand

Seid untertan der Obrigkeit!

Vielleicht ist es das Unglück des deutschen Bürgertums gewesen, daß es bis tief ins 19. Jahrhundert hinein überwiegend von einer guten, pflichtbewußten, väterlich besorgten und aller Tyrannei abgeneigten Obrigkeit regiert wurde. Die wirtschaftliche und geistige Freiheit, die zunehmende Rechtssicherheit, die man seit dem aufgeklärten Absolutismus und der konstitutionellen Bewegung genoß, machten gegen den Mangel an politischer Freiheit, will sagen: an Teilnahme und Mitverantwortung im Staat, gleichgültig.

In seinem bekannten Brief über die Obrigkeit hat Bischof Dibelius die Frage aufgeworfen, ob Luthers Übersetzung von Römer 13: »Jedermann sei untertan der Obrigkeit«, für die heutige Zeit noch Gültigkeit besitze oder ob es nicht besser sei, statt des Wortes Obrigkeit einen anderen Ausdruck zu wählen. Er erinnert an die Herkunft des Wortes aus dem Gottesgnadentum und fährt fort: »Es war begnadetes Sprachgefühl, das dies Wort gewählt hat. Nur – die Sache, die das Wort bezeichnete, die gibt es heute in Deutschland nicht mehr ... Das Wort ist verschwunden, weil die Sache verschwunden ist. Und zwar ist sie seit dem Tage verschwunden, an dem man eine Staatsordnung aufgerichtet hat, die sich auf Parteien aufbaut ... Der Regierende Bürgermeister von Berlin, wenn er zu einer anderen Partei gehört als ich, kann für mich nicht in dem Sinne Autorität sein, wie es für Martin Luther der Kanzler Brück war und der Kurfürst, der hinter seinem Kanzler stand ... Daß der Staat mit seiner Ordnung bejaht, respektiert und in seiner Würde geachtet werde, ist unser aller gemeinsames Interesse. Und wir glauben als Christen, daß das auch Gottes Wille ist. Aber das ist keineswegs gleichbedeutend mit Autoritätsstellung derer, die die staatliche Macht jeweils verwalteten ... Um diese Mächte als Ganzes geht es. Es geht um das System. Und dieses System ist heute nicht mehr ungebrochene, sondern gebrochene Autorität.«

Gebrochene Autorität – das ist für Dibelius keineswegs nur der östliche Einparteistaat, gegen den sich der Obrigkeitsbrief in erster Linie wendet. Auch der westliche Parteienstaat – dessen verschiedene Formen hier nicht näher unterschieden werden – gehört für ihn in die Linie der geschichtlichen Entwicklungen, die zur Auflösung von Obrigkeit im alten Sinne beigetragen haben; auch er ist ein Stück »gebrochener Autorität«. Hier wird ein grundsätzlicher Zweifel an der Legitimität demokratischer Regierungen laut, ein innerer Vorbehalt, der aus dem Verlangen nach starken, unverfügbaren, dem Wechsel der Mehrheitsverhältnisse entzogenen staatlichen Ordnungen kommt. Die Frage ist erlaubt, ob dieser Zweifel auf den deutschen Protestantismus oder auf die Generation von Dibelius beschränkt ist oder ob sich nicht hier vielmehr etwas äußert, was als geistiger oder institutioneller Reflex älterer staatlicher Ordnungen noch heute das politische Leben Deutschlands – freilich wohl mit nachlassender Formkraft – bestimmt und prägt.

Zunächst ist genauer abzugrenzen, in welcher Weise die Reformatoren zur Entwicklung des Begriffs Obrigkeit und der Institutionen des »Obrigkeitsstaates« beigetragen haben, wobei man unterscheiden muß zwischen den ausdrücklichen Plänen, Zielen, Willensäußerungen der Reformatoren und den oft ungewollt sich einstellenden pragmatischen Wirkungen und Nebenwirkungen der Reformation.

Der Traktat von den weltlichen Ordnungen, vom Politischen, steht nicht im Zentrum der reformatorischen Lehre. Es ist oft festgestellt worden (und wird aus Luthers Äußerungen über politische und wirtschaftliche Fragen deutlich), daß die deutschen Reformatoren auf dem Gebiet von Staat und Recht nicht eigentlich schöpferisch waren; sie übernahmen die gängigen Begriffe und Tendenzen ihrer Zeit und formten sie, wenig verändert, in ihre religiöse Predigt ein. Aufgewachsen in einfachen, meist ländlichen Verhältnissen, ohne Berührung mit dem Hofleben oder einer ausgebildeten wirtschaftlichen Stadtkultur, haben die reformierten Schriftsteller die politische Welt fast nur in den kleinräumigen Verhältnissen des Territorialstaats erlebt, in einer engumgrenzten Welt, über der sich der ferne Himmel des Reiches wölbte; ihr politisches Denken – personalistisch, familien- und gemeindegebunden, mit Liebe im engen Kreis hausväterlicher Sorge verweilend – blieb zeitlebens auf diese überschaubaren Verhältnisse fixiert. Wenn Luther vom weltlichen Regiment, von »Oberkeit«, Herren, Majestät redet, so verwendet er damit Begriffe, »die außerhalb der scholastischen oder humanistischen Tradition stehen« und die sich durch ihr »eigentümlich institutionsloses Dasein« und ihre Personalität auszeichnen (A. Voigt). Man sieht leicht, daß sich in dieser Umwelt eine eigentliche Staatstheorie kaum entfalten konnte, wenn man einmal von der humanistischen Pflege der aristotelischen Ethik und Politik an den Schulen und Universitäten des lutherischen Deutschland absieht; das deutsche Luthertum hatte deshalb am Kampf der Monarchomachen keinen Anteil, und sein Beitrag zur Ausbildung der naturrechtlichen Vertragstheorien blieb gering.

Auf die Probleme der weltlichen Ordnung wurden die Reformatoren durch zwei Umstände gestoßen: zuerst durch den Konflikt mit Kaiser und Reich infolge des reichsrechtlichen Religionsbanns gegen Luther und der Verfolgung seiner Lehre durch die weltliche Gewalt; sodann durch den Konflikt mit dem auf Luthers Lehre sich berufenden Bauern-, Schwärmer- und Täufertum. Aus dieser doppelten Frontstellung, in die die Reformatoren sich von Anfang an hineingedrängt sahen, erklärt sich der oft festgestellte Unterschied in ihren Äußerungen über Obrigkeit, Gehorsamspflicht und Widerstand, der Wechsel zwischen einer mehr aufständischen und einer mehr friedliebenden, duldenden, ja quietistischen Tonart. Auf der einen Seite die heftige Kritik an Machthabern und Zuständen, die sich vom »Christlichen Adel« bis zur Altersschrift »Wider Hans Worst« als Orgelpunkt durch Luthers Werk hindurchzieht, die Mahnung an die Herren, daß »die gemeinen nicht so yhr eigen sind wie sew und hunde«, der unbedingte Tenor des »Man muß Gott mehr gehorchen als den Menschen«, ja die Zuerkennung eines Widerstandsrechtes gegenüber dem Kaiser in all den Dingen, wo Religion gegen weltliches Gebot steht; kurz all das, was der Reformation – weniger in Deutschland selbst als in anderen Ländern – ihre gewaltige Stoßkraft gegenüber den älteren politischen Ordnungen verlieh. Auf der anderen Seite ein schroffes Abrücken von allen Versuchen der Fortsetzung der religiösen Reform ins Politische hinein, die barsche Vermahnung zum Gehorsam an alle Aufrührer, seien sie Bauern, Reichsritter oder irregegangene Lutheraner, die Anerkennung der weltlichen Obrigkeit als Schicksalsmacht und »gotes mummerey« und schließlich, hieraus folgend, die Predigt bedingungsloser Unterwerfung gegenüber den politischen Gewalten. In beidem ist kein Widerspruch: Gerade die strikte Beschränkung auf die religiöse Botschaft, die Erneuerung der reinen Lehre zwangen Luther zur Abwehr, als die religiöse Bewegung – mächtig gesteigert durch sein Verdammungsurteil über alle bisher gültigen Ordnungen und Autoritäten – ins Politische übergriff und sich mit der demokratischen Volksbewegung des deutschen Spätmittelalters zu verbinden drohte. In der »Ermahnung zum Frieden auf die zwölf Artikel der Bauernschaft in Schwaben« ist dieser Gedanke am Vorabend des Bauernkrieges ausgesprochen: »Es hat Bapst und Keyser widder mich gesetzt und getobet. Nu wo mit hab ich da hyn bracht, das yhe mehr Babst und Keyser tobet haben, yhe mehr meyn Evangelion ist fort gangen? Ich habe nie keyn schwert gezuckt, noch rache begerd, Ich habe keyn rotterey noch auffrur angefangen, sondern der weltlichen oberkeyt, auch die, so das Evangelion und mich verfolget, yhr gewalt und ehre helffen verteidingen, so viel ich vermocht. Aber da mit bin ich blieben, daß ichs Gott gar heym gestellt, und allezeit auf seine hand mich trozlich verlassen habe, darumb hat er mich auch zu trotz beyde Babst und allen tyrannen nicht alleyne bey dem leben erhalten ... sondern mein Evangelion ymer lassem mehr und weyter zunemen. Nun fallet yhr mir dreyn, wollet dem Evangelio helfen, und sehet nicht, daß yhrs damit auffs aller höhest hyndert und verdruckt.«

Es ist nicht zu verkennen, daß die deutschen Reformatoren, je mehr sie genötigt waren, den gärenden Gehalt der neuen Lehre in feste Formeln zu fassen und gegenüber den Schwärmern abzugrenzen, auch ihre Haltung gegenüber den weltlichen Gewalten modifiziert haben. Die geschilderte Zweiseitigkeit der »Vermahnungen« und Warnungen ging dabei zwar nicht völlig verloren; aber sie wurde jetzt doch immer mehr zu einer Mahnung zum scharfen Durchgreifen nach der einen, zum bedingungslosen Gehorchen nach der anderen Seite hin. Luthers Eingreifen in den Bauernkrieg bringt die entscheidende Wendung: Die alte Auffassung des politischen Gemeinwesens als einer Zweiheit von Dienst und Schutz verblaßt, die bürgerliche Gesellschaft tritt auseinander in ein Gegenüber von Befehlenden und Gehorchenden, wobei sich das aktive Moment ausschließlich am Pol des Fürstentums, das passive ebenso ausschließlich am Pol des Volkes sammelt. Dementsprechend verliert das Widerstandsrecht seine zentrale Stellung, die es in der älteren deutschrechtlichen Tradition noch hatte: Gegenüber der »christlichen oberkeit« – ein Begriff, der von den dreißiger Jahren an bei Luther auftaucht – hat es keinen Sinn mehr, und eine rein weltliche

Legitimität wird ihm nicht zugestanden. Mit dem lutherischen Staatskirchentum kündigt sich die Tendenz zur Überführung des älteren Gemeinwesens in einen scharf nach Befehls- und Gehorsamsfunktionen gegliederten »Obrigkeitsstaat« an. Damit sie sich realisierte, mußten freilich bestimmte Bedingungen gegeben sein, die nicht in der Predigt der Reformatoren, sondern in den staatlichen Verhältnissen des damaligen Deutschland lagen.

Zunächst war hier entscheidend, daß die Reformatoren zur Durchsetzung, Stabilisierung und institutionellen Bindung ihrer Lehre des Vehikels der Fürstenmacht und des Territorialstaats nicht entraten konnten. Das wird in Luthers Lebensgeschichte hinreichend deutlich; es prägt auch sein seelsorgliches, kirchenorganisatorisches Werk. Man hat den Grund dafür, daß Luther seinen Kirchenaufbau auf die Landesfürsten stützte, im niedrigen Kulturniveau der obersächsischen Bauernbevölkerung und des Landadels sehen wollen, dessen Patronatsrechte der Neuordnung überall im Wege standen; ein wirkliches Gemeindeleben, wie es Calvin und Zwingli in den städtischen Kulturzentren der Schweiz aufbauten, habe sich hier nicht entfalten können. Aber waren Stumpfsinn, Gleichgültigkeit in religiösen Dingen und Habgier nur bei den Bauern und beim Adel des flachen Landes anzutreffen? Ist nicht bei aller Bedeutung religiöser Motive *ein* Grundantrieb für den Übertritt der Fürsten zum Protestantismus die Aussicht auf den Gewinn von Kirchengut gewesen – so sehr, daß der Augsburger Religionsfrieden diesem Drang einen Riegel vorschieben mußte? Und konnte nicht noch Pufendorf den Fürsten den Rat geben, den Protestantismus anzunehmen, da er ihnen mehr Macht über die Untertanen gebe? Wie immer man hier die Akzente setzt, sicher ist, daß die Reformation nicht erst den obrigkeitlichen Weg beschritt, nachdem ein genossenschaftlich-demokratischer sich als nicht gangbar erwiesen hatte: Schon ihre allerersten Schritte waren nicht denkbar ohne die Mithilfe des Landesfürstentums. Umgekehrt aber war die reformatorische Lehre und ihre landeskirchliche Verfestigung ein wesentliches Bildungsprinzip des werdenden Territorial- und Fürstenstaates, sie hat ihm, über die Schwelle einer unselbständigen Existenz als Reichspartikel und Verwaltungssprengel hinweg, zu realer Eigenstaatlichkeit verholfen.

Man denke nur daran, wie sehr religiöse und politische Einheit in den Territorialstaaten einander wechselseitig bedingten und stützten! Dadurch, daß der Augsburger Religionsfriede die Religion, den konfessionellen Besitzstand schützte, schützte er auch zugleich das konfessionell einheitliche Territorium. Im Reichsgebiet als ganzem konnten sich weder Reformation noch Gegenreformation je völlig durchsetzen; das Reich blieb paritätisch, es widerstand allen Versuchen der Katholisierung oder Protestantisierung. Aber in den Territorien waren die Konfessionen Herren und Meister. »Die Zeiten, worin die Religion sich spaltete«, hat später Hegel in seinem Rückblick auf die Verfassung des Deutschen Reichs gesagt, »waren zu ungeschickt, die Kirche vom Staat zu trennen und, der Glaubenstrennung ungeachtet, diesen zu erhalten, und die Fürsten konnten keinen besseren Bundesgenossen finden, um sich der Oberherrschaft des Reichs zu entziehen, als das Gewissen ihrer Untertanen ... Der deutsche Charakter warf sich auf das Innerste des Menschen, Religion und Gewissen, befestigte von hier aus die Vereinzelung, und die Trennung des Äußern als Staaten erschien nur als eine Folge hievon.«

Zwei Züge des lutherischen Territorialstaats erklären sich aus diesem politisch-religiösen Erbe der Reformation: einmal die Ausdehnung und Intensivierung der Staatsaufgaben, die mit der Übernahme kirchlicher Funktionen, vor allem im Bereich der Schule und Wohlfahrtspflege, Hand in Hand ging, sodann – eng damit zusammenhängend – die allmähliche Auflösung oder doch Abschwächung des für die ältere Staatsbildung im Abendland grundlegenden Dualismus von Kirche und weltlicher Ordnung, der im lutherischen Landeskirchentum einer weitgehenden Verschmelzung, Unifizierung beider Mächte weichen mußte. Man hat von einem religiösen Polizeistaat gesprochen, von einem »um die Kirche bereicherten Staat« (K. von Raumer); man könnte ebensogut von einer verstaatlichten, ins Politische aufgelösten Kirche sprechen, die ihrer rechtlichen Autonomie im alten Sinne verlustig gegangen ist. Nimmt man noch hinzu, daß der lutherische Territorialstaat – klein und ohne starke politische Dynamik – den bürgerlichen Schichten nur geringen Spielraum wirtschaftlicher oder kultureller Betätigung bot, so daß die Aufstiegschancen fast ausschließlich in den staatlichen Ämtern lagen, bedenkt man weiter, daß bei allem Fortschreiten zu einer religiös gefärbten Staats- und Amtsethik der patriarchalisch-personale Charakter des Gemeinwesens erhalten blieb, Staat und Fürst zusammenfielen, so hat man die Eigenart dieses Staatswesens in den gröbsten Zügen umrissen.

Noch einmal: Diese politischen Wirkungen sind aus der religiösen Botschaft der Reformatoren nicht einfach abzuleiten, sie hängen mit den sozialen und politischen Verhältnissen zusammen, in denen ihre Lehren wirksam wurden. Andere Länder haben das, was die Reformatoren über Obrigkeit, weltliches Regiment und Gehorsam schrieben, nach anderen Richtungen hin gewendet: Was bei uns zu lutherischem Fürsten-, Untertanen- und Beamtenethos wurde, wurde dort zu einem »sich in Widerstand, Demokratie und Grundrechten auswirkenden Aktivismus« (R. Smend). Es wäre zu einfach, wollte man den Obrigkeitsstaat geradlinig aus dem Denken der Reformatoren über die Obrigkeit ableiten. Aber die Unbedingtheit, mit der die Reformatoren den weltlich-politischen Bereich vom Glauben trennten und unter die Adiaphora verwiesen, das Absehen von der konkreten Sozialität des religiösen Lebensvollzugs hat doch dahin gewirkt, daß die soziale Umwelt, so wie sie war, übernommen und konserviert wurde oder daß die neu andrängenden politischen Mächte, vor allem der fürstliche Absolutismus, in ihrer Wirkung um so freieren Lauf erhielten.
Vielleicht ist es das Unglück des deutschen Bürgertums gewesen, daß es bis tief ins 19. Jahrhundert hinein überwiegend von einer guten, pflichtbewußten, väterlich besorgten und aller Tyrannei abgeneigten Obrigkeit regiert wurde. Die wirtschaftliche und geistige Freiheit, die zunehmende Rechtssicherheit, die man seit dem aufgeklärten Absolutismus und der konstitutionellen Bewegung genoß, machten gegen den Mangel an politischer Freiheit, will sagen: an Teilnahme und Mitverantwortung im Staat, gleichgültig. So sind die obrigkeitlichen Strukturen des Militär- und Beamtenstaates in der großen verfassungsgeschichtlichen Entwicklung des 19. Jahrhunderts: der Wendung zur konstitutionellen Monarchie, zum Nationalliberalismus der Bismarckzeit, endlich zur parlamentarischen Parteiregierung nach 1917 nicht getilgt, sondern – in je charakteristischer Abschwächung, Auslese, Neubelebung – beibehalten worden; sie gehören bis heute zu den Traditionsbelastungen unserer Demokratie, wie Ernst Fraenkel in größerem Zusammenhang am Beispiel des deutschen Parlamentarismus gezeigt hat.
Dieses Erbe darf heute wohl in seiner Wirkungskraft nicht mehr überbewertet, es sollte aber gleichwohl auch nicht unterschätzt und verharmlost werden. Der Obrigkeitsstaat war nicht Bismarck – er war Bismarcks unfreiwilliger Helfer. Der Obrigkeitsstaat war nicht Hitler

– er war Hitlers unzulänglicher Gegenspieler. Die obrigkeitsstaatliche Tradition berührt uns heute nicht mehr unmittelbar. Das »Persönliche Regiment« aber auch das Dienstethos der Könige sind von der modernen Säkularisierung und Differenzierung der Lebensverhältnisse aufgezehrt worden. Doch Traditionen bleiben resistent. Sie dauern über ihre Zeit hinaus. Und so werden wohl noch Jahre vergehen, bis die Deutschen das lernen, was ihnen in kritischen Zeiten vielleicht geholfen hätte: Ungehorsam zur rechten Zeit. (1966)

Wohlfahrtsstaat und Sozialstaat

Deutschland hat den großen westlichen Staatslehrern des 16. und 17. Jahrhunderts – einem Machiavelli, Bodin und Hobbes – außer Pufendorf keinen ebenbürtigen Namen an die Seite zu stellen; weder der Gedanke der Staatsräson noch der des modernen Naturrechts haben hier zunächst eine Heimstatt gefunden; aber an den sittlichen Zweck des Staates, an die Schaffung »gemeiner Wohlfahrt« und »guter Polizey« hat man immer gedacht.

Wenn das deutsche politische Denken bis ins 18. Jahrhundert hinein die Staatsräsonlehre ablehnte, weil es den Staat nicht als autonome Naturgewalt, sondern als Teil der göttlichen Ordnung ansah; wenn es der Naturrechtslehre nur eine beschränkte Geltung einräumte, sie ins Monarchische umbog, durch eine Pflichtenlehre ergänzte und immanentisierte: wo lag dann der Entfaltungsraum der älteren deutschen Staatslehre? Die Antwort dürfte nicht schwerfallen: Er lag nicht in einer naturrechtlichen *Entgegensetzung* zum Staat, auch nicht in einem empirisch-vergleichenden, objektivierenden Studium seiner Natur und besonderen »Räson«; er lag vielmehr *im* konkreten Staate, in seinem Handeln, seiner Praxis selbst. Anders als die westliche Staatsräson- und Naturrechtslehre denkt die ältere deutsche Staatslehre in hohem Maße aus dem Staat heraus; der Staat ist ihr vorgegebene, undiskutierte Ordnungsform. Die ältere deutsche Staatslehre ist daher, zugespitzt formuliert, weniger Staatslehre als Staats*verwaltungslehre* gewesen: an der empirischen Wirklichkeit des Territorialstaats haftend, gelangt sie gleichsam von innen her, aus der Beschreibung der staatlichen Tätigkeiten zu ihren theoretischen Aussagen; und noch häufiger beschränkt sie sich auf diese Beschreibung selbst.

... In Deutschland greift die von der staatlichen Polizei geformte, später aus dem Staat »entlassene« Gesellschaft (P. Joachimsen) nicht wieder, wie im Westen, umformend auf den Staat zurück; und wo sie es versucht, wie später 1848, da schlägt ihr Unternehmen fehl. Die Einwirkung des Staates und seiner Verwaltung auf die Formung des Bürgertums und der Gesellschaft bleibt ein einseitiger Akt, dem der Bürger politisch passiv gegenübersteht – in jener Haltung des »Dulde und liquidiere«, mit dem O. Mayer das Verwaltungsrecht des Polizeistaats charakterisiert hat. Der Raum bürgerlicher Freiheit öffnet sich nur nach innen – hier freilich in eine bei äußerer Beschränktheit oft weltweite geistige Autonomie. Aber der Widerstreit von politischer und bürgerlicher Freiheit bleibt bestehen und wird von aufmerksamen Beobachtern immer wieder registriert: noch 1803 nimmt Madame de Staël aus den deutschen bürgerlichen Salons und den niederen Stuben der Dichter und Gelehrten den Eindruck mit, daß die Deutschen »die größte Gedankenkühnheit mit dem untertänigsten Charakter vereinen« ... »Die Gebildeten Deutschlands machen einander mit größter Lebhaftigkeit das Gebiet der Theorien streitig und dulden in diesem Bereich keine Fessel, ziemlich gern aber überlassen sie hierfür den irdischen Machthabern die ganze Wirklichkeit des Lebens. Diese Wirklichkeit, die sie so geringschätzen, findet jedoch Besitzer, die dann Störung und Zwang selbst im Reich der Phantasie verbreiten.«

Es wäre lohnend, den deutschen Polizeigedanken im einzelnen zu untersuchen und ihn von der westlichen Staatstheorie und Staatspraxis abzuheben. Man würde dabei immer wieder auf grundlegende Unterschiede in der Zweckbestimmung der staatlichen Verwaltungstätigkeiten stoßen, die in der andersartigen soziologisch-politischen Einbettung des westlichen Denkens begründet sind. So nennt zum Beispiel Seckendorffs jüngerer französischer Zeitgenosse De la Mare in seinem Traktat über die Polizei als oberstes Ziel der menschlichen Gesellschaften und Motiv aller staatlichen Tätigkeit »la vie commode et tranquille« – eine Zurücknahme des Staatszwecks aufs Profane, Inner-Weltliche, die der ungefähr gleichzeitig in England von Locke gegen Filmer entwickelten Theorie des *civil government* entspricht. Aber die französische Verwaltungspraxis hatte auch niemals die kirchenpolizeilichen Funktionen in sich aufgenommen, die sie in Deutschland durch die Reformation hinzugewonnen hatte; von einer Verwaltung als quasi-geistlicher Aufgabe, vom Fürsten als Amtmann Gottes konnte hier nicht die Rede sein, und auch in ihrer Organisation blieb die Verwaltung der Verfassung des Königreiches eingeordnet. Anders in Deutschland, wo die vom Landesfürstentum wahrgenommenen Funk-

tionen des geistlichen Regiments Gestalt und Umfang der Polizei, also der staatlichen Tätigkeiten entscheidend mitbestimmt haben. Die staatliche Regierung und Verwaltung gewann hier eine quasi-religiöse Dignität. Sie ließ keinen Widerspruch des Untertanen aufkommen.
... Die hier beschriebene Wendung von einer staatsimmanent gedachten Naturrechtslehre zur pragmatischen »Regierkunst« und Verwaltungslehre des Kameralismus und der Polizeiwissenschaft ist nicht ein isolierter Vorgang des 17. und 18. Jahrhunderts. Diese Bewegung setzt sich vielmehr in der Aufklärung und im deutschen Idealismus fort und wirkt tief ins 19. Jahrhundert hinein. Ihre eigentümliche, alle konkurrierenden Ideen verdrängende Wirkungskraft erklärt sich letztlich aus der besonderen Konstellation von Kirche und Politik, religiöser und politischer Welt im älteren, vornehmlich lutherischen deutschen Territorialstaat. Dieser hat auf den außerordentlichen Machtzuwachs, den er durch die Einziehung des Kirchenguts und die Lostrennung der Kirche von der römischen Jurisdiktion erfuhr, zunächst bewußt durch eine ethische Politik zu antworten versucht. Der Ausbruch aus dem christlichen Staatsgefüge in die Ungebundenheit der Machtpolitik und der reinen Staatsräson hat sich daher in Deutschland erst verhältnismäßig spät vollzogen. Bis weit ins 18. Jahrhundert hinein beherrscht eine höchst eigentümliche, für die deutsche Staatsentwicklung bedeutsame Konfiguration von Kirche und Politik das Feld, die noch im 19. Jahrhundert – deutlich erkennbar etwa an der Sozial- und Bildungspolitik Preußens bis zu Bismarck – nachwirkt: der christliche Erziehungs- und Wohlfahrtsgedanke; gleichsam ein politisches Legat, das die dem Staate eingeordnete lutherische Kirche dem »Teutschen Fürstenstaat« des 16. bis 18. Jahrhunderts mit auf den Weg gegeben hat. Es ist wohl ein noch nie im Zusammenhang gewürdigtes, ja noch kaum bemerktes Faktum, daß die großen deutschen Staatslehrer der Neuzeit – von Osse, Obrecht und Seckendorff über Justi und Sonnenfels bis zu Gneist und Lorenz von Stein – eigentlich allesamt Verwaltungslehrer, Wohlfahrtstheoretiker gewesen sind. Deutschland hat den großen westlichen Staatslehrern des 16. und 17. Jahrhunderts – einem Machiavelli, Bodin und Hobbes – außer Pufendorf keinen ebenbürtigen Namen an die Seite zu stellen; weder der Gedanke der Staatsräson noch der des modernen Naturrechts haben hier zunächst eine Heimstatt gefunden; aber an den sittlichen Zweck des Staates, an die Schaffung »gemeiner Wohlfahrt« und »guter Polizey« hat man immer ge-

dacht. Hier liegt der eigentümliche Beitrag Deutschlands zum modernen Staatsgedanken: Es ist ein Denken, das zur offenen Distanznahme, zum naturrechtlichen Messen des Staates an einer über ihm stehenden Ordnung ebenso unfähig ist, wie es sich zur langsam-bedächtigen Reform des Bestehenden in hohem Maße eignet. Der deutsche Fürstenstaat, aus lutherisch-reformatorischem Antrieb erwachsen, ist so nicht nur der Anfang des modernen kontinentalen Staatskirchentums geworden, sondern zugleich auch eine erste Ausprägung des neuzeitlichen Kultur- und Wohlfahrtsstaates. Hier entstand ein christlicher Amtsgedanke, eine religiöse Berufsauffassung, die dem deutschen politischen Leben für Jahrhunderte eine besondere Färbung gegeben hat, indem sie das Berufsbeamtentum hervorgebracht und die Formen der Herrschaftsübung mit ihrem Geiste imprägniert hat.

Kann so an der Fülle und weiterwirkenden Kraft dieser Tradition kein Zweifel sein, so ist die Frage nach der heutigen Bedeutung und Bewertung dieses Erbes weit weniger leicht zu beantworten. Was zunächst das wesentlichste Positivum dieser Staatslehre angeht, die Schärfung der sozialen Verantwortlichkeit der Regierenden und den daraus fließenden sozialpolitischen Vorsprung Deutschlands im 19. Jahrhundert, so ist es belastet durch das Odium politischer Reaktion und bürgerlicher Unfreiheit: Man denke nur an das eigentümliche Doppelgesicht Preußens im 19. Jahrhundert, wo einander im Vormärz wirtschaftlich-soziale Emanzipation und reaktionärer Kurs in der Verfassungsfrage, später Dreiklassenwahlrecht und Sozialistengesetz auf der einen, die Bismarcksche Sozialversicherung auf der anderen Seite gegenüberstehen. Daß es ein Obrigkeitsstaat war, der in Deutschland der Herrschaft des liberalen Privatrechts Grenzen setzte, hat politisch freiere Völker immer wieder mit Furcht gegenüber gewissen Formen und Tendenzen des deutschen Staatsgedankens erfüllt, zumal wenn diese, wie bei Steins Konzept einer »sozialen Monarchie« oder Spenglers »preußischem Sozialismus«, herausfordernd den westlichen Demokratien gegenübergestellt wurden.

Wenn alliierte Kriegspropaganda im Ersten Weltkrieg die deutschen Arbeiter als Sklaven hinstellte, die sich durch die Sozialversicherung politisch entmündigen ließen, so war das nur ein besonders krasser Ausdruck für ein bis heute nicht völlig überwundenes westliches Ressentiment. Man übersah dabei vielfach, daß die sozialpolitische Obsorge der Regierungen in Deutschland nicht einfach nur einem politischen Kalkül entsprang, sondern in einer viel weiter zurückreichenden Tradition ihre Wurzeln hatte, ja daß der Obrigkeitsstaat in Deutschland – in der gewiß problematischen Form einseitiger Verfügungen – doch einen wesentlichen Teil der älteren Sozialethik über die Schwelle des bürgerlich-individualistischen Zeitalters hinübergerettet hatte, indem er die pflichtenethische Seite des älteren Naturrechts aktivierte und weiterbildete.

Heute beginnen die Polemiken und Mißverständnisse, die noch vor einem Vierteljahrhundert Deutschland und die westlichen Demokratien trennten, allmählich einer zurückhaltenderen Beurteilung des Für und Wider der älteren deutschen Staatslehre zu weichen. Dazu hat die Veränderung der politischen Szene seit dem Zweiten Weltkrieg nicht unwesentlich beigetragen. Die einzelnen historischen Ausprägungen der verfassungsstaatlichen Ordnung – im 19. Jahrhundert noch in isolierten Sondertraditionen lebend – beginnen sich heute ineinander zu verschränken und wesentliche Züge miteinander auszutauschen: In einem weltweiten Mischungsprozeß ist der kontinentale Staat parteistaatlich-pluralistisch aufgelockert, seine *suprema potestas* mit der angelsächsischen *rule of law* konfrontiert worden, während umgekehrt kontinentale Überlieferungen einer effizienten bürokratischen Staatsverwaltung samt ihrem amts- und dienstrechtlichen Zubehör über den Kanal und den Atlantik gewandert sind. In diesem Zusammenhang haben deutsche Überlieferungen wie die Kranken- und Sozialversicherung, der Schutz der Arbeitsstelle gegen willkürliche Entlassungen, disziplinarrechtliche und finanzielle Sicherungen der Beamten in steigendem Maß die Aufmerksamkeit der angelsächsischen Politik und Forschung gefunden, so daß man gelegentlich geradezu von einer sich anbahnenden Symbiose der Entwicklungstendenzen der modernen Demokratie sprechen konnte. Ernst Fraenkel hat die Diskussion in der angelsächsischen Forschung kürzlich dahingehend zusammengefaßt, man sei sich einig, »daß das Deutschland des ausgehenden 19. und des ersten Drittels des 20. Jahrhunderts einen bedeutsamen und bleibenden Beitrag zu der Entwicklung des Staats- und Gesellschaftstyps beigesteuert hat, den man als ›Westliche Demokratie‹ zu bezeichnen pflegt: den Gedanken der sozialen Geborgenheit«. Und er fügt hinzu: »Es ist mehr als eine rhetorische Frage, ob die diesem Gedanken zugrunde liegenden Prinzipien in der Gegenwart nicht bereits die Gültigkeit von Sätzen des Naturrechts beanspruchen können.« (1966)

Die Konfessionen

In Deutschland haben sich die alten konfessionell-territorialen Besitzstände in der riesigen Wanderungs- und Mischungsbewegung 1944 bis 1947 aufgelöst. Die Diasporasituation ist fast überall zur Regel geworden. Das Zeitalter des Cuius regio eius religio *ist zu Ende.*

Kein Volk der Welt hat so lange Erfahrungen im Zusammenleben von Christen verschiedener Konfessionen wie das deutsche. Ob Anziehung oder Abstoßung, Liebe oder Haß – gleichgültig sind Katholiken und Protestanten in Deutschland einander nie gewesen. So haben sie seit den Tagen der *Confessio Augustana* vieles voneinander gelernt. Was haben sie gelernt?

Zunächst einmal ganz schlicht das Leben und Lebenlassen – in den Anfängen der Konfessionsbildung keineswegs eine Selbstverständlichkeit. Man muß miteinander auskommen, nachdem alle Bemühungen um »Vergleichung«, aber auch alle gewaltsamen Auseinandersetzungen gescheitert sind; man kann den anderen weder verdrängen noch bekehren; man muß also Frieden halten, Religionsfrieden – und man lernt das schließlich auch. Einheit ist nicht mehr möglich – also bestehen Katholiken und Protestanten wenigstens auf Parität. Mehrheitsbeschlüsse in Religionssachen sind gefährlich, ja zerstörerisch – also gesonderte Beratung und Entscheidung der Religionsparteien. Das Reich ist nur noch ein brüchiges Dach über einer religiös zerspaltenen Nation – also lernt man sich auf den Staat, auf Fürsten, Städte, Grundherrschaften zu stützen. So entwickelt sich ein eigentümlich deutsches Bild: im Inneren der großen und kleinen Herrschaften herrscht Religionseinheit, konfessionelle »Purität«; im Reich dagegen herrscht Parität, gleichberechtigtes Nebeneinander der Katholiken und Evangelischen. Es gibt keine Nationalreligion wie in England, Frankreich, Spanien. Manchen erscheint das Alte Reich eben deshalb als Hort der Freiheit. Sein komplexer Bau hält die Konfessionen auf Distanz, aber auch zusammen. Immerhin existiert ein Recht des freien Zugs von einem konfessionell geschlossenen Territorium in ein anderes – wenigstens eine Vorform der Religionsfreiheit. Und wenn es auch noch kaum ökumenische Bemühungen und Bewegungen gibt, schaut doch mancher schon in der Stille über den Zaun und in die Zukunft – so Leibniz mit seinen Plänen zur Reichsreform und seinen Vorstellungen über eine künftige Union der Christen.

Als dann das Reich zerbricht, der Nationalstaat vordringt, ändern sich die Verhältnisse. Jetzt sind Katholiken und Protestanten nicht mehr Körperschaften des Reichsrechts – sie werden als Bevölkerungsgruppen ins Kalkül neuer Staatsbildung einbezogen. Die Zeit säkularisiert den Konfessionsgegensatz: Nicht mehr Bekenntnisinhalte stehen im Vordergrund, man kümmert sich mehr um die Zahl der künftigen Insassen des Staatsschiffs – sind es zuviel, zuwenig Protestanten oder Katholiken? Im Lauf des 19. Jahrhunderts geraten die Katholiken in eine Minoritäts- und Defensivposition: Sie verlieren in der Säkularisation ihr Bildungswesen und büßen 1866 bis 1871 im kleindeutschen Reich auch die Bevölkerungsmehrheit ein. Die kulturelle Führung, ja selbst die Gleichrangigkeit mit den Evangelischen hatten sie ohnehin seit dem 18. Jahrhundert und spätestens seit Weimar-Jena verloren. So bemühen sie sich von den siebziger Jahren an um die Überwindung ihrer »Inferiorität«, suchen Anschluß, wollen von den Protestanten lernen; die Gründung der Görres-Gesellschaft, das Werk Carl Muths, Hochland und der Reformkatholizismus sind Stufen.

Auf einem Feld freilich behaupten die Katholiken einen Vorsprung, und dies gerade wegen ihrer im 19. Jahrhundert allmählich wachsenden Staatsdistanz: das ist der Umgang mit den sozialen und politischen Techniken der modernen Demokratie. Die Sammlung des Volkes in den katholischen Vereinen und Verbänden, die Sozialbewegung, das Zentrum, die Inanspruchnahme von Petitionsfreiheit und Grundrechten für kirchliche Ziele – dem hat die evangelische Seite im 19. Jahrhundert noch wenig an die Seite zu stellen. So ist es der politische Katholizismus, der 1919 maßgeblich die künftige verfassungsrechtliche Stellung der Kirchen im republikanischen Staat bestimmt. Erst 1934 holt der evangelische Teil in den Barmer Thesen mit starkem Pathos die Erfahrungen eines Jahrhunderts kirchlicher Selbstbehauptung gegenüber den politischen Gewalten nach.

Dies alles liegt heute hinter uns – Reich und Nationalstaat, die Einheit von Territorium und Religion, Gehorsamshaltung gegenüber den politischen Mächten und zeitbedingte Emanzipation im Zeichen der modernen Demokratie. Heute stehen die Kirchen unmittelbarer als früher in einer säkularisierten Umwelt. Sie sind wieder »Mission« wie in den Anfängen der Christenheit. In Deutschland haben sich die alten konfessionell-territorialen Besitzstände in der riesigen Wanderungs- und Mischungsbewegung 1944 bis 1947 aufgelöst. Die Diasporasituation ist fast überall zur Regel geworden. Das Zeitalter des *Cuius regio eius religio* (Wie das Land, so die Religion) ist zu Ende. Gemessen an den gewaltigen Problemen der Weltkirche heute wirken die geschichtlichen Lasten der Konfessionen im Ursprungsland der Reformation heute fast wie leichtes Gepäck. Kann nun Ökumene neu beginnen und sich voll entfalten, nach dem die schützend-trennenden Geländer früherer politisch-sozialer Ordnungen weggefallen sind?
Die heutige Ökumene ist vor allem eine Frucht kirchlicher Selbstbehauptung gegenüber dem modernen Totalitarismus. Dem weltanschaulichen Übergriff des neuen »Heilsstaates« antwortet eine Neubesinnung auf die Rechte und Pflichten der Christen gegenüber der weltlichen Ordnung; dabei tritt die Lehre von der Scheidung des Kirchlichen und Weltlichen gegenüber einem neuen Bewußtsein ihrer Zusammengehörigkeit zurück. Dementsprechend betont man heute auch im Verhältnis der Konfessionen das Verbindende, rückt theologische Kontroversfragen und Unterschiede in der Kirchenordnung möglichst an den Rand. Das Wort »Wir sind doch Brüder« findet ein leidenschaftliches Echo auf Kirchentagen und Katholikentagen.
Wir alle verdanken dem Ökumenismus der letzten Jahrzehnte vieles, was noch vor Jahren kaum denkbar schien: gemeinsame Denkschriften der Kirchen; gemeinsames Auftreten evangelischer und katholischer Repräsentanten in der Öffentlichkeit; Zusammenwirken von Geistlichen beider Konfessionen bei Weihehandlungen, Gesprächen, Beratungen, bei der Meinungs- und Willensbildung; und nicht zuletzt ein elementares Gefühl der Zusammengehörigkeit im Kirchenvolk. Und doch genügt das alles nicht. Die heutige Ernüchterung in den ökumenischen Gesprächen zeigt es deutlich. Hat man doch zu schnell nach äußeren Gemeinsamkeiten gesucht, ohne sich der Andersartigkeit des andern ganz zu stellen? Es genügt nicht, die Schuld abwechselnd auf das Lehramt, die Theologie, die Basis und ihre unterschied-

lichen Blickwinkel und Gangarten zu schieben. Die Gründe liegen tiefer.

Mit vielen Freunden in der Evangelischen Kirche bin ich davon überzeugt, daß in den ökumenischen Beziehungen die Hauptarbeit noch vor uns liegt. Sie wird viel Geduld, Gespür und Beharrlichkeit fordern. Nicht um einen Ökumenismus des kleinsten gemeinsamen Nenners und des geringsten Widerstands kann es in den nächsten Jahren gehen, sondern um die ernste Bemühung, den anderen, den Bruder *in seiner vollen Gestalt und Unverwechselbarkeit zu sehen und anzunehmen* – auch das Sperrige und Schwierige an ihm. Alle kontroversen Fragen müssen wieder vom Rand in die Mitte gerückt und *in Liebe* neu verhandelt werden. Nur das unverkürzt Evangelische, unverkürzt Katholische kann wirklich in den Dialog eingehen. Puristische Abstraktionen einer Dritten Konfession nützen uns nicht viel. Wäre es aber nicht eine Unternehmung, des Schweißes der Edlen wert, wenn auch sperrige *Catholica* wie Papsttum, Lehramt, Orden, Beichte ebenso zentral ins ökumenische Gespräch einbezogen würden wie auf der anderen Seite Zweireichelehre, Rechtfertigung, leidender Gehorsam und prophetisches Zeugnis des Gewissens?

Ökumene liegt nicht in der Mitte zwischen den Konfessionen, sondern in der Mitte des Bekenntnisses selbst. Ist es echt, so wird es sich vor dieser Forderung bewähren. Um den Bruder, den anderen muß gerungen werden mit der Leidenschaft des »Ich lasse Dich nicht.« Das ist es, was Christen voneinander lernen können und – ich bin sicher – mit Gottes Hilfe voneinander lernen werden. (1980)

Bildung und Beruf – ein Gegensatz?

Allgemeine Bildung erhielt durch Zuordnung zur Kultur das Aroma des Geistigen, während berufliche Bildung als Zubehör der »Zivilisation« ins Licht pragmatischer Zweckbestimmtheit rückte – geeignet allenfalls, Verhaltensweisen und Fertigkeiten zu vermitteln.

Die Säkularisierung des Berufsverständnisses hat sich nach dem Zweiten Weltkrieg fortgesetzt. Die religiösen Wurzeln, aus denen das Berufsverständnis jahrhundertelang erwachsen war, sind weitgehend verloren. Berufstätigkeit wird kaum mehr als Erfüllung des göttlichen Auftrags: »Macht euch die Erde untertan!« gesehen, sondern als Mittel zum Erwerb des Lebensunterhalts.

Der Beruf steht nicht mehr, wie früher, im Mittelpunkt des Lebens. Arbeitszeitverkürzung und Ausweitung der Freizeit haben neuen Raum zur Entfaltung und damit auch neue Aufgaben gebracht. »Der Beruf wandert vom Zentrum an die Peripherie des menschlichen Lebens« (Dörschel).

Technische und wirtschaftliche Entwicklungen nötigen zur Spezialisierung, zum lebenslangen Lernen, nicht selten zum Berufswechsel. Der Mensch bleibt nicht mehr lebenslang in einem – seinem – Beruf. Gleichzeitig wird der Beruf spezialistisch verfeinert, aber auch verengt und damit krisenanfällig. Er »hält« den Menschen nur noch, wenn entsprechende Mobilitätsbereitschaft vorhanden ist.

Die soziale (und erzieherische) Dimension des Berufs tritt zurück hinter der individuellen Funktion der Existenzsicherung.

Dies die eine Seite, die des Berufs. Auf der anderen Seite, bei der Allgemeinbildung, der umgekehrte Prozeß:

Je mehr die Spezialisierung im beruflichen Leben voranschreitet, je mehr der einzelne als Segment in differenzierte Arbeitsvollzüge eingefügt wird und auch in der wachsenden Freizeit immer weniger »zu sich« kommt – desto stärker werden jene Zonen aufgesucht, die dem Menschen Einheit, Identität, unentfremdetes Dasein versprechen – oder auch nur vorgaukeln.

Je stärker die komplex gewordene Gesellschaft den einzelnen die Abhängigkeit von allen, das Schwinden unmittelbarer Verfügungsmacht über Raum und Zeit fühlen läßt, desto mächtiger entbindet sie den Traum nach autarker Selbst- und Sinnbestimmung.

Je intensiver sich Beruf und berufliche Bildung spezialisieren, desto mehr werden Schulen und Hochschulen zu Entwicklungs- und Übungsfeldern einer unspezialisierten, noch nicht arbeitsteilig differenzierten Humanität; mindestens versuchen sie, sich so zu stilisieren.

Je mehr der Beruf im Formwandel der Gesellschaft seine pädagogisch prägende, stabilisierende Funktion verliert, desto mehr verlagert sich »Bildung« in den (allgemeinbildenden) Schul- und Hochschulbereich. Und dieser Bereich dehnt sich im gleichen Maß aus, in dem die Phasen beruflicher Praxis kürzer werden und häufiger wechseln.

Im Nachkriegsdeutschland kam hinzu, daß man beim Wiederaufbau des Bildungswesens, begreiflich genug, auf die idealistischen und neuhumanistischen Überlieferungen zurückgriff. Man sah in ihnen einen Widerpart gegen die funktionalistische Tendenz des modernen Lebens. Dabei ging es – wiederum begreiflich – nicht ohne Übersteigerungen und Einseitigkeiten ab. Man bezog Distanz zur Welt der Arbeit, der Geschäfte und Berufe. Allgemeine Bildung erhielt durch Zuordnung zur Kultur das Aroma des Geistigen, während berufliche Bildung als Zubehör der »Zivilisation« ins Licht pragmatischer Zweckbestimmtheit rückte – geeignet allenfalls, Verhaltensweisen und Fertigkeiten zu vermitteln.

Stellen wir demgegenüber fest: Bildung ist weder etwas ausschließlich Persönlichkeitsbezogenes, noch ist sie reine Funktion der Gesellschaft. Sie umfaßt beides. Sie ist Fähigkeit und Funktion zugleich. Sie ist jene Verfassung, die den Menschen befähigt, sowohl »sich selbst als auch seine Beziehungen zur Welt in Ordnung zu bringen« (Theodor Litt); sie ist, mit Karl Jaspers zu sprechen, »Daseinserhellung zum Zweck der Daseinsmeisterung«. Demgemäß ist Bildung kein Privileg spezifischer Institutionen oder Personen. Es gibt den gebildeten (und den ungebildeten!) Akademiker ebenso wie den gebildeten Arbeiter und die gebildete Bäuerin. Eine Binsenweisheit gewiß – aber zugleich eine notwendige Klarstellung angesichts der weitverbreiteten Tendenz,

Bildung mit akademischer Bildung gleichzusetzen. Wer seine Persönlichkeit sinnvoll entfaltet in dem Raum und Rahmen, in den er hineingestellt ist – der ist gebildet, nicht mehr und nicht weniger.
Wenn die Sinnerfüllung der Bildung in der Gestaltung des eigenen Lebens liegt (wozu auch das Soziale und damit der Beruf gehören), so wächst dem einzelnen Bildung zu aus seinem Beruf. Bildung als Prozeß, als Vorgang ist nicht gebunden an die Schule, an einen Lehrplan und an tradierte Bildungsgüter. Sie wird gewonnen aus der dauernden persönlichen Auseinandersetzung mit den Aufgaben und Fragen, die das Leben stellt.
Bildung und Beruf – ein Gegensatz? Die Antwort kann nur lauten: Beruf als kulturelle Funktion ist ohne Bildung nicht denkbar. Bildung ist Bedingung für berufliche Leistung in einer differenzierten Berufs- und Arbeitswelt. Der Beruf ist ein Feld, in dem sich Bildung verwirklicht. Bildung erhält durch ihn ihre soziale Dimension. (1975)

Erziehen – wozu?

*Gerade das Einfache hat es heute schwer, da es niemals
so gelehrt klingen kann wie ein wissenschaftlicher Traktat.
Vergleichen Sie allein die schlichte Sprache der Bibel
mit einem beliebigen Text heutiger Erziehungswissenschaft!*

Die Menschen sind heute wieder eher bereit, manches an Ansprüchen, Erwartungen, Hoffnungen, Träumen zu überdenken, sich wieder auf einfachere Lebensverhältnisse einzustellen. Wo vieles bröckelt, sucht man nach einem festen Halt. Man gewinnt wieder Verständnis für ein Wort wie das des weisen Bias: »Ich trage all das Meinige bei mir.«

Wissen, Können, Charakter überdauern Börsenkrach, Firmenpleite, Arbeitslosigkeit, Inflation und was man sich sonst an Mangel und Not vorzustellen vermag.

In solcher Situation fragt man auch in der Erziehung nach dem, *woran man sich halten kann.* Unsere gegenwärtige Gesellschaft hat es schwer, eine gemeinsame Vorstellung davon zu finden, beliebt sie doch alles in Frage zu stellen, als schlaue Tarnung übler Herrschaftsgelüste zu entlarven, durch bequemere und daher verführerische Gegenmodelle zu konterkarieren. Gerade das Einfache hat es heute schwer, da es niemals so gelehrt klingen kann wie ein wissenschaftlicher Traktat. Vergleichen Sie allein die schlichte Sprache der Bibel mit einem beliebigen Text heutiger Erziehungswissenschaft!

Nun wäre es eine Utopie, wollte man erwarten, unsere aufgeklärte Gesellschaft ließe sich so einfach wie früher auf den Dekalog festlegen. Leichter ist ihr ein säkularisierter Katalog von Werten nahezubringen. Und in dieser Hinsicht sind wir in einer gar nicht so üblen Lage. Wir haben diese Wertekataloge in unserem Grundgesetz und in den Verfassungen der Länder. So auch in unserer *Bayerischen Verfassung,* wo es in Artikel 131 heißt:

»Oberste Bildungsziele sind
Ehrfurcht vor Gott,
Achtung vor religiöser Überzeugung und
vor der Würde des Menschen,
Selbstbeherrschung,
Verantwortungsgefühl und Verantwortungsfreudigkeit,
Hilfsbereitschaft und
Aufgeschlossenheit für alles Wahre, Gute und Schöne.
Die Schüler sind
im Geiste der Demokratie,
in der Liebe zur bayerischen Heimat und zum deutschen Volk und
im Sinne der Völkerverständigung
zu erziehen.«

Ich weiß recht wohl, daß einem solchen Text eine gewisse Patina anhaftet. Das verleitet so manchen, ihn insgeheim zu belächeln und als »Lyrik« abzutun. Indes, ist diese Patina nicht auch ein Zeichen dafür, daß etwas den Stürmen der Jahre standgehalten hat? Sollten wir daher nicht stolz sein, einen solchen Text zu besitzen, der im übrigen jeden Bürger bindet, auch den sophistischsten unter seinen Verächtern?

Erziehen heißt, die Persönlichkeitsentfaltung eines jungen Menschen fördernd begleiten. Der Begriff »fördern« schließt in sich, daß etwas auf den Weg gebracht, zu einem Ziele gelenkt wird. Die Entwicklung der Person folgt inneren Gesetzen, aber in ihrem Fortschreiten läßt sich diese Entwicklung beeinflussen und steuern, so daß sie nicht plan- und richtungslos dahinläuft, sondern die Richtung auf gewünschte Ziele nimmt.

Jean-Jacques Rousseau war der Meinung, jede solche Einflußnahme komme einer Vergewaltigung der kindlichen Seele gleich. Der Mensch sei gut und entwickle sich von selbst zum Guten. Solcher Optimismus ist schön, doch widerlegt ihn die traurige Erfahrung des Alltags. Wie gäbe es anders verwahrloste Jugendliche, verkommene Erwachsene, Kriminelle, Terroristen? Sind nicht auch sie Menschen, die auf das Gute hin angelegt waren?

Da kommt nun die moderne Gesellschaftstheorie und gibt den »Verhältnissen«, dem Milieu die Schuld. Nehmen wir den Ball auf! Wird man, wenn dem so ist, zur allgemeinen Besserung gelangen, indem man die gesellschaftlichen Verhältnisse, also ein Abstraktum ändert? Muß man sich nicht ans Konkretum wenden, an den einzelnen Menschen, also beim Individuum beginnen? Denn aus diesen einzelnen Menschen besteht die Gesellschaft, die folglich nicht besser sein kann, als die Summe ihrer Mitglieder es ist. Ich möchte damit nicht bestreiten, daß auch die Weiterentwicklung der Produktionsverhältnisse, der Verteilungssysteme, der vielberufenen Lebensqualität Bildungs- und Erziehungsprozesse gleichsam klimatisch beeinträchtigen oder begünstigen kann. Zuletzt aber kommt es doch darauf an, was man für den *einzelnen* tut, wieviel Sorgfalt man auf ihn verwendet, wie man ihn in das Leben in der Gesellschaft einführt. Er soll ja nicht zu deren Verfall, sondern zu ihrer Verbesserung beitragen. Und wäre dieser Beitrag noch so gering, im ganzen macht er sich doch bemerkbar.

Ich will konkreter werden: Wie könnte unsere Gesellschaft aussehen, wenn sie sich an die eben zitierten obersten Bildungsziele hielte? Wenn in ihr überall Ehrfurcht vor Gott oder wenigstens Achtung vor religiöser Überzeugung und vor der Würde des Menschen herrschte? Wenn Selbstbeherrschung, Verantwortungsgefühl und Verantwortungsfreudigkeit die Regel wären? Wenn man allgemein mit Hilfsbereitschaft rechnen könnte? Wenn überall Aufgeschlossenheit für das Wahre, Gute und Schöne anzutreffen wäre? Wenn wir überall den Geist der Demokratie praktiziert fänden, wenn die Liebe zur engeren und weiteren Heimat ebenso die Regel wäre wie die Bereitschaft zur Völkerverständigung?

Ich möchte nicht das Gegenbild malen, aber wenigstens die Frage stellen, ob jemand, der diese Verfassungsziele ernst nimmt, Nachbarn terrorisieren, einen Mitbürger angreifen oder »Ausländer raus!« rufen kann. (1983)

Sind »Sekundärtugenden« gefährlich?

Die verschiedenen Schichten von »Tugenden«, die man unterscheiden kann, darf man nicht allein erfolgsbezogen verstehen. Wir wären sonst wieder bei dem alten Erziehungsideal der Sophisten angelangt, die stets die Frage nach dem »Wozu?« stellten und damit den vordergründigen Erfolg der Selbstbehauptung in der Gesellschaft im Visier hatten.

Neben den in den obersten Bildungszielen zusammengefaßten *primären* Tugenden gibt es bekanntlich auch jene *sekundären* Tugenden, die so manchem gerade auf Grund von Erfahrungen im Dritten Reich suspekt geworden sind. Fleiß, Genauigkeit, Pünktlichkeit, Pflichterfüllung, all das konnte auch pervertiert werden. Carl Amery hat aus solcher Erfahrung in den ersten Nachkriegsjahren die hier schlummernden Gefahren in greller Deutlichkeit aufgezeigt, wenn er daran erinnerte, daß auch ein Adolf Eichmann fleißig, genau, pünktlich, pflichteifrig war.

Ein solches Urteil war aus der Reaktion auf das Unvorstellbare, Grauenvolle jener schändlichen Epoche nur zu verständlich. Bei distanzierterer Betrachtung muß man freilich sehen, daß es nicht die genannten Tugenden als solche waren, durch die sich so viele Menschen irreleiten ließen: Es war vielmehr ihre Abkoppelung, ihre Isolierung von der Grundschicht primärer Tugenden. Wie könnte ein Mensch, dem es ernst ist mit der Achtung vor der Würde des Menschen, zum mitleidlos pedantischen »Buchhalter des Todes« werden? Lassen Sie den Katalog der obersten Bildungsziele noch einmal durch Ihr Gedächtnis ziehen, und Sie werden zustimmen: Wer sich mit Überzeugung zum einen bekennt, kann im andern weder fehlgehen noch fehlgeleitet werden.

Nicht zu bestreiten ist freilich, daß alle sekundären Tugenden zweckgerichtet sind. Die Erreichung eines bestimmten Zieles erfordert ein bestimmtes Verhalten, oder anders ausgedrückt: Wer ein Ziel erreichen will, pflegt sich in der Regel so zu verhalten, daß sein Tun und Lassen dem Zweck förderlich, zumindest aber nicht hinderlich ist. Daraus kann sehr leicht der zutiefst unmoralische Schluß gezogen werden, der Zweck heilige jedes Mittel, man dürfe also gewissermaßen »über Leichen gehen«.

Wer so denkt, übersieht, daß es selten Glück und Befriedigung bringt, ein Ziel »mit allen Mitteln« erreicht zu haben. Das Ziel selbst muß ein Teil eines auf Werte gegründeten Lebensplanes sein, also in seiner Tiefe mit den primären Tugenden kommunizieren.

Nehmen wir unsere Schüler in den Schulen! Was sie erstreben, ist klar: von Jahrgangsstufe zu Jahrgangsstufe vorankommen, mit einem möglichst ordentlichen Zeugnis abschließen, in eine Berufsausbildung gehen, letztlich also einen Beruf – nicht einen Job – ausüben können.

Sicherlich wird auf dem Wege dahin so mancherlei gemogelt, und mancher mag es darin zur Meisterschaft gebracht haben. Aber die allermeisten streben ihrem Ziele doch mit rechtschaffenem Bemühen entgegen. Schon dazu bedarf es eines Kranzes von Tugenden, als da sind: Fleiß, Pünktlichkeit, Ausdauer, ein Gespür für die rechte Mitte zwischen Fügsamkeit und Selbstbehauptung; aber auch soziale »Strategien«, die man nicht eben als Tugenden klassifizieren möchte, wie jene pfiffige Tarnung des eigenen Eifers durch gespielte Interesselosigkeit, weil man nicht in den Verruf kommen möchte, ein »Streber« zu sein, oder auch einfach aus Mitleid mit weniger Glücklichen.

All das sind Vorstufen einer Einübung in das spätere Verhalten in der Gesellschaft, und darunter auch erste Ansätze zu jenen besonderen Tugenden, die seit einiger Zeit wieder entdeckt, jedenfalls wieder salonfähig gemacht werden.

Sicher gehört zu ihnen auch der Fleiß, auch die Pünktlichkeit, auch die Belastbarkeit (nun in einem elaborierten Code »Frustrationstoleranz« genannt), die schon in den ersten Jahren der Schule angelegt werden. Es kommen auch Fähigkeiten hinzu, die dem Menschen erst mit jeweils reiferem Alter zuwachsen können, nämlich: die Fähigkeit, genau, konzentriert, zielstrebig zu arbeiten; die Kunst, vorzuplanen, seine Zeit ökonomisch einzuteilen, Ordnung zu halten.

Das alles zu entwickeln war zu jeder Zeit eine Willensleistung, die nicht jeder aufbrachte. Lord Chesterfield schreibt zum Beispiel in einem Brief an seinen Sohn (vom 5. Februar 1750):

»Viele Leute verlieren einen großen Teil ihrer Zeit durch Trägheit. Sie faulenzen und gähnen im Lehnstuhl, denken, sie hätten jetzt nicht Zeit, etwas anzufangen, ein andermal würde sich ebensogut welche finden. Das ist eine sehr unglückliche Denkart und die größte Hinderung der Kenntnisse und Geschäfte.«

Von jungen Leuten, die sich in solcher Weise gehen lassen, bekommt man zu hören, das sei doch kein Grund zur Aufregung, denn »wenn es einmal wirklich drauf ankommt«, werde man das schon »hinkriegen«. Als ob solcher »Kaltstart« möglich wäre! Jeder Sportler kann einem bestätigen, daß das alte Wort noch gilt, demzufolge die Götter vor den Erfolg (im Originalton: vor die Tugend) den Schweiß gesetzt haben.

Unsere Jugend braucht Wissen, Fähigkeiten, Fertigkeiten, gewiß –, aber sie braucht auch – und vor allem andern – Charakter. Ihn zu bilden ist Sache der Erziehung, der Erzieher. Die verschiedenen Schichten von »Tugenden«, die man unterscheiden kann, darf man nicht allein erfolgsbezogen verstehen. Wir wären sonst wieder bei dem alten Erziehungsideal der Sophisten angelangt, die stets die Frage nach dem »Wozu?« stellten und damit den vordergründigen Erfolg der Selbstbehauptung in der Gesellschaft im Visier hatten. Unser »Wozu?« muß eine tiefere Schicht betreffen, jene sokratische, die auch in unsere Bayerische Verfassung eingegangen ist, wenn sie von der »Aufgeschlossenheit für alles Wahre, Gute und Schöne« spricht. Nicht von ungefähr schließt sich unmittelbar daran die Forderung nach einer Erziehung »im Geiste der Demokratie«. Unser Volk hat schlimme Erfahrungen hinter sich. Niemand kann sich wünschen, sie ein weiteres Mal durchleben zu müssen. Denken wir daran, daß es neben dem Elternhaus die Schulstube ist, in der Erziehung geleistet wird, Erziehung in diesem oder in jenem Sinn! Wir alle haben es in der Hand, das richtig zu machen, und wir alle werden dafür bezahlen müssen, wenn wir die Lektion der Geschichte nicht gelernt haben. (1983)

Autorität, Person und Amt

Charismatische Erscheinungen sind seltene Ausnahmen; man kann nicht erwarten, daß sie zu Tausenden auftreten und dann auch noch im Schmuck eines Beamtenverhältnisses daherkommen.

Der Begriff »Autorität« hat seine historischen Wurzeln nicht in der *Macht,* die ein Amt, ein Rang, eine Befugnis mit sich bringt, sondern in der Person, die eine solche Stellung errungen hat, letztlich also in einer Art von Charisma. Ich muß darauf verzichten, Ihnen hierfür Beispiele aus der Geschichte vorzuführen. Soviel ist aber auch ohne Nennung von Namen und Ereignissen sogleich einsichtig: Charismatische Erscheinungen sind seltene Ausnahmen; man kann nicht erwarten, daß sie zu Tausenden auftreten und dann auch noch im Schmuck eines Beamtenverhältnisses daherkommen. Es gibt aber doch und zum Glück gar nicht so selten jene personale Autorität, die gewissermaßen ein Charisma im engeren Bezirk des Lebens ausstrahlt. Sie findet man gerade unter Lehrern häufig, und von ihrem meist stillen Wirken lebt der Geist einer ganzen Schule.

Doch nun kommt das große »Aber«: *Personale Autorität* ist auch etwas sehr Verletzliches, Zerstörbares, da sie sich ja nur im Handeln, im rechten Handeln manifestieren kann und nie völlig dagegen gefeit ist, durch eine einzige ungeschickte Reaktion ins Leere abzustürzen, allen Kredit zu verlieren. Zugleich hat die personale Autorität auch etwas Verzehrendes an sich, da sie ihren Träger in die Pflicht nimmt, ihn zwingt, in seiner Rolle aufzugehen, sein Bild zu wahren, auf vieles zu verzichten, Tag um Tag.

Daneben gibt es die *Amtsautorität.* Sie ist – zu Unrecht – sehr in Mißkredit geraten. Viele Menschen sind gar nicht mehr in der Lage, der Amtsautorität unbefangen zu begegnen. Sie entwickeln eine geradezu zwanghafte Aggressivität, wo immer der Inhaber einer Amtsfunktion sich nicht gefügig zeigt und – paradoxerweise – ebenso oder noch mehr, wenn er sich als gefügig erweist. Er kann es eben, wie man sagt, »keinem recht machen«.

Dies ist die Situation, in der heute alle Erzieher stehen. Amtsautorität wird ihnen von vielen nicht abgenommen, nicht zuletzt deshalb, weil es leider so gut wie gar keine amtlichen Erziehungsmittel beziehungsweise -hilfen mehr gibt, und personale Autorität läßt sich weder verleihen noch nach Wunsch und überdies in Masse erzeugen. Gut, wenn Amtsautorität und personale Autorität in einer Person zusammenfallen, sich gegenseitig ergänzen. Wo dies nicht so ist, kann der Sinn der Begegnung mit dem Lehrer nicht darin liegen, ihn noch gänzlich kleinzumachen, sondern ihm zu helfen, ihn zu stützen. Und das ist meine Bitte an Sie als Eltern und Elternvertreter: Tun Sie – letztlich doch in Ihrem ureigensten Interesse – alles Ihnen Mögliche, die Lehrer Ihrer Schule in ihrem Ringen um Autorität zu unterstützen. Bedauerlicherweise ist oft das Gegenteil der Fall.

Ich muß da aber auch ein Wort an die Lehrer richten, und da ich unter den versammelten Elternbeiräten auch so manchen Lehrer vermute, darf ich hoffen, daß dieses Wort auch an andere weitergetragen wird: Es ist auf jeden Fall ein Irrweg, sich bei den Kindern anzubiedern, die Distanz zu ihnen möglichst gleich Null zu setzen. Erziehung braucht Nähe und Distanz zugleich. Güte und, wo nötig, auch einmal maßvolle Strenge, jedenfalls aber das Einhalten einer konsequenten Linie sind Voraussetzung für ein vertrauenbildendes erzieherisches Wirken. Ich will gar nicht bestreiten, daß es auch besondere Formen der Pädagogik gibt, in denen unorthodoxe Methoden zum Erfolg führen. Aber das können nur Ausnahmen sein. In dem Normalfalle, von dem wir an unseren Schulen auszugehen haben, kann sich der Lehrer nicht unter seine Schüler mengen, als wäre er einer von ihnen. Diese Illusion verfliegt nicht erst mit dem Älter-Werden des Lehrers, sie ist von allem Anfang an sehr einseitig, weil das Kind und der Heranwachsende einen Altersunterschied von meist zehn und mehr Jahren sehr wohl wahrnimmt. Es kann sich gegen den, der sich da aufdrängt, letztlich nicht wehren, und es wird immer einige Gewitzte geben, die sich eine solche Situation zunutze machen. Achtung vor dem Lehrer kommt dabei nur selten heraus. Man spielt gewissermaßen mit ihm und nutzt – kurzsichtig genug, aber entschuldbar – die Chance, einmal für einige Zeit in einem Fach billig über die Runden zu kommen.

Wenn da so mancher hören könnte, wie man hinter seinem Rücken über ihn spricht, müßte ihn tiefe Reue packen, sich auf ein solches Abenteuer eingelassen zu haben.
Jede Zeitepoche hat ihren Stil, aber auch die dazugehörenden Torheiten. War es in früheren Zeiten so, daß der Schüler nicht schnell genug alt werden konnte und seinen Anschluß an die Erwachsenenwelt durch die Vorwegnahme studentischer Sitten und dazu passende Kostümierung dokumentierte, so konnte man zuletzt eine Bewegung in die umgekehrte Richtung beobachten: Mancher erwachsene Lehrer will sich aus seiner Pennälerzeit, auch wenn er sie einst verachtete, nicht lösen und trachtet, sie durch Blue jeans in eine ewige Jugend hinein fortzukultivieren. Dabei hat doch letzten Endes nur das Natürliche Sinn und Gewicht, und das heißt, man muß die dem jeweiligen Alter angemessene Rolle akzeptieren und ausfüllen. Weder der Stehkragen erzieht, noch können es die Blue jeans: Nur der *Mensch,* der in solchen Hüllen steckt, kann es. (1983)

Warum sprechen wir noch deutsch?

Eine so reiche Sprache, in der so viele Säfte kochen, hat auch ihre Gefahren – man spürt es, wenn man sie lange spricht.

Warum ich deutsch spreche und schreibe? Merkwürdige Frage! Ich habe es eben so gelernt, oder vielmehr: Ich bin mit dieser Sprache aufgewachsen. Ich habe sie nicht planvoll erlernt wie Latein oder Französisch, in der Schule, über Vokabelhefte gebeugt, es gab keine Sprachlehrer, keine Grammatik; ich habe sie als Kind begonnen zu sprechen, der Mutter, den Geschwistern nachzusprechen, träumend, halbbewußt, ohne Regeln, ohne ein kontrollierendes Bewußtsein, das fragte, ob ich Fehler machte oder alles richtig sagte.

»Mein geliebtes Deutsch« – das wäre zu literarisch, zu pathetisch. Deutsch sprechen, das war einfach ein Stück kindlicher Lebensäußerung wie Gehen, Springen, In-die-Luft-Gucken, wie Lachen und Weinen. Man liebt seine Haut nicht, sie ist ein Stück von uns – und Sprache sitzt den Kindern so selbstverständlich passend an wie ein Stück Haut. Vor allem deswegen, weil Deutsch meine Kindersprache war, weil ich mit ihr großgeworden bin, bedeutet diese Sprache für mich bis heute »mehr als Worte«.

Übrigens war es kein Hochdeutsch. Es war ein gemütvoller Dialekt, in dem man sich's bequem machen konnte, mit vielen Vereinfachungen und Facilitäten, was Grammatik und Satzbau anging, aber auch mit vielen eigenartigen, schnurrigen, charaktervollen Worten, von denen die Weisheit der Schulmeister und Sprachbücher nichts wußte. Kann man es wohl nachempfinden, wie einem zumute ist, wenn man bruddelt statt knurrt oder brummt, wenn man kruschtlt statt herumsucht oder herumkramt, wenn man ungaddig ist statt ungehorsam, wenn man einen ungeschickten Menschen einen Holprian-Stolprian nennt oder seinem Mädchen zärtlich zuruft: O du liebs A-mi-naa-Schlupferli? In so einer Sprache nämlich – der Sprache Johann Peter Hebels,

der geneigte Leser hat es schon erraten – hatten wir uns als Kinder eingerichtet, und wir wohnten und bewegten uns darin wie in einem großen, winkeligen und bequemen Haus.
Als dann die Lehrer kamen und die Worte zurechtzurücken begannen und an der Aussprache herumkrittelten, da rumorte in uns der erste Protest: Mußte es denn wirklich heißen »meines Vaters Haus« statt »meinem Vater sein Haus«, und hatten Worte wie drillen, gumben, pfuusen und bachen plötzlich keinen Kurswert mehr? Ganz zu schweigen von der mühseligen Unterscheidung von Wer und Wen, Subjekt und Objekt; denn der Alemanne sagt bis heute ungerührt: Ich geb dir dr Kuche.
Große Umwälzungen des Denkens, ganze neuzeitliche Bewußtseinsprozesse rollten auf den fest in eine ältere Sprache eingefalteten Sprachlehrling zu. Er lernte murrend, verwirrt, freilich auch neugierig. Allmählich begriff er, daß es in jenem weitläufigen Haus so etwas wie eine gute Stube gab, eingerichtet von den Herren Siebs und Duden, wo man »Schriftdeutsch« sprach. Glücklicherweise mußte man sich nicht immer da drinnen aufhalten. Denn das Herz hing an den winkeligen Stiegen, den Kellergewölben, den Dachkammern mit unentdecktem Hausrat aus Urväterzeiten, und wenn man auch nicht alle Schätze in der guten Stube aufhäufen durfte – das eine oder andere schleppte man doch heimlich ein.
Bis heute lebt in mir ein Kindertrotz fort in dem stillen Vergnügen, mit dem ich süddeutsche, österreichische Autoren von Nestroy bis Doderer, Handke und Hermann Lenz lese, wo auf jeder Seite ein halbes Dutzend grammatikalischer Verbotsschilder aus der guten Stube mit leichter Hand weggefegt werden. Recht so! Im Haus der deutschen Sprache gibt es eben viele Wohnungen, glücklicherweise, und keine Akademie und kein Wörterbuch werden je den Sprachgebrauch normieren können. Die Aussprache schon gar nicht – dem tüchtigen Mann, der mir in meiner Studienzeit »Deutsche Hochlautung« beizubringen hatte (so hieß es wahrhaftig!), ist es glücklicherweise nicht gelungen, den letzten Rest von Dialekt auszutreiben.
Eine so reiche Sprache, in der so viele Säfte kochen, hat auch ihre Gefahren – man spürt es, wenn man sie lange spricht. Sie kann leicht unscharf werden, amorph, sie kann ersticken in einer unendlichen Bezeichnungs- und Beziehungsfülle – und plötzlich ist dann als Widerpart ein hartes, schematisiertes Basis-Deutsch da, computer- und fern-

schreibergerecht. Sie kann auch überfremdet werden, französisiert, anglisiert, amerikanisiert – all das hatten wir schon.
Mehr als andere Sprachen braucht das Deutsche Helligkeit und Kürze – Dunkel und Umständlichkeit hat es schon genug. Reich und präzis zu sein, stolz und anmutig, in vielen Zwischentönen leuchtend vom Konkret-Farbigen bis zur philosophischen Abstraktion, von jean-paulischen Metaphern-Ketten bis zu mäandernden kantischen Sätzen, die in alle Windungen eines Gedankens dringen – das ist das Privileg des Deutschen; und glücklich der, der ein wenig davon in seine eigene Sprache hereinholen kann.
Warum sprechen wir noch deutsch? An der Bedeutung dieser Sprache in der Welt kann es kaum liegen, sie ist im Rückgang begriffen. Nach Utilitätsgesichtspunkten müßten wir eher für Russisch, Chinesisch, Hindi, Englisch, Spanisch oder Französisch optieren, sie alle liegen an Weltverbreitung vor dem Deutschen. Und schreiben nicht Naturwissenschaftler und Techniker auch bei uns längst Englisch? Könnte nicht eines Tages deutsch zu drucken für deutsche Verleger zu teuer sein? Wandern wir nicht auf eine neue *lingua franca* zu im Westen, nein, in der Welt überhaupt, auf eine Zeichensprache, einen Logikkalkül, vorgebildet in Verkehrsschildern, Informationssystemen und akustischen Signalen? Lohnen sich begrenzte Idiome, Nationalsprachen, Regionalsprachen noch im Zeitalter einer weltweiten Kommunikation?
Solchen Gedanken hänge ich nach beim täglichen Sprechen und Schreiben. Aber da komme ich abends in eine kleine Wirtschaft in meinem schwäbischen Stimmkreis. Was finde ich auf dem Tisch? Nicht das Schild »Reserviert«, auch nicht das Schild »Stammtisch«, sondern dort steht, herausfordernd in einem Wort gedruckt: »Diawodohogatdiahogatdoemmer«. Dreimal das gleiche also, und dreimal nicht das gleiche.
Ich setze mich, bestelle ein Helles und denke darüber nach, welche Welten zwischen Stammtisch und »Diawodohogat ...« liegen. Ich freue mich dieser Sprache, in die man hinabsteigen kann und hinauf und die so viele Stockwerke und Vorratskammern, so viele heimliche Ablagen und skurrile Verschläge von Wörtern hat. Und mir fällt ein Vers ein aus dem »Westöstlichen Divan«, er ist Eva gewidmet, aber er paßt auch für die deutsche Sprache: Aus krummer Rippe ward sie geschaffen, Gott konnte sie nicht ganz grade machen.
Welch ein Glück, denke ich. Nicht einmal er. (1980)

Ein Hauch von Kulturrevolution

Reform oder Revolution?

Aber haben wir nicht seit kurzem eine starke, ja explosive Reformkraft in der Bundesrepublik: die der vom Neo-Marxismus und anderen Quellen gespeisten studentischen Revolte? Sind nicht von hier unerwartete Energien der Erneuerung, der Umwälzung veralteter Denkmuster und Institutionen ausgegangen? Ich gestehe, daß ich skeptisch bin.

Daß Reform nötig sei in unserem Gemeinwesen, rasch und durchgreifend, an Haupt und Gliedern, das scheint die unumstrittene Folgerung zu sein, die die deutsche Öffentlichkeit aus den Studentenunruhen gezogen hat. In dieser Forderung sind rechts und links, sind die meisten Politiker, Publizisten, Wissenschaftler sich einig. Aber welche Reform ist gemeint? Was soll verändert werden? Wie weit soll die Reform gehen: bis zu den vom Grundgesetz gezogenen Schranken oder darüber hinaus? Denkt man an Reform im Rahmen eines – allenfalls weiterzuentwickelnden – gegenwärtigen Verfassungszustandes? Oder soll der *Pouvoir constituant* tätig werden, um »ein neues Grundgesetz« zu schaffen? Oder setzt man auf eine allen Entwicklungen, allen Interpretationen offene *rolling reform,* die in Ziel und Mitteln undefiniert bliebe, sich jeder kalkulierbaren Begrenzung entzöge und am Ende nur ein anderer Name wäre für Revolution?

Fragen über Fragen, die nur der achtlos beiseite schieben wird, der ein Denken in Begriffen verfassungsstaatlicher Ordnung ohnehin für belanglos oder überholt hält. Wer dagegen der Faszination des »unaufhaltsam« Kommenden nicht erliegt, wer an die Selbstrechtfertigung der Revolution nicht glaubt, der wird jeden Anspruch auf Veränderung und Neuordnung, jede Reformidee und Reformbewegung zunächst einmal an den in einer Demokratie maßgeblichen Kriterien messen, nämlich am inneren Gehalt an Rationalität und an der Fähigkeit, Konsens zu stiften. Reformvorschläge müssen vernünftig, in sich schlüssig sein; die Ziele und Mittel der Reform müssen klar umrissen werden; es muß deutlich werden, wo man ansetzt, welche Mängel man beheben will, wie groß die Chancen für Verbesserungen, wie groß die Risiken des Mißlingens sind. Ebenso wichtig aber ist ein zweites: Reformen müssen Zustimmung finden. Sie müssen von der Mehrheit der politisch urteils- und handlungsfähigen Kräfte getragen sein. Ohne diese Zustimmung bleibt alle Reform, so heilsam sie vielleicht im einzelnen sein mag, ein Produkt des Zwanges oder der Furcht, sie gerät in Gefahr, sich stündlich in den Popanz einer »Erziehungsdiktatur« zu verwandeln, ein Institut, das in demokratischen Verfassungen keinen Platz hat.

Reform muß sich inhaltlich ausweisen und öffentlich legitimieren. Sie muß begründet sein und Einverständnis stimulieren. Sonst bleibt man besser beim bekannten und öffentlich akzeptierten »guten Alten«.

Wem das zu formal ist, der überlege die Alternativen: einerseits Reform ohne inhaltliche Begründung, Reform nur um der Reform willen, Reform aus Furcht oder Taktik, als Alibi, »damit etwas geschieht« – anderseits Reform ohne Konsens, getragen allein vom aufgeklärten Despotismus einiger weniger, die für sich ein »richtiges Bewußtsein« in Anspruch nehmen; Reform als Produkt der Erziehungsdiktatur. Daß beides nicht akzeptabel ist, liegt auf der Hand. Der Rückfall in dezisionistische Willkür, in selbstherrlich-persönliche Deutungen von Geschichtsprozeß und Volkswillen – »legt ihr's nicht aus, so legt ihr's unter« – wäre kaum vermeidbar. Am Ende bliebe nur der Zwang als Auskunftsmittel, um die gegebenen Deutungen, verheißenen Entwicklungen im Weg der *self-fulfilling prophecy* zu bewahrheiten. Wo läge die Grenze zu dem, was die Bewegung der studentischen Radikalen als »autoritär« bekämpft?

Die gegenwärtige Krise – um unsere Diagnose nur in wenigen Worten anzudeuten – ist nicht eine Krise des Apparats und der Technik, sie ist keine Krise der Institutionen, sie kann nicht Paragraphen und Verfahrensregelungen angelastet werden – noch weniger ungreifbaren Abstraktionen wie dem »Spätkapitalismus« und dem »Zerfall der bürgerlichen Gesellschaft«. Sie ist zunächst eine äußere Krise, die Folge einer Veränderung der deutschen Stellung von außen her, die mit der inneren Entwicklung der Bundesrepublik in folgenreicher Weise kontrastiert: Die weltpolitische *raison d'être* wird der Bundesrepublik im gleichen Augenblick bestritten, ja entzogen, in dem ihre innere Ordnung sich gegen den lange festgehaltenen Schein und Stempel des Provisorischen durchsetzt und konsolidiert. Sie ist sodann – darin liegt das Quentchen Wahrheit in der zweiten These – die Folge einer Unsicherheit: resultierend aus dem Zusammenstoß einer Regularien traktierenden Verwaltung und Regierung mit neuen, noch kaum übersehbaren sozialen und technischen Problemen. Zuletzt und vor allem aber ist sie eine Krise der Personen, die Politik betreiben, und als ihr Kern enthüllen sich Entscheidungsschwäche und Mangel an politischer Substanz: Wenn trotz verfassungsrechtlicher und politischer Möglichkeit nicht oder nicht zur rechten Zeit entschieden, gehandelt, regiert wird, so ist das ein Zeichen, daß man aus Angst, Schwäche, Konformismus oder welchen Gründen immer eben nicht regieren *will*.

Daß dies so ist, ist wiederum nicht zufällig. Die Bundesrepublik ist in ihrer Entstehung und politischen Eigenart geprägt von einer doppelten Distanz: einmal, zur Vergangenheit hin, gegenüber dem Dritten Reich; dann, zur Zukunft hin, gegenüber Lösungen in der Linie nationalstaatlicher Tradition. Eben dies hat, wie oft dargelegt, im Innern zur Ausprägung einer betont liberalen, ja individualistischen, den sozialen Status quo betonenden Rechtsstaatlichkeit geführt, nach außen zu einer erhöhten Öffnungsbereitschaft gegenüber internationalen und supranationalen Einheiten. Da sowohl das Nationale wie das Moment des *etat actif* (B. de Jouvenel) durch den NS-Führerstaat und das nationalkommunistische Regime der DDR besetzt war, griff man bewußt weiter zurück: auf die klassische Form des liberalen Rechtsstaates, ja des Justizstaats, des Rechtswege-Staats (H. Jahrreiß) und auf die Tradition des vor-nationalen europäischen Föderalismus. Mit dem Trauma des NS-Regimes verdrängte man zugleich New Deal, Front Populaire, Labour-Reform, westlichen Sozialismus, Planification, neuen Nationalstaat und Nationalismus. Heute nun meldet sich das Verdrängte ungestüm zu Wort, und den Älteren nützt es wenig, wenn sie eine ebenso gedächtnisarme wie tatendurstige Jugend auf die Kostüm-Ähnlichkeiten mit den ohnehin allmählich vergessenen Taten und Attitüden des Nationalsozialismus hinweisen. Aktivistischer politischer Wille fragt nicht nach Ahnen und kehrt nicht um vor historischen Mahntafeln: Die Älteren aber, zwischen jugendlichem Anspruch und böser Erinnerung hin- und hergerissen, flüchten teils in ängstliches Nichtstun, teils ins unüberzeugte Mitläufertum; sie wagen kein Ja, noch weniger ein Nein.

Hieraus ergeben sich die eigentümlichen Belastungen und Schwierigkeiten der Reformdiskussion in unserem Land. Ein Provisorium muß Dauer suchen; ein liberaler Staat muß Planung betreiben; eine repräsentative Demokratie muß »die Einmischung plebiszitärer Mittel« bedenken; den Usancen behutsam-taktischen Koordinierens schallt der Ruf nach Führung entgegen. Ein Rechtsstaat, geschaffen aus Sicherheitsverlangen gegen totalitäre Willkür, muß nach der Grenze suchen, jenseits derer Wohltat Plage, der Rechtsweg zur Fessel wird, er muß die Weichen umstellen vom Individualistischen aufs Soziale – dies in einer weltpolitischen Situation, in der zuviel politische Schwäche wie zuviel Stärke in deutschen Händen von der Umwelt mit gleichem Argwohn angesehen werden.

Jede Reform braucht Werkzeuge. Reform*ideen* allein genügen nicht. Fragen wir daher zum Schluß, mit welchen Partnern und Instrumenten Reformen in unserer Demokratie rechnen können und wo sie Gegnerschaft erwarten müssen.

Es liegt nahe, zunächst an die Politiker zu denken. Wer sie kennt, mit ihnen spricht, weiß, daß sie in der Mehrzahl und in der Regel keineswegs reformfeindlich sind. Die Unzulänglichkeiten des politischen Betriebs werden von ihnen meist sehr viel deutlicher gesehen als von den Beobachtern in der wissenschaftlichen und publizistischen Proszeniumsloge. Und es ist auch keineswegs so, daß sie nicht das ihrige zu den in Gang befindlichen Reformen beigetragen hätten: In der Finanz- und Verwaltungsreform, der Schul- und Hochschulreform, der Parlamentsreform geht vieles, ja das meiste auf ihre Initiativen zurück.

Sieht man genauer zu, so ist es freilich auch hier wieder nur eine Auswahl, ein relativ kleiner Kreis, der sich aktiv in die Reformdiskussion und -planung einschaltet: eben jener, der fähig ist, sich in das erwähnte Distanz- und Reflexionsverhältnis zu seiner eigenen Arbeit zu setzen. Die Mehrzahl greift Reformen höchstens auf, wenn sie *en vogue* sind, läßt sie fallen, sobald die Mode wechselt. Es besteht die Gefahr, daß Politiker, die in der Routine des politischen Alltags kaum zum Nachdenken kommen, erschöpft vom Absolvieren des Terminkalenders und zugleich verärgert über den pauschalen Vorwurf der Untätigkeit, nach Reformideen im Rohzustand des Schlagworts greifen. Sie lassen sich nicht hindern, mit Eloquenz zu vertreten, was sie nicht verstehen oder woran sie nicht glauben. Eine solche Reform ist dann meist schlimmer als gar keine.

Umgekehrt herrscht bei den Wissenschaftlern, die die Politik beraten, oft eine ähnliche Betriebsblindheit, wenn auch mit anderen, gegensätzlichen Vorzeichen. Man profitiert hier von der Unsicherheit der Politiker und von dem nahezu irrationalen Prestige, das »die Wissenschaft« – ein noch nicht entmythologisierter Bereich – in der öffentlichen Diskussion genießt, man läßt sich leicht verführen, die spezifischen Wirkungsbedingungen wissenschaftlicher Hilfen im politischen Bereich nicht genau zu untersuchen, und sät Ideen gleichsam in den Wind. Die Paravent- und Balancefunktionen wissenschaftlicher Beiräte und Konsultativgremien im politischen Prozeß sind den meisten nicht klar, ebensowenig die Tatsache, daß »Wissenschaft« kein neutraler Stoff ist, sondern in der Welt der Politik sogleich instrumentalisiert wird und zu Positionen und Tendenzen gerinnt. Wer meint, es genüge, Politiker zu »programmieren«, wer sie als Figuranten eines vermeintlich entschlüsselten »objektiven Gesellschaftsprozesses« in Dienst nehmen will, wer gar zynisch an ein Bündnis nichtmächtiger Verständiger mit nicht-verständigen Mächtigen glaubt, dem fehlen die Anfangsgründe der Politik. Wissenschaft kann und soll politische Entscheidungen vorbereiten, Alternativen deutlich machen, Risiken quantifizieren; sie kann und soll nicht das Politische ins Szientifische und Technische absorbieren. Vielmehr muß sie darauf bedacht sein, dem Politiker Wissen und Gewissen, die er zum Handeln braucht, wiederzugeben, seinen Mut zur Tat zu stärken. Wirkliche Wissenschaft wird zuallererst den Wissenschaftsmythos zerstören, den Halbbildung im Bereich der Praxis, des Politischen um sie gewoben hat; sie wird bestrebt sein, die Politik und den Politiker freizusetzen, nicht sie mit zweifelhaftem Rechtstitel ablösen und ersetzen zu wollen. Es führt in der Reform kein Weg am langwierigen Geschäft der persönlichen Fühlung, des Werbens und Überzeugens vorbei. Und es wäre schlimm, wenn es anders wäre. Reformen sind nicht ein selbsttätiger Vorgang, der durch Wissenschaft gleichsam anonym zu steuern wäre: Wer das meint, übersieht das Relais des Persönlichen und Institutionellen, über das die Ströme politischer Zielvorstellungen laufen müssen, wenn sie sich materialisieren sollen.

Das hier skizzierte Verhältnis von Wissenschaft und Praxis, Reformdiskussion und Reformpolitik könnte nun in vielen Formen in die Realität übersetzt werden: in Gestalt freier Gruppen, die sich in Diskussion und Vorschlag um die öffentlichen Dinge kümmern (als Beispiel diene der Club Jean Moulin in Frankreich); in Gestalt der Reformdiskussion in Kirchen, Akademien, Verbänden; oder in Form systematischerer Versuche, die Zusammenarbeit von Wissenschaftlern und Politikern in Gang zu bringen. Wie dies im einzelnen geschieht, welche Personen sich zusammenfinden, welche Schwerpunkte sich bilden, ist eine zweitrangige Frage; entscheidend ist, daß Reform als ständige Aufgabe des Gemeinwesens erkannt und öffentlich diskutiert wird. Denn in diesen Dingen stehen wir noch ganz am Anfang, sowohl von seiten der politisch Aktiven wie von seiten der lesenden und diskutierenden, politisch Anteil nehmenden Öffentlichkeit.

Aber haben wir nicht seit kurzem eine starke, ja explosive Reformkraft in der Bundesrepublik: die der vom Neo-Marxismus und anderen Quellen gespeisten studentischen Revolte? Sind nicht von hier unerwartete Energien der Erneuerung, der Umwälzung veralteter Denkmuster und Institutionen ausgegangen? Ich gestehe, daß ich skeptisch bin. Für einzelne Gebiete, wie die Bildungs- und Hochschulreform, mag man heilsame oder doch jedenfalls wirksame Anstöße konstatieren. Für eine planvolle, in die Bereiche der Infrastruktur und des Regierungssystems ausgreifende Reform dagegen ist die Lage angesichts der vergangenen und gegenwärtigen Unruhen eher schwieriger geworden. Es besteht Gefahr, daß blinde Reaktion an Stelle umsichtiger Reform an Boden gewinnt; daß man Aktionen produziert, ohne zu wissen warum und wozu, einfach um sich Aktionsfähigkeit zu bescheinigen und den Verdacht des Immobilismus zu zerstreuen; daß man ohne Überzeugung reformiert und in der Jagd auf Sündenböcke demagogischen Vereinfachungen anheimfällt; daß man schließlich die Akzente der Reform in die verkehrte Richtung, nämlich die der glatteren *efficency* des politischen Betriebs setzt, ohne die plebiszitäre Herausforderung unserer Demokratie ernsthaft zu bedenken und anzunehmen.

Sieht man die Dinge nüchtern, so muß man feststellen, daß die rebellierenden Gegner unserer Wohlstandsdemokratie nicht nur ein Reizklima für Verbesserungen geschaffen haben – was ihr Verdienst bleibt –, sondern daß sie paradoxerweise auch zahlreiche Reformwege, die vor kurzem noch offen schienen, blockiert haben. Das ist der innere Widerspruch einer Revolte, die mit revolutionärem Anspruch »aufs Ganze« geht und sich der Konkretion und Detailbetrachtung, ohne die Politik nicht auskommt, dem *»down to facts«* verweigert. Man kann nicht auf der einen Seite die Verhärtung der Großen Koalition beklagen und zugleich ihre mögliche Sprengung durch ein relatives Mehrheitswahlrecht noch heftiger ablehnen. Man wird unglaubwürdig, wenn man die Schrecken des Krieges in Vietnam verurteilt, auf der anderen Seite aber selbst »ein, zwei, drei, viele Vietnams« im eigenen Lande schaffen will. Man gerät in Widersprüche, wenn man Parteidisziplin und Fraktionszwang bekämpft, im eigenen Hochschulbereich jedoch die rostigen Waffen des imperativen Mandats und der Delegation aus dem Arsenal des Ständestaats hervorholt. Und man läuft Gefahr, nicht ernstgenommen zu werden, wenn man einerseits das Parlament als notarielle Stempelstelle gesellschaftlicher Kontrakte zwischen Verbänden und Bürokratie denunziert, anderseits mit der Proklamation eines allgemein-politischen Mandats für Zwangsverbände genau in der beklagten Richtung die rätische oder ständische »Transformation der Demokratie« weitertreibt.

Im übrigen ist der globale »systemkritische« Ansatz des Neo-Marxismus eher ein Hindernis als ein Stimulans für Reformen. Er stellt ab auf einen generellen Anti-Institutionen-Affekt, auf ein revolutionäres Alles oder Nichts, ein *tertium non datur* – während doch Politik als Kunst des Miteinanderlebens just der Ort der Zwischenlösungen und der Vereinigung der Gegensätze ist. Überdies ist der Neo-Marxismus auf seinem jüngsten Weg, der von der Literatur an der Politik vorbei in die Aktion geführt hat, auf ein Vulgärniveau gekommen, das den ernsthaften Adepten dieser kritischen Tradition nur die Distanzierung oder die Selbstverleugnung offenlassen dürfte. Bereits jetzt gleicht der »lange Marsch« durch die schon Regale füllenden Bestände einer hastig hingeschleuderten Pamphlet- und Kampfliteratur einem Stolpern über Scherben und Abfälle unbewältigter Grammatik.

Mißt man den Niveauverlust, so hat man das Gefühl, daß der Neo-Marxismus bereits dabei ist, in der Bundesrepublik seinen literarischen Kulminationspunkt zu überschreiten. Der Abstand von den Meistern zu den Jüngern wird immer peinlicher fühlbar. Gewiß, auch Adorno und Habermas teilen mit den Jüngeren die globale Betrachtungsweise und das fatalistische Moment der Systemkritik, und ihr Stil verrät das Geronnene der Manier – aber daß beide, wo sie das Vibrato der Zelebrität vermeiden, Bedeutendes zu sagen haben, daß sie eigene Köpfe sind, bleibt wohl unbestritten. Ernst Blochs melodramatisches Philosophieren mag dem an romanischen Mustern Geschulten abenteuerlich, urdeutsch, ja degoutant erscheinen, wie Nietzsches Zarathustra-Stil – die poetische Kraft dieses jean-paulisierenden Marxisten soll dennoch nicht verkannt werden. Die Kohorte der Nachredner und Nachbeter aber? Der lange Zug der Nitsch, Meschkat, Preuß, Kadritzke, Lefèvre, Rabehl und anderer *poetae minores* im Revolutionschor? Wahrlich, wie die Meister sich räuspern und spucken, haben sie mehr oder minder gut gelernt, die Fußangeln der Eigentlichkeit vermeiden sie, das dialektische Vokabular handhaben sie ungelenk, aber bemüht, das Reflexivpronomen setzen sie brav ans Ende. Sonst aber? Ich wüßte keinen, dessen Sprache sich mir durch einen persönlichen Zug, einen Funken der Originalität und Unverwechselbarkeit eingeprägt hätte. Statt dessen ein klischeehaft erstarrtes, bösartig trommelndes Deutsch, eine Formelsprache, deren Zweck nicht Mitteilung, sondern Deklamieren und Übertäuben ist.

Schließt man von der Sprache, der geistigen Äußerung auf die Potenz und Originalität der Rebellen, so ist die Bilanz dürftig. Zu vieles ist austauschbar, zu schwach ist, bei beträchtlicher Lautstärke, die persönliche Tönung, zu sehr klebt die Sprache an starren Schienen des Vorgedachten. Freilich, »die Aktion« will nicht sprechen, sondern handeln, literarische Sorgfalt ist nicht ihre erste Sorge. Wo aber das Handeln nur die Blöße des Gedankens deckt, wo die Flucht in die Aktion die Frage, um welche Aktion es sich eigentlich handle, untergehen läßt, wo der *Furor teutonicus* herrscht und die Atmosphäre von Kinderkreuzzug und *Morbus sacer* sich verbreitet, da wird die Bodenlosigkeit des politischen Aktivismus um so rascher deutlich. Ob wir es noch erleben werden, daß sich die »Bewegung« auf reale Ziele, auf Erreichbares einübt, statt im Scheitern der Aktionen des Alles oder Nichts das Utopia des Gedankens zu genießen? Daß sie einhält bei dem Gedanken, daß »alle absolute Tätigkeit zuletzt bankrott macht« (Goethe)? Es wäre ein Sieg humaner Nüchternheit, ein Sieg der Reform über den politischen Aktivismus. (1969)

Die Sprache der Neuen Linken

Woher dieser Sturz ins Ultrakonkrete, Platt-Anschauliche, Klassenkämpferische und Grobianische in unserer politischen Sprache?

Die Sprachentwicklung nach 1945 stand – zumindest in der Bundesrepublik – im Zeichen eines fortschreitenden Abbaus von rollen- und schichtspezifischen Sondersprachen, individuellen und landschaftsgebundenen Idiomen, kurz räumlichen und sozialen Sprachabgrenzungen. Sie spiegelte hierin, wenn auch mit Verzögerungen, die sozialgeschichtliche Entwicklung wider, die einerseits durch soziale Nivellierung, andererseits durch Rangerhöhung bisher sozial zurückstehender Tätigkeiten und Positionen in der Gesellschaft gekennzeichnet war. Die Skala: Magd-Dienstmädchen-Hausgehilfin-Hausangestellte-Hausassistentin ist dafür ebenso ein Beispiel wie die oft beschriebene und belächelte Verwandlung der Putzfrau in die Raumpflegerin, des Blumenbinders in den Floristen, des Briefträgers in den Postfacharbeiter, des Fensterputzers in den Glas- und Gebäudereiniger. Statusunterschiede wurden nach oben nivelliert. Das wirkte in die Ausdruckssphäre hinüber. Schon die flüchtige Durchsicht der Romanliteratur nach 1945 läßt erkennen, daß das Stilmittel differenzierender Charakterisierung einer Person durch ihre Sprechweise – virtuos gehandhabt noch von Thomas Mann – heute kaum mehr verwendet wird, zumindest nicht in Romanen, die in der Gegenwart spielen. Es würde auch kaum mehr verstanden werden. Umgekehrt hat die Angleichung der Wohn- und Lebensgewohnheiten, der Berufs- und Ausbildungswünsche zur Entstehung einer breiten Buch- und Zeitschriftenliteratur geführt, die sich mit Wohnen, Freizeit, Bildung und Erziehung beschäftigt, und zwar ohne Fixierung auf unterschiedliche soziale Zielgruppen. Wenn etwa eine Zeitschrift wie *Architektur und kultiviertes Wohnen* das Adjektiv kultiviert stillschweigend aus dem Verkehr zieht, um sich den marktbeherrschenden Zeitschriften *Zuhause* und *Schöner wohnen* anzugleichen, so ist das nur ein winziges Element dieses Prozesses, für den viele andere Beispiele zur Illustration bereitstünden.

Was wir hier im sozialen Feld beobachten, gilt auch für den engeren politischen Bezirk. Scharf abgrenzende Bestimmungen, einer gespannten Klassenlage entstammend, sind in den fünfziger Jahren weicher umschreibenden Kennzeichnungen gewichen. Das Vokabular des Klassenkampfes hat sich weitgehend aufgelöst, sei es in Neubildungen, sei es in Retuschen älterer Begriffe. Zwar tradiert die Sprache noch immer den – sozialrechtlich kaum mehr bedeutsamen – Unterschied von Arbeitern und Angestellten, aber über beide hat sich bereits der Begriff des Arbeitnehmers gelegt, und auch der Fremdarbeiter ist inzwischen zum Gastarbeiter geworden. Nicht mehr Arbeiter und Kapitalisten stehen einander gegenüber wie in der Frühzeit des Klassenkampfes, sondern Arbeiter und Unternehmer und schließlich Arbeitnehmer und Arbeitgeber – nicht mehr Antagonisten beherrschen die Szene, sondern Tarifpartner, Sozialpartner. Dem entspricht es, daß Abhängigkeiten, Hierarchie- und Delegationszusammenhänge durch neue Umschreibungen gemildert und verwischt werden: Mitarbeiter, Kraft, Hilfe, Assistent, Auszubildender anstelle von Hilfskräften, Angestellten, Lehrlingen. Man halte dagegen die Tatsache, daß noch in den zwanziger Jahren ein wissenschaftlicher Assistent ein wissenschaftlicher Hilfsarbeiter war, ohne daß jemand dies als anstößig empfunden hätte.

Es wäre ein leichtes, die geschilderte Entwicklung zu ironisieren, auf den harmonistischen Überdruck mancher Neuprägung hinzuweisen und Ideologieverdacht zu säen, wenn Fahrschulen und Friseurläden zu Fahr- und Haarstudios und Nachhilfestunden zu Förderunterricht werden. Doch sei Spott hier ferne. Denn man kann nicht übersehen, daß die Sprache in einer »Spiegelfunktion sozialer Wandlungen«, wie Els Oksaar es ausgedrückt hat, nur nachvollzieht, was sich in der Gesellschaft realiter abgespielt hat, und daß in den erwähnten Euphemismen und Graduierungen neben Prestigemomenten auch eine deutliche Humanisierungstendenz mitschwingt. Ich möchte das selbst für manche Verhüllungen gelten lassen, an denen unser Deutsch nach 1945, soweit es gesellschaftliche Verhältnisse bezeichnet, so reich gewesen ist. Sprache dient ja nicht nur der analytischen Entblößung, und man sollte sich gelegentlich daran erinnern dürfen, daß alle Kul-

tur mit Adams und Evas Feigenblatt begonnen hat und daß die heute so vielgepriesene nackte Wahrheit, mit Franz Werfel zu sprechen, »die Hurenbraut des Barbaren« ist.
Was aber ist geschehen, daß heute plötzlich wieder von »armer und reicher Welt« (statt von Entwicklungsländern und Industriestaaten), von »Kapitalisten« und »Arbeitern« (statt von Tarif- und Sozialpartnern), von »den Herrschenden« (statt von gewählten oder ernannten Amtsinhabern) gesprochen wird? Woher dieser Sturz ins Ultrakonkrete, Platt-Anschauliche, Klassenkämpferische und Grobianische in unserer politischen Sprache? Woher diese andere Sprachwelt – fast bis in den Bundestag hinein – nach zwei Jahrzehnten einer sprachlichen und sozialen Ausgleichs- und Egalisierungstendenz? Woher diese gereckte Agitation, das bösartig trommelnde Deutsch, die hämmernden Klischees und Standards, die mit Popelementen unterlegten Aggressionen? Woher vor allem die immer stärker zunehmende Entfremdung der politischen Sprache von ihrem Ausgangspunkt, der Beziehung auf die Institutionen des Grundgesetzes und der Länderverfassungen? Wie kommt es, daß – wie mir ein Staatsrechtslehrer meiner Generation vor zwei Wochen klagte – intelligente junge Menschen mit Begriffen wie konstruktives Mißtrauensvotum und Verbot des imperativen Mandats einfach nichts mehr anfangen können, daß hier neue Sperren, Sprachbarrieren entstanden sind?
Dies zu erläutern muß ich mit meinen Beobachtungen etwas weiter ausholen. Ich beginne zunächst beim letzten Punkt: der Entfremdung der politischen Sprache von den Normen und Begriffen unserer in Verfassungen und Verfahren grundgelegten politischen Ordnung.
Wohl die bedeutsamste, früh einsetzende Verschiebung im politischen Wortgebrauch war die Ausdehnung des Begriffs Gesellschaft auf die gesamte Breite des politischen Lebens und der progressive Ausfall des Begriffs Staat. Das äußert sich darin, daß in unserer politischen Bildung heute, sehr im Unterschied zu den fünfziger Jahren, das Wort Staat kaum mehr vorkommt, dafür aber das Wort Gesellschaft universelle Verbreitung erlangt hat. Die alte Balance von Staat und Gesellschaft, liberalem Denken teuer, ist damit einer monistischen Erklärung des sozialen Lebens gewichen, denn nicht zu vergessen: Auch der Gesellschaftsbegriff hat seine alte Begrenzung als soziales Gegenüber zum Staatlich-Politischen eingebüßt und ist zu einem allumfassenden Schematismus geworden. Alle reden von Gesellschaft, und wer (noch)

vom Staat redet, muß entweder ein Spezialist sein, etwa ein Staatsrechtslehrer, oder er ist als Abgeordneter oder Verwaltungsbeamter eben ein Teil des staatlichen Systems. Im übrigen ist der Siegeszug des total gewordenen Gesellschaftsbegriffs längst nicht mehr auf die Sprache der Publizistik oder der politischen Bildung beschränkt. Er zieht in den siebziger Jahren bereits Spuren in Gesetzestexten. Das jüngste Beispiel ist eine beim Wissenschaftsausschuß des Bundestages von SPD- und FDP-Abgeordneten diskutierte »Verantwortung (des Wissenschaftlers) vor der Gesellschaft«, die einen Begriff als rechtserhebliche Größe konstruiert, der im Grundgesetz gar nicht vorkommt.
Nun könnte man einwenden, hier sei nur der überdimensionierten Geltung des Staatsbegriffes in Deutschland endlich demokratisch der Garaus gemacht worden. Außerdem habe man die angelsächsische *civil society* ins deutsche politische Vokabular geholt. So richtig das für die Anfänge des Auf- und Abstiegs von »Gesellschaft« und »Staat« in den frühen sechziger Jahren ist, so wenig gilt es für den heute erreichten Endpunkt der Entwicklung. Denn einmal gibt es auch in der angelsächsischen Welt zu *civil society* den Komplementärbegriff des *government* – und eben davon ist bei uns, unter der Dominanz eines alles absorbierenden Gesellschaftsbegriffs, nicht mehr die Rede. Zum andern ist hier nicht eine monistische Einheit einer demokratischen Zweiheit oder Vielheit geopfert worden; eine monistische Erklärung (oder Ideologisierung) der politischen Welt hat sich nur in einer andern sprachlichen Form verpuppt.
Eine zweite Beobachtung, die sich aufdrängt, ist die Veränderung des Begriffs der Demokratie. Ich möchte die These wagen, daß sich die enge Gemengelage dieses Begriffs mit rechtsstaatlichen, parlamentarischen, parteistaatlich-pluralistischen Formelementen (die wiederum für das Grundgesetz charakteristisch ist) in den späten sechziger Jahren mehr und mehr aufgelöst hat, daß die radikal-demokratischen Begriffsinhalte sich isoliert haben – so sehr, daß das Wort heute, vor allem in der dynamisierten Form der »Demokratisierung«, dabei ist, ein Kampfbegriff *gegen* rechtsstaatliche und parlamentarische Status-quo-Befestigung schlechthin zu werden. Wer die verwickelte Wortgeschichte kennt (noch im späten 19. Jahrhundert stand der Begriff Demokrat in der englischsprechenden Welt unter Radikalismus-Verdacht!), der wird es registrieren, wenn heute die Hamburger Empfehlungen der Ministerpräsidenten gegen Radikale im öffentlichen Dienst

von interessierter Seite zum »Kampf gegen Sozialisten und Demokraten« stilisiert werden. Hier wird das Wort beziehungsreich in die Nähe jenes links vom politischen Liberalismus angesiedelten Radikalismus gerückt, aus dem es geschichtlich herkommt; denn erst in einem langen Mischungsprozeß hat sich jene »freiheitlich-demokratische Grundordnung« entwickelt, der außer den primärdemokratischen Elementen der Volkssouveränität und des Mehrheitsprinzips auch so unentbehrliche Bestandteile unserer öffentlichen Ordnung wie Rechtsstaats- und Repräsentativprinzip, Parteiensystem und Parlamentswesen angehören.

Drittens weise ich auf eine Linie sprachlicher Veränderungen hin, die man als puristische Überforderung von Begriffsinhalten (mit dem Ziel desillusionierender Zerstörung des Bezeichneten) charakterisieren könnte. Der Vorgang ist in Deutschland vor allem aus der Weimarer Republik bekannt. Hier hat die Neue Linke von der alten Rechten viel gelernt. Ein Musterbeispiel unfreiwilligen Hand-in-Hand-Arbeitens bereits Ende der fünfziger Jahre war die Isolierung der rechtsstaatlichen und sozialstaatlichen Elemente des Grundgesetzes (die die Verfassung sehr bewußt im Begriff des sozialen Rechtsstaats zusammengebunden hatte), ihr Aufblähen zu eigenen, sich wechselseitig ausschließenden Entitäten in der Theorie (denn in der Praxis hat unsere Demokratie gerade eine beachtliche Verschmelzung zuwege gebracht). Wenn heute die Darstellungen unserer Demokratie in der politischen Bildung, grob gesagt, in eine rechtsstaatlich-liberale und eine sozialstaatlich-sozialistische auseinandergefallen sind, so hat dieses dissoziierende Denken seine alten Traditionen. Es lebt ebenso in dem dualistischen Begriffspaar Verfassungsrecht – Verfassungswirklichkeit wie in der heute so beliebten Entgegensetzung von inhaltlicher und formaler Demokratie. Das Modell des gedanklichen und sprachlichen Vorgehens ist überall das gleiche: Man bringt Worte der politischen Alltagssprache, die gerade wegen ihrer Praxisnähe unscharf sind, deutsch-gründlich »auf den Begriff«, um dann die schlechte Wirklichkeit am puristischen Seminaranspruch scheitern zu lassen. Auf diese Weise kann man nahezu überall den Nachweis führen, daß unsere Verfassungen die »gesellschaftlichen Widersprüche« nicht wirklich »vermittelt«, sondern nur formalistisch integriert haben.

Hier schließt sich eine vierte Beobachtung an, daß nämlich zentrale Begriffe unserer politischen Ordnung in den letzten Jahren aus ihrer

Normallage gelöst, dynamisiert, ja eschatologisch aufgeladen worden sind: Das gilt für Verfassung, Demokratie, Sozialstaat so gut wie für Rechtsstaat und Grundrecht. Aus Ordnungsbegriffen sind Verheißungen geworden. Die Stilisierung des Grundgesetzes zum »großen Versprechen« machte den Anfang. Es ist kein konservatives Glaubensbekenntnis, sondern beschreibt nur einen Sachverhalt, wenn man feststellt, daß jede Verfassung auch Normierung eines sozialen Status quo ist, Verstetigung des politischen Lebens, dem sie »Anregung und Schranke« (R. Smend) bietet. Nur insoweit kann sie ja die politischen Verhältnisse ordnen und gestalten. Eben dieser Aspekt wird aber im heute herrschend gewordenen Sprachgebrauch fast völlig übergangen; statt dessen wiegt die Vorstellung vor, die Verfassung sei eine Sammlung von Geboten für alle Lebenslagen, die vom Gesetzgeber nur zu entfalten wären. Kein Wunder, daß auf dem Boden eines solchermaßen überstrapazierten Verfassungs- und Grundrechtsverständnisses Exidealismus und Zynismus gedeihen. Als Beispiel nenne ich das hilflos-traurige Bekenntnis einer DKP-Lehramtsanwärterin, die in einem Land (es war nicht Bayern!) von den Behörden gefragt wurde, warum sie gegen das Grundgesetz sei: »Aber ich bin doch gar nicht gegen das Grundgesetz. Das Grundgesetz wäre gut, wenn es gälte. Aber es gilt doch bei uns gar nicht.«

Endlich verzeichne ich fünftens ein zunehmendes Eindringen organisatorischer, technischer, ja paramilitärischer Kampfbegriffe in die politische Sprache – Spiegelbild des Voluntarismus und Aktionismus, der sich in vielen neuen politischen Bewegungen und Kräften geltend macht. Hierzu gehört das berühmt-berüchtigte »Umfunktionieren«, aber auch das systematische »Verunsichern«, hierzu gehören die Kampfbegriffe gegen die »Herrschenden«, das »System«, die Sprache von »Gewalt« und »Gegengewalt« gegen den »manifesten Terrorismus spätkapitalistischer Herrschaft«. Es ist bezeichnend, daß das paramilitärische Idiom zuerst im Bereich von Bildung und Erziehung verwendet wurde: Ausnutzung und »Umpolung« von Sozialisationsmustern, kognitive Operationsmodi, Lernstrategien waren dort schon üblich, als das politische Konzept der Neuen Linken noch auf Seminarniveau bei der Reflexion gesellschaftlicher Bedingungen verharrte und allenfalls die »repressiven Muster formaldemokratischer Bewußtseinsprozesse« demaskierte. Inzwischen sind die »Strategiediskussionen« Legion geworden, aber neben den Metaphern des Revolutionsspiels ist zugleich eine neue Zone des intentionalen »bewaffneten Kampfes« entstanden, in der nicht mehr mit Begriffen gefochten wird. Wiederum überrascht, wie bei früheren Beispielen, die Berührung der Extreme: Viele Sätze aus der im Juni 1972 veröffentlichten RAF-Kampfschrift »Dem Volke dienen« könnten beim frühen Ernst Jünger stehen, wie überhaupt der Zusammenhang von Aktionismus, Todespathos und Ästhetizismus in extrem linken Gruppen fast die gleichen sprachlichen Formen annimmt wie in extrem rechten.

Alle diese Aussagen wären vielfältig zu differenzieren, die gesammelten Beispiele nach Herkunft und Repräsentanz genauer aufzuschlüsseln. Den Mischungen sehr persönlicher Gelehrtenidiome (Adorno, Bloch, Habermas) mit Begriffen der Management- und Organisationssprache nebst Einsprengseln der Futurologie wäre im einzelnen nachzugehen. Das kann hier schon aus Raumgründen nicht geschehen. Ich möchte aber im folgenden versuchen, wenigstens an einigen ins allgemeine Bewußtsein gedrungenen politischen Begriffen der jüngsten Zeit die Frage zu erörtern, in welche Richtung diese neue Sprache weist, welche Gesellschaftsvorstellungen in ihr lebendig sind. Ich wähle dazu Begriffe, die – liberaler Tradition entstammend – im Zusammenhang der neuen politischen Sprache einen veränderten Sinn erhalten haben, jedoch im Bewußtsein vieler, die sie verwenden, noch in der alten Wortbedeutung gegenwärtig sind – was sie zu geeigneten Objekten einer politisch-semantischen »Doppelstrategie« macht.

Das typischste Beispiel ist wohl das Wort »Emanzipation«. Es hat, lange Zeit ein fast historisch gewordener Begriff, in den letzten Jahren eine Aktualisierung und Verbreitung gewonnen, die ganz ungewöhnlich ist. Es wimmelt heute von Konzepten und Strategien der Emanzipation; emanzipatorische Lernprozesse werden von Schulbehörden verordnet; die berufliche Bildung soll sich vom dualen System emanzipieren, der politische Prozeß von den Parteien, der Verbraucher vom Konsumzwang. Nicht nur eine maßgebende Richtung moderner Theologie, sondern auch der DGB-Vorsitzende fordert in einer Erklärung zum 1. Mai »eine Kirche der Emanzipation«. Kurz, Emanzipation, emanzipieren, emanzipatorisch sind Schlüsselbegriffe der neuen politischen Sprache, in ihnen kommt, gewollt oder ungewollt, ein universeller Anspruch auf Veränderung des »Systems« zum Ausdruck. Worauf zielt dieser Anspruch? Es scheint mir wichtig, festzuhalten,

daß er nicht Freisetzung (einer Person, einer Gruppe) *zu etwas* meint, sondern ausschließlich den Vorgang des Sich-Befreiens (von Institutionen, Verhaltensweisen, sozialen Zwängen) umschreibt – dies mit einem pathetischen Akzent, als läge Freiheit wesentlich (und einzig) im Sich-Befreien. Der Freiheitsbegriff wird also negatorisch verengt. Emanzipation schlägt in einen pauschalen Verdacht gegen »das Bestehende« um. Damit aber erhält der Begriff einen anderen historisch-politischen Richtungssinn als in seiner liberalen Ursprungszeit. Damals ging es darum, daß Gruppen, die bisher vor der verschlossenen Tür der Staatsaktionen standen, einen *status activus* und damit Anteil an staatsbürgerlicher Gestaltungsfreiheit erhielten, daß sie aus Regierten zu Staatsbürgern wurden. Dagegen ist der auf Sich-Befreien verengte moderne Emanzipationsbegriff eher ein Rückfall in ein Denken, das Freiheit in bloßen Ausgrenzungen und Unterlassungsansprüchen gegenüber Staat und Gesellschaft sieht – eine Rückbewegung von Kant zu Rousseau. Verbunden mit einer radikalen Negation der bestehenden Ordnung, führt dieser Freiheitsbegriff zu einer Haltung des generellen Ideologieverdachts gegenüber Institutionen; er übersieht, daß Freiheit in der modernen Gesellschaft nicht mehr etwas Naturhaftes ist wie im Pionierzeitalter von *Manufaktur* und *frontier*, daß sie vielmehr – und gerade als individuelle Freiheit – der planmäßigen gesellschaftlichen Organisation und Institutionalisierung bedarf.
Noch deutlicher wird dieser negatorische Freiheitsbegriff in dem Wort »Freiraum«, einem Schlüsselwort für das Gesellschafts- und Politikverständnis der Neuen Linken. Auch dieser Begriff hat Karriere gemacht, weit über den Kreis seiner Erfinder hinaus. Er taucht heute nicht nur in der Publizistik und in politischen Diskussionen, sondern ebenso in der Pädagogik, in der Verfassungs- und Grundrechtstheorie, ja in innerkirchlichen Debatten auf. Abbau von unlegitimierter und ausbeutender Herrschaft, Aufbau von Institutionen, »die ein Maximum von Räumen und Zeiten der Freiheit ermöglichen und verwirklichen« – so umschreibt eine Studentengemeinde, die sich als »Instrument der Befreiungsbewegung Gottes« versteht, das Ziel ihrer politischen Aktionen. Und um die Schaffung neuer Freiräume (oder die Erhaltung der alten) kreist das Denken vieler junger Menschen, die in den vorstaatlichen Zonen der Gesellschaft, in Hochschulen, Kirchen, Gewerkschaften, Betrieben, Parteien im Sinn der Ideen der Neuen Linken zu wirken bemüht sind.

Fanfare oder Schamade? Auch hier muß die Frage gestellt werden, wie der Anspruch, der hinter dem Wort Freiraum steht, historisch einzuordnen und politisch auszulegen ist. Zunächst ist ein ultrakonkreter Realismus der hier intendierten Freiheitsidee festzustellen. Freiheit wird verzeitlicht und verräumlicht wie in den frühliberalen Phasen des »Eingriffs- und Schrankendenkens« (P. Häberle), als die korporativen und individuellen Freiheitsräume noch naturhaft-autonome Selbstmacht hatten, der Staat Freiheit wesentlich durch Unterlassung oder durch rechtliche Umgrenzung des Eingriffsaktes garantieren konnte. Weiterhin: der Freiraumbegriff und -anspruch enthält ein korporatistisches Moment. In der Verteidigung traditioneller und der Schaffung neuer korporativer Autonomien geht die Neue Linke heute weit über die in den zwanziger Jahren etwa von Othmar Spann vertretenen korporatistischen und berufsständischen Ideen hinaus. Die Organisation von »Gegengewalt« bei extremen Gruppen lebt von den asylartig ausgestalteten korporativen Freiräumen in Schulen, Kirchen, Universitäten, wo (relative) Staatsferne und Polizeiimmunität radikalen Kräften alle Möglichkeiten, vom Flugblattdruck bis zur Vorbereitung von Straßenaktionen, bieten. Und selbst dort, wo nur ein individueller Freiheitsraum gemeint ist, wird er, in schroffem Gegensatz zu den Tendenzen moderner Grundrechtsdeutung, nicht institutionell mit der politischen Freiheit des Gemeinwesens in Beziehung gesetzt, sondern als subjektiver Unterlassungsanspruch an den Staat verstanden.

Nun erinnern wir uns, daß die einheitlich-allumfassende Geltung des staatlichen Gesetzes sich gegenüber den korporativen Freiheiten von Adel, Kirche, Grundherrschaft erst mit den modernen Revolutionen endgültig durchgesetzt hat. Der moderne Staat schafft mit seinem (in den Demokratien durch die Bürger legitimierten) Gewaltmonopol eine innerstaatliche Friedensordnung, indem er den mit ihm konkurrierenden autogenen Gewaltträgern mit den Mitteln von Polizei und Justiz die autonome Rechtsetzung und Gewaltübung entzieht. Gestufte korporative Freiheiten (und Freiräume) werden in eine virtuell egalitäre staatsbürgerliche Freiheit des Individuums verwandelt. Es ist zuzugeben, daß diese Konstruktion in der geschichtlichen Realität im 19. und 20. Jahrhundert auch in den klassischen Demokratien nur annäherungsweise erreicht worden ist und daß vor allem die Industriegesellschaft die Tendenz in sich trägt, neue Immunitäten auszubilden. Sicher ist aber, daß mit der Vorstellung autonomer Freiräume innerhalb der innerstaatlichen Friedensordnung (und gegen sie) die Idee des modernen Staates und der staatsbürgerlichen Freiheit und Egalität selbst aufgehoben wäre. Es ist kein Zweifel, daß nicht wenige Freiraum-Theoretiker eben dies beabsichtigen. So hat Ulrich Preuss beim 33. Bergedorfer Gesprächskreis das Modell einer »Kultivierung von Gegengewalt« und einer »Koexistenz der unterschiedlichen Gewalten« entwickelt. Ich kann mir die Bemerkung nicht versagen, daß wir damit im Raum der mittelalterlichen Zweischwerterlehre sind, nicht aber im Raum modernen politischen Denkens – und schon gar nicht im Raum progressiver Ideenbildung.

Als drittes Beispiel nenne ich die Formel des »Betroffenseins«. Sie enthält die Forderung, daß bei allen Akten, die fremdbestimmt sind – und was ist nicht fremdbestimmt in der modernen Welt! –, »die Betroffenen« mitzureden und mitzuentscheiden hätten: die Schüler über die Schule, die Wähler über Akte des Parlaments und der Regierung, die Arbeiter über Produktion und Investition, die Studenten über »Lerninhalte« und Prüfungen. Dahinter steht der Gedanke einer herrschaftslos diskutierenden Gesellschaft, in der es Hierarchien, Delegationszusammenhänge, Repräsentationsformen, ja das Phänomen der Arbeitsteilung und der Bürokratie nicht mehr gibt, in der also jeder, mit Rousseau zu sprechen, indem er anderen befiehlt, sich selbst befiehlt. Tatsächlich zählt der Vorwurf, die Betroffenen seien nicht beteiligt oder nicht gehört worden, bereits heute zu den schlimmsten emotionalen Verdikten in unserer Gesellschaft – jeder Amtsinhaber, der sich heute, ohne zu murren, durch ein Verhau von Daueranhörungen, Beiratssitzungen und Gesprächen mit Interessenvertretern quälen muß, weiß ein Lied davon zu singen.

Auch die Forderung nach Mitsprache der Betroffenen hat eine ehrwürdige Tradition hinter sich – eine nicht minder eindrucksvolle als die vorher betrachteten Begriffe. Alle parlamentarischen Institutionen sind ja aus solchen Mitspracheforderungen hervorgegangen, und der Gedanke, daß ich mir auferlegte Entscheidungen der Gemeinschaft zumindest mitbeeinflussen kann, ist zweifellos verführerisch – heute mehr denn je. Indes: die berühmte Formel Bractons *Quod omnes tangit, ab omnibus comprobetur* ist nicht so zu lesen, daß alle von Fremdbestimmungen Betroffenen jederzeit mitentscheiden sollten. Der Satz hat vielmehr einschränkende Bedeutung: Was *alle* angeht (und nur dies!), unterliegt dem Recht der Mitsprache aller. Der Satz wendet sich nicht an den Menschen als Spezialisten in seinen kaum mehr zu zählenden Varianten, er appelliert an die gemeinsame Staatsbürgernatur. Von dieser staatsbürgerlichen Qualität aber wird man ohne Apologetik sagen können, daß sie in der modernen Welt mit größeren Möglichkeiten der Mitsprache ausgestattet ist als in einer Zeit, die privilegierte politische Stände und Klassen kannte.

Versucht man ein vorläufiges Fazit, so fällt auf, daß die erwähnten Schlüsselbegriffe nur in begrenztem Maße Neubildungen sind. Meist sind sie Reprisen älterer, zum Teil vorkonstitutioneller Theorien, »explodierende Altertümlichkeiten« (Th. Mann), die nur durch den Widerspruch zum aktuellen politischen System als neu erscheinen. Doch sollte diese Beobachtung nicht zu einer vorschnellen Beruhigung führen. Es liegt gerade im Wesen vorrevolutionärer Situationen, daß in ihnen verdrängte Vergangenheit in vielfältigen Formen an die Oberfläche emporsteigt. Mächtige Bewegungen unserer Zeit, etwa jene, die auf die Bewahrung individueller Freiräume oder auf Erhaltung der natürlichen Umwelt zielen, sind ihrer Intention nach nicht aufklärerischer und fortschrittlicher, sondern aufklärungskorrigierender und fortschrittsbegrenzender Natur. Sie mögen gleichwohl als Korrektive notwendig sein. Aufgabe des Intellektuellen ist es aber, darüber zu wachen, daß ihr temporäres Recht nicht in einen verschlingenden scheinprogressistischen Anspruch umschlägt, der in Wahrheit der Reaktion Tür und Tor öffnet.

Es bleibt die Frage, wie die Veränderung zentraler Begriffe unseres Verfassungsverständnisses auf unsere politische Ordnung zurückwirkt; denn man wird auf Grund der Verbreitung der geschilderten sprachlichen Befunde nicht annehmen können, daß die Institutionen von diesen Vorgängen unberührt bleiben.

Es ist klar: ohne Einhelligkeit im Sprachgebrauch muß die Formkonstanz von Institutionen früher oder später verlorengehen. Wenn das Grundgesetz grundrechtlich umhegte und gesicherte, nicht emanzipative (im neueren Sinn des Wortes) Freiheit meint; wenn es Institution und Individuum schon im Hinblick auf die wachsende soziale Verflechtung zusammenordnet; wenn es arbeitsteilige Formen des politischen Betriebs schafft, die eine Totalpartizipation aller Betroffenen ausschließen, dann gehen die neuen Formeln und Begriffe an unserer politischen Ordnung vorbei. Sie sperren den Zugang zur politischen Wirklichkeit – wenigstens so lange, als diese sich gegenüber dem neuen Sprachanspruch behauptet. Realität und Sprache klaffen auseinander. Die Zone wechselseitiger Deckung wird immer kleiner. Endlich entscheidet sich, ob die Realität dem neuen Bewußtsein weicht und das System gesprengt wird – oder ob das System sich behauptet und die neue Sprache wieder in eine Randexistenz als Verständigungsmittel von Sektierergruppen zurückfällt.

Hier sei zum Schluß ein charakteristischer Text zitiert. In der *Zeit* vom 26. Mai 1972 berichtet ein Berliner Student über Methoden der Gruppenbildung an der Universität. Er schreibt: »Wir sind eine ›Gruppe‹; wir kennen uns nicht, aber wir erkennen uns an unserer Sprache, und wir erkennen die anderen an ihrer Sprache. Wer an unserem Sprachspiel teilnimmt, nimmt auch an unserem Lebensspiel teil; unsere Sprache weist uns aus. Es kommt immer wieder vor, daß einzelne ›umfallen‹. Wir hören es; ihre Sprache ist (wieder) anders geworden; sie sind dem Druck der bürgerlichen Gesellschaft erlegen. Sie ›kritisieren‹ uns, sie weichen von der gemeinsamen Basis ab; sie behaupten dabei aber immer noch, den Sozialismus zu wollen. Sie heucheln; das sind Revisionisten, das sind Reformisten; das sind ›Rechte‹. Gegen sie können wir uns als Gruppe solidarisieren ... Zeigt sich nun ein Student besorgt und verunsichert, da ja die ›ganze‹ (Studien-)Situation auf ihn labilisierend wirkt, so ›klammert‹ er sich an jeden Strohhalm, denn er kann nicht entscheiden, ihm fehlen Entscheidungskriterien. Wir können sie ihm geben, er kann unsere übernehmen. Er sucht dann oft Sicherheit, die wir ihm geben können – und sei es nur, daß wir ihm sagen: ›Das machen wir schon.‹ Er ist dann bei uns.

Was macht aber ein Student, der nicht so ›links‹ sein will, aber auch nicht ›rechts‹ ist? Ein Entkommen aus diesem ›Netz‹ der Sozialtechniken gibt es für ihn nicht. Auseinandersetzungen, aktive Anpassung, Dialoge sind ebenfalls nicht möglich, denn dies setzt zwei dazu bereite ›Gesprächspartner‹ voraus.«

Der Text spricht für sich. Er beschreibt mit den Begriffen des »Sprachspiels« und des »Netzes« ziemlich genau die Innenstruktur gesellschaftlicher Freiräume, wie sie in den letzten Jahren bei uns an Hochschulen, aber auch an anderen Orten in größerer Zahl entstanden sind. Gewiß, es handelt sich, vorläufig noch, um geschlossene Gruppen in Binnenräumen der Gesellschaft. Die Einsprengsel derer, die »eine neue Republik wollen«, sind in der Gesamtgesellschaft vorläufig noch begrenzt. Aber die ideologische Potenz, die Entschlossenheit zur

Aggression sind nicht zu übersehen, und ich muß Karl Steinbuch recht geben, wenn er sagt, daß die Abwehrkräfte heute keineswegs größer, eher schwächer sind als in den Jahren vor 1933.

Der Begriff des Sprachspiels assoziiert die Vorstellung vernünftiger, in »herrschaftsfreier« Diskussion kommunizierender Menschen. Aber auch die Sprache kann sich verschließen und undurchdringlich werden. Der Dialog erstirbt im Netz. Die Gegenwehr muß bei der Sprachkritik beginnen. Sie muß Sprachspiele entlarven, die in Wahrheit verweigerte Dialoge sind. Sonst bleibt uns eines Tages nur übrig, als Eingeständnis intellektueller Ohnmacht Karl Kraus zu variieren: Zur neuen Republik fällt mir nichts ein. (1972)

Der akademische Ständestaat

Allzulange haben wir uns über Rechtsbrüche und Gewalttätigkeiten mit dem entschuldigenden Hinweis auf die gute Sache und den verworrenen Idealismus ihrer Verfechter hinweggetröstet. Die Folgen sind nicht ausgeblieben.

Nach drei Jahren Reform-Euphorie, Zahlenrausch und bildungspolitischem Sandkastenspiel wäre wohl eine nüchterne Bilanz am Platz. Was hat sich in dieser Zeit in unseren Hochschulen wirklich geändert? Sind die laut geforderten »neuen Strukturen« tatsächlich geschaffen worden, läßt es sich heute in der Bundesrepublik leichter studieren, lehren, forschen? Oder hat der berühmte Berg nur die bekannte Maus geboren, ist die Hochschulreform noch immer ein unerledigtes Problem?

Sieht man sich um, so ist die Bilanz dürftig. Inhaltliche und strukturelle Reformen, bezogen auf Forschung, Lehre, Studium, sind seit 1968 kaum mehr in Angriff genommen worden. Die Studien- und Prüfungsreform ist liegengeblieben. Die Frage der Zugänge, Lernzielkontrollen, Abschlüsse, akademischen Berufsbilder ist weiterhin offen. In vielen Fächern, besonders den Geistes- und Sozialwissenschaften, ist das Leistungsniveau erschreckend abgesunken. Begleitende Prüfungen in den ersten Semestern lassen sich heute kaum noch durchsetzen. Die Zahl der Studienabbrecher hat sich weiter vermehrt. Ähnliches gilt für die Reform der Organisation und Verwaltung. Sie ist in antagonistische Teilstücke auseinandergebrochen: oben die Präsidialverfassung als Probierstein der »Effizienz«, unten der Fachbereich als Spielwiese der »Demokratisierung«. Das Ergebnis ist eine zunehmende Auflösung der Universität in voneinander isolierte Gruppen und Gremien, der Untergang wissenschaftlicher Solidarität in einem allgemeinen »Rette sich, wer kann«, die resignative Ohnmacht akademischer Dauerdiskussionen, aus der kein befreiender Entschluß herausführt.

Man muß erst das Kinder-Verwirrspiel der falschen Begriffe auflösen, um an die heutige Realität der Hochschulen heranzukommen.
Was ist aus der »Demokratisierung« geworden? Keineswegs die dringend nötige Aufschließung der seit altersher gesellschaftsfernen deutschen Universität zur demokratischen Gesellschaft hin; statt dessen die Ausgrenzung eines universitären »Freiraums« aus dem Geltungsbereich rechtsstaatlicher Demokratie. Nirgends in Deutschland reagiert man so hysterisch abwehrend auf das Erscheinen von Vertretern der demokratischen Gesellschaft – Politiker, Gewerkschaftler, Industrielle, Bundeswehr oder was immer – wie in der introvertiert-aufgeregten Atmosphäre von Universitätshörsälen und -seminaren. In einer Pseudomorphose Humboldtscher »Einsamkeit und Freiheit« betrachten die marxistischen Eroberer des akademischen Elfenbeinturms die Gesellschaft ausschließlich aus der Schießscharte der »Emanzipation vom Bestehenden«.
Was ist aus der Studienreform geworden? Sie wurde blockiert durch eine zunehmende Informationssperre von unten. Primärinformationen über die Nachfrage nach bestimmten Wissensgebieten, Haupt- und Nebenfächern, Studienwechsel, Abbruchssituationen usw. werden von radikalen Studentengruppen durch »Antiformierungskampagnen« unmöglich gemacht. Nach den universitären und staatlichen Stellen ist auch HIS (Hochschul-Informations-System) im Begriff, an dieser Aufgabe zu scheitern.
Endlich der Abbau hierarchischer Gliederungen in der Universität? Statt der alten, immerhin durch Leistung ausgewiesenen und in sich kollegialisierten und demokratisierten Ordinarienhierarchie haben wir heute drei und mehr Hierarchien nebeneinander, die in Form feudaler Korporationen miteinander verkehren. An die Stelle von Dienstweg und Kompetenzordnung tritt immer mehr das Nebeneinander »autogener Gewaltträger« in der Hochschule (Professoren, Assistenten, Studenten, nichtwissenschaftliches Personal); politische und verbandliche Gesichtspunkte schieben sich vor die wissenschaftlichen.
Die Universität als akademischer Ständestaat, durch Autonomie abgehoben von der demokratischen Gesellschaft – das ist das vorläufige Ergebnis einer Bewegung, die im Zeichen von Egalisierung und Privilegienabbau ausgezogen war. Verwunderlich ist diese Entwicklung nur für den, der nicht weiß, daß Rätestaat und Ständestaat austauschbare Erscheinungen des gleichen antidemokratischen Denkens sind.

Wahrhaftig: Es »spielen sich heute in den Universitäten Dinge ab, die so ungeheuerlich sind, daß sie alles in den Schatten stellen, was sich vor Inkrafttreten des neuen Universitätsgesetzes an Repressalien seitens extremer Gruppen abgespielt hat« (SPD-Staatskommissar Peter Sötje über die Berliner TU). Die Revolte hat die Reform verschlungen. Die Frage ist, wie lange Öffentlichkeit und Staat vor dieser Tatsache die Augen verschließen können, wie lange der universitäre Raum publizistisch abgedunkelt bleibt und wie lange offenkundige Rechtsbrüche und Zerstörungen sich ins Kostüm reformerischer Gesinnung und pädagogischer Herausforderung verkleiden können.

Die Revolte mag anfänglich positiv gewirkt haben, indem sie ein Reizklima für Veränderungen schuf. Inzwischen aber ist die Reform durch wissenschaftsfeindlichen Anarchismus und zielbewußte Kaderstrategie völlig gelähmt, ja im Kern zerstört worden. Die zentrale Aufgabe der Hochschulpolitik – und der inneren Politik – ist es, Reformen im Hochschulbereich wieder in Gang zu setzen und gegen die sinnloszerstörende Revolte abzugrenzen. Dies ist eine Aufgabe, die wir mit allen teilen, auch und vor allem mit den Studenten. Denn es ist klar: Ohne die Wiederherstellung einer freien Wissenschaft und eines auf die demokratische Erneuerung gerichteten Arbeits- und Leistungswillens sind die geplanten Millionen für Bildungsausgaben nichts als Wasser in ein leckes Faß.

Notwendig ist zunächst, daß von den Vorgängen in den Hochschulen wieder offen und ohne taktische Verschleierung gesprochen wird. Allzulange haben wir uns nämlich über Rechtsbrüche und Gewalttätigkeiten mit dem entschuldigenden Hinweis auf die gute Sache und den verworrenen Idealismus ihrer Verfechter hinweggetröstet. Die Folgen sind nicht ausgeblieben. Wo Gewalt aus öffentlichen Mündern als heilsam vorgestellt und zur schöpferischen Unruhe des Gemeinwesens stilisiert wird, entsteht nur allzuleicht ein Klima der Resignation, des Herunterspielens, ja der geschichtsphilosophischen Entschuldigung und Beschönigung. Damit sollten wir schleunigst aufhören – Journalisten, Politiker und Hochschullehrer: Kein angeblich guter Zweck rechtfertigt *solche* Mittel.

Das zweite ist, daß Regierungen und Parlamente aufhören sollten, auf die totalitäre Infragestellung der Wissenschaftsfreiheit nur technisch-organisatorisch, mit Kubikmeterzahlen für Studienplätze und Baukastenmodellen für das Studium, zu antworten. Die staatliche Baustellenphilosophie der Neugründungen und Personalvermehrungen ist gegenüber einer revolutionären Kampfansage ein schwacher Widerpart. Das heißt keineswegs, daß der Ausbau der Hochschulen zu bremsen wäre. Hier ist in der Vergangenheit viel versäumt worden. Aber der Staat muß wissen, daß er den revolutionären Druck mit solchen Mitteln kaum verringern kann, da selbst ein Hochschul-Eldorado die Gegner der demokratischen Staatsform nicht bekehren würde. Er muß die geistige Krise der Wissenschaft wie der Demokratie, die in den Studentenunruhen sichtbar wird, ernst nehmen und darf die jugendlichen Radikalen nicht einfach, um sie los zu sein, mit einem bildungspolitischen Handgeld abspeisen, indem er unterstellt, sie hätten Revolution gesagt, aber Reform gemeint.

Drittens bedarf es einer breiten Solidarität zwischen den Hochschulen und der Öffentlichkeit. Denn die Kräfte in den Hochschulen allein, das haben die letzten Jahre gezeigt, reichen nicht aus, die Freiheit der Wissenschaft und die Dienste der Universität gegenüber der Gesellschaft wirksam zu sichern. Daher sind organisatorische Zusammenschlüsse in und zwischen den Hochschulen gut, aber sie genügen nicht: die demokratische Öffentlichkeit muß erkennen, daß in den Hochschulen auch ihre eigene Sache gewonnen oder verspielt wird. Die Revolte wird bei den Universitäten nicht haltmachen. Daher dürfen Reform und Gegenwehr nicht auf die Universitäten beschränkt bleiben. (1970)

Demokratisierung?

Die verfassungsstaatliche Demokratie grenzt gerade den Bereich der Herrschaft, also der politischen Entscheidungskompetenz im engeren Sinn, besonders scharf von anderen Bereichen ab – um ihn kontrollierbar zu machen.

Fast wagt man es nicht mehr, gegenüber der heutigen Institutions-, Demokratie- und Parlamentskritik an einige simple Sachverhalte zu erinnern, die für die Demokratie konstitutiv sind. Da ist erstens die Tatsache, daß diese Demokratie heute so wenig wie jemals im Rousseauschen Sinne *Volksherrschaft* (im Sinne einer stetigen Artikulation des Volkswillens) ist. Wollte man Übereinstimmung aller zur Voraussetzung für das Sprechen im Namen des Ganzen und die politische Entscheidung machen, so überschritte man schon in kleinen Gesellschaften – Familie, Gruppe, Verband – die Grenzen des real Möglichen. Wenn aber das Entscheidungsverfahren nicht Einstimmigkeit vorsehen kann, wenn es also den Volkswillen im technisch-operationalen Sinn nicht gibt, dann schließt politische Demokratie notwendig Herrschaftsvorgänge ein. »Die anderen Möglichkeiten bedeuten niemals weniger, sondern nur mehr Herrschaft. So etwa, wenn das Entscheidungsverfahren selbst von einem Teil der Gemeinschaft, und sei es die Mehrheit, diktiert wird; oder wenn das Verbleiben in der Einheit auch gegen den Willen der einzelnen erzwungen werden kann ... Die Theorie der herrschaftslosen Ordnung setzt somit den Nachweis nicht nur der gelegentlichen, sondern der dauernden Möglichkeit oder Tatsächlichkeit der Einstimmigkeit voraus. Wenn sie diesen Nachweis nicht erbringt, bleibt sie Utopie« (Manfred Hättich).
Die Folgerung aus dieser ersten These ist eine zweite: Da die plebiszitäre Vorstellung eines einheitlichen Volkswillens eine Fiktion ist, ist jede politische Entscheidung in Demokratien an eine Vertrauensrelation zwischen den gewählten Amtsinhabern und den Wählern gebun-

den – mag man nun »Vertrauen« im wertgefüllten Sinn des angelsächsischen *trust* oder im technischen einer Vorkehrung zur Reduktion von Komplexität verstehen. Das heißt: das repräsentative Element ist nicht einfach eine durch äußere Umstände (Größe der Gesellschaft, Flächenstaat, Minderheiten) erzwungene Zutat oder gar eine temporäre Notlösung für die Zeit, in der der Volkswille (oder wie man heute sagt: das politische Bewußtsein) noch nicht allgemein artikuliert und verbreitet ist. Es ist vielmehr Wesenselement der Demokratie (auch der direkten Demokratie!) schlechthin. Von hier aus gesehen, werden dann die Formen und Verfahren wichtig, in denen diese Vertrauensrelation nicht nur ideell, sondern auch real und institutionell gesichert werden kann – was wiederum auf die Wichtigkeit des heute so gering geschätzten formalen Elements in der Demokratie verweist.

Ein drittes: Demokratie bedeutet keineswegs (mindestens nicht nach dem Verständnis unseres Grundgesetzes), daß in ihr alle sozialen Zwecke und Gebilde politisch werden, es also keinen von Politik eximierten Raum mehr gibt. Das würde ja, soziologisch gesprochen, voraussetzen, daß erstens alle alles tun können; zweitens alle alles verstehen; drittens politische Entscheidungen sich in einem Prozeß universaler Teilnahme in horizontalen Assoziationsformen, nicht in Stufung nach Kompetenzen, vollziehen (also in Form der Rätedemokratie). Die verfassungsstaatliche Demokratie grenzt gerade den Bereich der Herrschaft, also der politischen Entscheidungskompetenz im engeren Sinn, besonders scharf von anderen Bereichen ab – um ihn kontrollierbar zu machen. Keineswegs ist sie eine politische Form, in der »alle« herrschen, sie ist vielmehr dadurch charakterisiert, daß das Volk in ihr die Regierenden kontrolliert und die Herrschaftsausübung an rechtsstaatliche Verfahren bindet.

Von hier gesehen, gilt für den politischen Prozeß in der Demokratie ein Doppeltes: Einerseits ist eine rechtsstaatliche Formung des Entscheidungsprozesses notwendig, und zwar um so mehr, je näher dieser Prozeß an die Zentren der staatlichen Willensbildung herankommt. Anderseits gilt aber ebenso, daß dieser Entscheidungsprozeß, wenn er nicht zur Isolierung der politischen Institutionen führen soll, in einen Dialog mit den gesellschaftlichen Kräften eingebettet sein muß. Hier liegt die Bedeutung der freien sozialen Gruppen, der öffentlichen Meinung, der Verbände innerhalb der Demokratie. Hier liegt auch die Bedeutung der Kirche.

Sieht man den politischen Prozeß in der Demokratie so: als rechtsstaatlich organisierte (und damit kontrollierbare) Herrschaft in den verfassungsmäßig vorgesehenen Organisationen; als eine Herrschaftsorganisation, die in den vorpolitischen, sozialen Raum hinein offen ist und sich in der Auseinandersetzung mit den gesellschaftlichen Kräften ständig erneuert und integriert – dann wird deutlich, daß in ihr die vorpolitischen Organisationen (auch die Kirchen!) eine spezifische und nicht beliebige Rolle spielen. Wären sie politisch (im präzisen Sinn unmittelbarer Teilhabe an der Herrschaftsgewalt), so bliebe für die politische Gewalt nichts mehr übrig: die sozialen Kräfte würden unmittelbar aufeinanderprallen, wobei sich notwendig die Macht der stärksten durchsetzen würde. »Herrschaft der Verbände« in diesem Sinne würde den Staat als Ordnungsträger, als ausschließlichen Inhaber »legitimer Gewalt« (Max Weber) illusorisch machen und zerstören, damit aber zugleich auch die Möglichkeit der Kontrolle durch den Staatsbürger eliminieren. Umgekehrt wäre ein Staatsapparat, der nicht für Diskussion und Integration der gesellschaftlichen Kräfte offen ist, rasch abgekapselt und ohne reale Entscheidungsmacht: er könnte nur an ein abstraktes Gemeinwohl appellieren, das sich jedoch nicht mehr konkret – im Hinblick auf die tatsächlich existierende Sozialität – definieren ließe.

Das heißt aber: eine Zersplitterung und Auflösung der staatlichen Entscheidungsstrukturen (und das ist meist der Kern dessen, was heute unter dem Stichwort »Demokratisierung« gefordert wird) ist für die rechtsstaatliche Demokratie ebenso tödlich wie eine Totalpolitisierung der sozialen Bereiche. Weder die Herrschaft der Verbände noch die Vergesellschaftung der Staatsmacht sind gangbare Wege für die Fortentwicklung demokratischer Institutionen. Beides würde die »Balancen« (M. Hauriou) der verfaßten Demokratie zerstören. So unpopulär es ist: Wem an der Demokratie liegt, der muß gegen die undifferenzierte Demokratisierung Stellung nehmen – so wie der, der Freiheit will, die totale Freiheit bekämpfen muß, die das Ende der Freiheit wäre. (1970)

Die Zukunft unserer Jugend

Beginnt denn Bildung nicht im Inneren des einzelnen Menschen?

Staatsminister Dr. Maier (Bayern): Herr Präsident! Meine Damen und Herren! Der allgemeinpolitische Hintergrund dieser Debatte, in der über das Thema »Zukunft der Jugend« gesprochen wird, ist ernster als der Hintergrund früherer jugendpolitischer und bildungspolitischer Debatten.

(Frau Benedix [CDU/CSU]: Sehr wahr!)

Ministerpräsident Kohl hat diesen Ernst schon mit einigen Stichworten angedeutet. Eine Million mehr junge Menschen treten in den Arbeitsprozeß ein; demgegenüber scheidet nur eine kleine Zahl aus. Viele junge Menschen stehen vor den geschlossenen Toren der Hochschulen oder doch einzelner Fächer in den Hochschulen.

Die Generation der Vierzig- bis Fünfzigjährigen hat vielfach ihre Lebensstellung gefunden. Soweit sie im öffentlichen Dienst tätig ist, blokkiert sie die Plätze für die jetzt nachrückenden, noch für einige Jahre sehr starken Jahrgänge. Endlich werden in allen Ländern – keineswegs nur in der Bundesrepublik, sondern in der gesamten westlichen Welt – Obergrenzen für das Wachstum der Haushalte und vor allem auch der Bildungshaushalte sichtbar. Dabei ist zu bedenken, daß ja ein großer Teil der Bildungsexpansion in den letzten 10, 15 Jahren wiederum im Bildungsbereich aufgefangen wurde. In Zukunft aber werden wir zahlenmäßig geringere Jahrgänge haben. Mit diesen zahlenmäßig geringeren Jahrgängen werden die Chancen aller Erzieherberufe in den nächsten Jahren gleichfalls kleiner.

Das sind Tatsachen, an denen keine Einsicht vorbeigehen kann. Angesichts dieser Tatsachen bedaure ich es, daß sich die Bundesregierung den in dieser Großen Anfrage gestellten, sehr dringlichen Fragen nicht oder doch nur sehr kleinlaut und nur sehr kleinmütig gestellt hat.

(Dr. Gölter [CDU/CSU]: So ist es! – Beifall bei der CDU/CSU)
Ich möchte im folgenden auf einige dieser Punkte eingehen. Zunächst komme ich zur Frage der *Verantwortlichkeiten.* Es ist klar, daß wir hier zwischen den Parteien, auch zwischen Bund und Ländern, mit völliger Offenheit sprechen müssen. Natürlich haben auch die Länder Mitverantwortung an dem *Zustand unseres Bildungswesens* heute. Das leugnet überhaupt niemand. Auch die Ursachenanalyse sollte von Bund und Ländern und von allen Parteien – Regierung wie Opposition – sehr gründlich und unvoreingenommen vorgenommen werden.
Wenn vorhin der Bundesbildungsminister in seiner Rede den Eindruck erweckt hat, der Bund könne ja auf diesem Gebiet von Bildung und Wissenschaft und Zukunftschancen unserer Jugend kaum etwas tun, weil die meisten Kompetenzen bei den Ländern liegen, dann muß ich dazu sagen: Vor Tische las man's ganz anders.
(Beifall bei der CDU/CSU)
Wenn man den *Bildungsbericht 1970* liest, wenn man die damalige Regierungserklärung liest – »Bildung an der Spitze der inneren Reformen«, »Die Schule der Nation ist die Schule«, »Wir werden das deutsche Bildungswesen reformieren« –, wenn man in diesem Bildungsbericht und den dazugehörigen Broschüren einmal nachliest, worüber und wozu hier *bildungspolitische Vorstellungen der Bundesregierung* niedergelegt werden – das geht vom Kindergarten, von der Einschulung der Dreijährigen, von der Vorverlegung der allgemeinen Schulpflicht auf das fünfte Jahr über die Orientierungsstufe, über die curricularen Lehrpläne, über Inhalte, über Abschlüsse bis hin zu Hochschule und Forschung –, dann gibt es schlechterdings kein Gebiet, über das die Bundesregierung damals – was ich ihr nicht vorwerfe – nicht ihre bildungspolitischen Vorstellungen zu Papier gebracht hat.
Heute ist die gleiche Bundesregierung ungemein kleinlaut. Sie skizziert von dieser Stelle aus das Bild eines *Bundes,* der leider so gering mit *Kompetenzen* ausgestattet ist, daß er alle diese schönen Versprechungen nicht wahrmachen konnte. Man müßte eigentlich, Herr Kollege Rohde, hier eine neue Vater-unser-Bitte einfügen: Gib unseren guten Absichten Kraft zur Verwirklichung,
(Heiterkeit und Beifall bei der CDU/CSU)
denn offensichtlich traut sich die Bundesregierung heute nicht mehr, an diese Versprechungen von damals – ich werde mir erlauben, nachher einige kleine Kostproben vorzulesen –

(Dr. Gölter [CDU/CSU]: Wir bitten darum!)
zu erinnern.
Meine Damen und Herren, wie sieht das nun mit der Frage der Verantwortlichkeiten wirklich aus? Darüber müssen wir hier reden. Erstens: Wie sieht es aus mit dem zentralen Organ der Bildungsplanung, der *Bund-Länder-Kommission für Bildungsplanung,* die noch auf die große Koalition – auf einen Gedanken von Kurt Georg Kiesinger – zurückgeht? Nun, in dieser Bund-Länder-Kommission für Bildungsplanung hat der Bund und haben die SPD/FDP-regierten Länder eine erdrükkende Mehrheit. Der Bund hat 11 von 22 Stimmen, und die SPD-Länder hatten bis vor kurzem 6, haben jetzt 5 Stimmen. Sie können sich ausrechnen, daß in dieser Bund-Länder-Kommission für Bildungsplanung die armen unionsregierten Länder gar nichts ernsthaft blockieren können ...
... Zweitens: Auch in den *Ländern* hatten Sie bis zum Regierungswechsel in Niedersachsen ja bekanntlich eine Mehrheit. Sechs Länder waren SPD/FDP-regiert, fünf Länder CDU/CSU-regiert. Auch hier kann man also keineswegs behaupten, daß Sie nun nicht in der Lage gewesen wären, alle diese schönen Versprechungen von damals wahrzumachen. Tatsächlich muß es an anderen Gründen liegen, die nicht genannt werden, wenn Sie von diesen Versprechungen heute nichts mehr wissen wollen.
Außerdem gibt es drittens ja nicht nur einen, sondern sogar zwei *Bundesminister* für Bildung und Wissenschaft und Forschung und Technologie, energiegeladene, kräftige Figuren.
(Heiterkeit bei Abgeordneten der CDU/CSU)
Man hat durchaus nicht den Eindruck, daß die Kompetenzen, die der Bund hat, nun so minimal sind, daß der Bund im Grunde immer nur nach der Parole »Wir können ja gar nichts machen, wir sind leider ohnmächtig« eine solche Große Anfrage an die Länder weiterdelegieren muß, an die Länder, die bis vor kurzem auch noch überwiegend von SPD und FDP regiert wurden.
Fazit: Daß die Bundesregierung angeblich nicht genügend *Kompetenzen* im Bildungswesen und in der Jugendpolitik gehabt hat, hat sie 1970 und hat sie 1972 nicht daran gehindert, sehr konkrete *Versprechungen* an die Adresse der deutschen Jugend zu machen.
(Dr. Stark [Nürtingen] [CDU/CSU]: Jetzt ja wieder!)
Und offensichtlich ist diese Zeit auch noch nicht ganz vergessen, denn

– vom *numerus clausus* war ja schon die Rede – hier verfallen Sie, meine Damen und Herren von der SPD und der FDP, wieder in den gleichen Fehler: Wenn Sie tatsächlich keine Kompetenzen haben, können Sie auch nicht sagen, der komme im Hau-Ruck-Verfahren weg.
(Heiterkeit und lebhafter Beifall bei der CDU/CSU)
Haben Sie aber Kompetenzen, dann werden Sie – und ich bin sicher: noch vor dem 3. Oktober – wiederum an Ihren Versprechungen gemessen und für zu leicht befunden.
(Zuruf von der CDU/CSU: Viel zu leicht!)
Denn glauben Sie mir: Die jungen Menschen sind heute kritischer geworden;
(Zuruf von der SPD: Auch Ihnen gegenüber!)
sie nehmen nicht mehr alles so für bare Münze, was ihnen von hier oder von anderen Orten versprochen wird; sie erlauben sich, sehr konkret hinzuschauen und zu fragen: Gilt das denn auch noch in drei Monaten? Gilt das denn auch in ihren Ländern? Haben Sie bisherige Versprechungen wahrgemacht? Es geht ja in einem Wahlkampf unter anderem um die Frage, ob Versprechungen gehalten worden sind oder nicht. Es ist ein legitimes Recht des Bürgers, die Parteien danach zu befragen.
Vizepräsident Dr. Jaeger: Herr Staatsminister, gestatten Sie eine Zwischenfrage des Abgeordneten Lattmann?
Lattmann (SPD): Herr Kultusminister Maier, da Sie gerade von der kritischen jungen Generation sprachen: Meinen Sie nicht auch, daß diese junge Generation gerade auch in Ihrem Bundesland kritisch genug ist, zu wissen, daß die sozialdemokratische Bildungspolitik im Bund und in den SPD-regierten Ländern zwar eine Menge guter Reformideen für die Schul- und Bildungspolitik hatte, daß aber die CDU/CSU während der letzten sieben Jahre noch an jedem einzelnen Tag im Bundesrat die Mehrheit hatte, all dies zu verhindern?
Staatsminister Dr. Maier (Bayern): Die Jugend in Bayern ist kritisch genug – das zeigen die letzten Wahlergebnisse –,
(Heiterkeit und Beifall bei der CDU/CSU)
gerade solche Argumente, wie Sie sie hier vorbringen, nicht für die Erklärung der heutigen Bildungsmisere zu nehmen.
(Heiterkeit und Beifall bei der CDU/CSU)
Zusammenfassend zu diesem Punkt Verantwortlichkeiten: Die Länder wollen sich wahrhaftig nicht vor Verantwortung drücken. Dann, Frau

Schuchardt, muß aber gesagt werden: alle Länder, auch die SPD/FDP-regierten Länder; ich komme nachher noch drauf zurück. Dann muß auch gefragt werden: Was hätte der Bund tun können? Was hat er versprochen? Was hat er nicht getan?
Nun muß ich mir doch erlauben, einige dieser Äußerungen aus dem Bildungsbericht 1970 der Bundesregierung hier zu verlesen, weil vorhin gesagt worden ist, man habe an das *duale System* gar nie rühren wollen. Auch das gehört zu der heutigen Defensiv- und Verschleierungstaktik:
(Sehr wahr! bei der CDU/CSU)
Wir wollten dies ja im Grunde gar nie; irgendein böser Mensch muß es mißverstanden haben.
(Beifall bei der CDU/CSU)
Darf ich dazu mit Erlaubnis des Herrn Präsidenten zwei Zitate aus der Schriftenreihe des Bundesministeriums für Bildung und Wissenschaft zum *Bildungsbericht der Bundesregierung 1970* zitieren: »Berufsausbildung darf nicht zu kurz kommen«, steht hier. Ein Ziel, aufs innigste zu wünschen. Aber jetzt wörtlich:
»Das bisherige System der beruflichen Bildung ist so verwirrend, daß sich keiner mehr richtig auskennt, ausgenommen ein paar Fachleute.« Und einige Zeilen weiter: »Soviel allerdings erfährt der Schüler: Beginnt er eine Lehre, wird er an zwei verschiedenen Orten ausgebildet, am Arbeitsplatz und in der Berufsschule. Das Gleichgewicht zwischen Theorie und Praxis soll damit gewahrt sein. Aber die Wirklichkeit sieht anders aus. Das Gleichgewicht ist gestört und die Theorie kommt zu kurz.«
(Zurufe von SPD: Na und?)
Und in einem gleichzeitig erschienenen Bericht: »Die Verbindung von Theorie und Praxis in der beruflichen Bildung bleibt erhalten, wird aber neu geordnet. Zur Erläuterung: Neben das bisherige duale System, hier betriebliche Ausbildung, dort Ausbildung in beruflichen Schulen, sollen verstärkt Vollzeitschulen treten, die Teile der Berufsausbildung übernehmen und sie mit den allgemeinbildenden Fächern zu einem sinnvollen Ganzen kombinieren.«
Meine Damen und Herren, man kann wirklich nicht behaupten, daß Sie gegen das duale System in seiner damaligen Form nichts gehabt hätten. Natürlich hatten Sie etwas dagegen. Wir wollten das duale System an der Wurzel sanieren, und deswegen wollten wir auch ein

Berufsgrundschuljahr einführen. Hier liegt eine gewisse Gemeinsamkeit. Sie waren aber und sind bis heute – das zeigt Ihr letzter Entwurf – nicht an einer wirklichen *Sanierung des dualen Systems* interessiert, sondern Sie wollen – in diesem Zusammenhang fällt immer wieder der Ausdruck »Einstieg« – dieses duale System auf die Dauer doch in ein anderes überführen.

(Lattmann [SPD]: Wo steht das?)

Wenn vorhin gesagt wurde,es sei furchtbares Elend, daß der Schüler so lange lernen muß, man wolle doch die Schulzeit verkürzen, so muß man fragen: Wer hat denn das zehnte Vollzeitschuljahr, gerade in der Hauptschule, gefordert?

(Zustimmung bei der CDU/CSU)

Wenn man einmal all den Ursachen der heute viel beklagten *Überforderung des Schülers* nachgeht, so stellt man fest: Sie liegen im Grunde in zuviel Versprechungen, in einem rein kognitiven Verständnis von Bildung, in einer Überlastung der Schulen mit rein intellektuellem Lernstoff unter Ausblendung der pädagogischen Seiten und letztlich auch darin, daß Sie damals – 1970/72 – noch an das Heil einer immer und immer längeren Schulzeit geglaubt haben.

(Beifall bei der CDU/CSU – Zuruf von der SPD: Auch in Bayern!)

– Der Zwischenruf »Auch in Bayern« gibt mir die vergnügliche Möglichkeit einer Einlassung. Herr Engholm, gerade Bayern hat das zehnte Vollzeitschuljahr bewußt nicht in die Hauptschule, sondern in die berufliche Bildung gelegt und hat damit die Möglichkeit einer Verknüpfung mit der Berufsausbildung geschaffen, und zwar in einer Zeit, in der Sie in der SPD alle noch ehrfürchtig auf den Spuren des alten Humboldt gewandelt sind.

(Heiterkeit und Beifall bei der CDU/CSU)

Ich fasse zusammen. So leichten Kaufs können die unionsregierten Länder und die CDU/CSU die Bundesregierung in dieser Frage nicht davonkommen lassen. Es könnte ja – Gott behüte! – sein, daß mancher Staatsbürger den *Bildungsbericht 1970 der Bundesregierung* gelesen, ihn wörtlich genommen und daran geglaubt hat.

(Heiterkeit bei der CDU/CSU – Niegel [CDU/CSU]: Daran glauben müssen!)

Eine furchtbare Möglichkeit! In diesem Bericht steht doch – ich möchte hier noch einmal einiges zitieren –, daß alle Kinder im Alter von drei bis vier Jahren *Kindergartenerziehung* erhalten. Die Kindergarten-

stufe sei Teil des allgemeinen Bildungswesens – einverstanden! Bis 1980 solle die Schule schon für Fünfjährige beginnen. Neue Lehr- und Lernpläne sollten für den Kindergartenbereich entwickelt werden. Dies hat damals Frau Hamm-Brücher als Parlamentarische Staatssekretärin mit unterschrieben, die heute den Schulstreß und die Überforderung der Schüler durch die Lernfächer beklagt.
(Beifall bei der CDU/CSU)
»Neue Lehr- und Lernpläne für den Kindergartenbereich« – so steht es wörtlich in dem Bericht; Sie können es nachlesen.
(Heiterkeit bei der CDU/CSU)
In dem Bericht steht weiter: enge Verbindung von Grundschule und Kindergartenstufe, Versuche mit einer früheren Einschulung, neue Lern- und Lehrverfahren, moderner Unterricht, zehntes Schuljahr für alle Schüler Pflichtschuljahr, auch bis 1980. Ich will mir hier weitere Zitate ersparen. Angesichts des hier gezeichneten Bildes von einer – was die Kompetenzen angeht – armseligen und ohnmächtigen Bundesregierung möchte ich nur darauf hinweisen, daß sie vor Jahren nicht so kleinlaut war und sehr viel versprochen hat. Wenn sie es nicht halten konnte, so sollte man sie heute an diese Versprechungen erinnern.
(Beifall bei der CDU/CSU)
Keine Regierung kann von Verprechungen einfach wieder Abschied nehmen und so tun, als hätte es sie nicht gegeben.
(Beifall bei der CDU/CSU)
Vizepräsident Dr. Jaeger: Herr Staatsminister, gestatten Sie eine Zwischenfrage des Herrn Abgeordneten Porzner?
Staatsminister Dr. Maier (Bayern): Bitte schön.
Porzner (SPD): Herr Staatsminister, Sie sagten eben, daß allseits die Überforderung der Schüler beklagt werde.
(Niegel [CDU/CSU]: Von der Hamm-Brücher!)
Auf der Landesversammlung des Evangelischen Arbeitskreises der CSU haben Sie nach einem Bericht der *Süddeutschen Zeitung* ebenfalls die Fülle des Lehrstoffes an unseren Schulen beklagt. Um meine Frage zu begründen: In einem Interview in der *tz* haben Sie auf die Frage »Müssen die Schüler nicht viel zuviel Stoff in weniger Zeit konsumieren«? wie folgt geantwortet: »Das ist das Krebsübel der heutigen Schule.«
Nun frage ich Sie, Herr Staatsminister: Warten Sie in Bayern, in der

bayerischen Staatsregierung, vielleicht darauf, daß sich die UNO-Vollversammlung oder das Europa-Parlament mit den Stoffplänen in der Schule befaßt, oder ist es nicht die ureigene Aufgabe der Staatsregierung und des Kultusministers, dafür zu sorgen, daß dieses »Krebsübel« beseitigt wird? Oder meinen Sie vielleicht, daß das bei der föderalistischen Aufteilung der Aufgaben zwischen Bund und Ländern der Bundestag machen kann?

Staatsminister Dr. Maier (Bayern): Darauf möchte ich Ihnen ganz offen antworten. Ich sage Ihnen, daß es in allen Ländern, auch in den CDU/CSU-regierten, in den letzten Jahren eine Explosion der *Stoffülle in den Schulen* gegeben hat und daß wir dagegen etwas tun müssen.

(Vorsitz: Vizepräsident Dr. Schmitt-Vockenhausen)

Wir sind allerdings der Meinung, daß diejenigen, die vor Jahren die kognitive Reform der Schule, gerade der Grundschule, in vorderster Front gefordert haben, die die alten Grundschulfächer und die alte Lehrerbildung zurückgedrängt haben, den geringsten Grund und am wenigsten das Recht haben, diese bedauernswerte Entwicklung zu beklagen. Nur darum geht es. Im übrigen haben die bayerische Staatsregierung wie auch Rheinland-Pfalz, Baden-Württemberg und andere unionsregierte Länder durchaus etwas getan und Maßnahmen ergriffen, etwa durch Beschränkung der Hausaufgaben und durch Überarbeitung der Lehrpläne.

Die Schwierigkeit ist, daß wir in der Tat immer weniger Schulzeit haben. Ich meine jetzt nicht die 10. Klasse, sondern ich meine die 40-Stunden-Woche und die 5-Tage-Woche in der Schule. Auf der anderen Seite fällt aber natürlich in den Fächern immer mehr Stoff an. Drittens sind die Kultusministerien gegenüber der verselbständigten Wissenschaft und den vielen Fachkommissionen – dahin gehört auch das Problem Bildungsrat, Frau Schuchardt – oft nicht in der Lage zu sagen: So, hier hört es auf, mehr ist dem Schüler nicht zuträglich, hier ist Schluß. Wenn das die Kultusministerien sagen, kommt gleich die nächste Fachkommission oder die nächste Wissenschaftlergruppe und sagt: Aber, um Gottes willen, das muß doch noch in die Schule hinein. – Ich habe die Frage etwas ausführlicher beantwortet, weil das in der Tat ein schwieriges Problem ist und weil wir hierüber keine Polemik führen sollten.

(Beifall bei der CDU/CSU)

Ich komme zum zweiten Thema, der Frage: *Bildungsexpansion* wohin?

»Mehr Bildung und bessere Bildung für alle«, dieses Wort aus den sechziger Jahren hat sich die Union von Anfang an zu eigen gemacht. Es ist keineswegs so, wie es gerade in der letzten Wortmeldung von Frau Schuchardt anklang, als ob wir einer restriktiven Bildungspolitik das Wort geredet hätten oder das Wort redeten. Aber Bildung ist eine Sache, die nicht allein aus der inneren Systematik des Bildungssystems heraus entwickelt werden kann. Bildung hat zu tun mit dem einzelnen, seinen Wünschen, seinen Möglichkeiten, seinen Chancen, seinem Leistungswillen, und Bildung hat, soweit sie in eine Praxis mündet, auch zu tun mit dem Beruf und dem Beschäftigungssystem einer Gesellschaft. Bildungspolitik kann sich im Grunde nur als Mittler anbieten zwischen den inneren Motivationen und Möglichkeiten des einzelnen einerseits, die für mich am Anfang des Bildungsgeschehens stehen, und den Möglichkeiten der Gesellschaft andererseits, diese individuellen Wünsche auch in eine berufliche Praxis überzuleiten.
Bildung – hier unterscheide ich mich grundlegend von Frau Schuchardt und sicher auch von Herrn Möllemann, wenn ich seine bisherigen Diskussionsbeiträge hier in Rechnung stelle –
(Dr. Gölter [CDU/CSU]: Nicht zu viel Ehre!)
ist sicherlich nicht nur eine »Service-Leistung der öffentlichen Hände«, wie Frau Schuchardt es genannt hat. Diese »Service-Leistung« ist keine Bildungsleistung, sondern eine Leistung, um Bildung zu ermöglichen. Bildung setzt aber den voraus, der sich um Bildung bemüht.
(Dr. Häfele [CDU/CSU]: So ist es!)
Aber darauf kommen wir vielleicht gleich noch.
Das Problem der *Steuerung der Bildungsexpansion* stellt sich seit den sechziger Jahren. Auch der Bildungsrat hat sich in seinen Anfängen mit diesem Problem noch intensiv beschäftigt, leider in den letzten vier Jahren kaum mehr, weswegen er uns auch keine dienlichen Beiträge für die Bildungspolitik in den Ländern mehr liefern konnte.
Was ich der sozialliberalen Koalition vorwerfe, sind zwei Dinge. Nicht, daß sie die Bildungsexpansion erfunden hätte; das war ein weltweiter Vorgang.
(Aha! bei der SPD)
Das ließe sich auch historisch gut abweisen. Die ersten Kultusminister, die eine expansive Bildungspolitik betrieben haben, waren Paul Mikat, der vorhin noch hier war, Wilhelm Hahn und Ludwig Huber in Bayern. Das ist eine eindeutige und klare Sache. Das werfe ich

niemandem vor. Aber das Problem der Expansion, der Steuerung und der Akzentsetzung ist nicht gelöst worden, und zwar wurden hier zwei Fehler gemacht, über die ich doch vor allen Dingen die Sozialdemokraten bitte, einmal selbstkritisch nachzudenken. Haben Sie sich nicht zu sehr – Herr Lohmar hat es neulich in einem Artikel so ausgedrückt, wie ich es gar nicht besser sagen könnte –
(Dr. Gölter [CDU/CSU]: Das ist aber ein Schlimmer!)
mit einer Vorstellung von Bildung gleich akademischer Bildung gleich akademischer Status gleich beruflicher Aufstieg über Akademikerstatus identifiziert, einem Modell, wie es eigentlich aus dem 19. Jahrhundert stammt?
(Dr. Ritz [CDU/CSU]: So ist es! – Dr. Carstens [Fehmarn] [CDU/CSU]: Sehr gut!)
Haben Sie sich denn gar nicht, was mich immer zutiefst verwundert und sogar verbittert hat – denn so sehr liegt mir die Sozialdemokratie und ihre Tradition am Herzen –,
(Zuruf von der SPD: Na, na!)
an die Tradition der Arbeiterbildungsvereine oder auch an einen Mann wie Kerschensteiner erinnert, dessen Saat ja in unserer Bildungspolitik – ich sage das auch selbstkritisch – noch viel zuwenig aufgegangen ist? Wie eigentlich kommt die Sozialdemokratie als eine große Partei dazu, einem *Bildungsideal* nachzulaufen, wie man schon sagen muß, das in einer Zeit entwickelt worden ist, wo tatsächlich Bildung Sache einer schmalen Elite war? Denn Humboldt hat keine Bildung für alle konzipiert. Das hat er Pestalozzi, Rousseau und später Kerschensteiner überlassen. Er hat vielmehr eine Bildung für die wenigen konzipiert, eine theoretische Bildung, eine von Beruf und von der Praxis entfernte, sogar ganz bewußt entfernte Bildung. Nun kommen Sie und machen diese Bildungsidee, die sich im deutschen Gymnasium, im Abitur, in der traditionellen Universität niedergeschlagen hat, zum Maßstab der Bildungsexpansion der sechziger Jahre. Ich höre nicht auf, mich darüber zu wundern, denn wir sind es ja gewesen, die Union, die demgegenüber den vernachlässigten *Gesichtspunkt der Berufspraxis* überhaupt wieder ins Spiel gebracht hat.
(Beifall bei der CDU/CSU)
Es wirkt nahezu hilflos, wenn von sozialdemokratischen Rednern dieser Debatte gesagt wird: Aber wir haben auch etwas für die berufliche Bildung getan. Was Sie getan haben, habe ich mit diesen Zitaten

dargetan: Tiefe Verunsicherung haben Sie in diesem Bereich ausgelöst. Und dies war die ganze Richtung der Expansion: jedes Jahr mehr Leute in Realschulen und Gymnasien, weniger in Hauptschulen und damit kein Sockel mehr für die berufliche anspruchsvolle weiterführende Bildung. Das haben Sie doch nicht begrenzt, sondern geradezu angeheizt und weitergetrieben. Hier sind die großen Ungleichgewichte entstanden, die uns heute bis in den Arbeitsmarkt hinein vor fast unlösbare Probleme stellen.

Und das andere. Erlauben Sie mir hier auch ein kleines Stück Philologie. Sie haben im Bildungsbericht 1970 50 Prozent der jungen Generation das *Abitur II* versprochen. Nun wird heute gesagt, Abitur II sei etwas ganz anderes als das heutige Abitur. Abitur II – ich war ja damals im Bildungsrat – schließt die Hochschulzugangsberechtigung ein. Das ist der springende Punkt. Wenn man sagt, 50 Prozent eines Altersjahrganges sollen bis 1980 in die Lage versetzt werden – das steht im Bildungsbericht 1970 der Bundesregierung –, das Abitur II zu erwerben, dann muß man sich angesichts der Tatsache, daß schon bisher von 100 Abiturienten 90 bis 95 ein Studium aufnahmen, darüber klar sein, daß sie dieses Recht gebrauchen. Nun sagt die Bundesregierung in ihrer Unschuld damals 1970, davon werde wahrscheinlich die Hälfte in den Gesamthochschulbereich eintreten. Ich habe schon damals Herrn Leussink die Frage gestellt: Wie wollen Sie das denn steuern? Wenn jeder das Recht hat, ist es doch reine Gesundbeterei und *wishful thinking*, wenn Sie sagen: Aber die Hälfte macht davon keinen Gebrauch. Entweder dürfen Sie die Berechtigung nicht so uferlos inflationieren, oder, wenn Sie das tun – ich mache Ihnen das gar nicht zum Vorwurf –, müssen Sie auch die Möglichkeiten schaffen, daß die Berechtigten alle studieren können; aber das haben Sie schon damals als für nicht möglich erklärt. Hier liegt die Wurzel des *numerus clausus* an den deutschen Hochschulen.

(Beifall bei der CDU/CSU)

Man soll doch nicht so tun, als sei der *numerus clausus* vom Himmel gefallen. Der *numerus clausus* ist das Ergebnis einer Vervierfachung der Hochschulzugangsberechtigungen einerseits und eines Ausbaus andererseits, der – jetzt komme ich wieder auf die Länder – in den einzelnen Ländern sehr unterschiedlich und ungleichgewichtig vor sich gegangen ist.

Frau Schuchardt hat vorhin nach den Leistungen des Landes Rheinland-Pfalz gefragt. Ich will hier von Bayern gar nicht reden; aber ich begrüße es sehr, hier sagen zu können: hätten alle Länder ihre Studienplätze so intensiv und geräuschlos vermehrt wie Rheinland-Pfalz etwa durch die Gründung von zwei neuen Universitäten,

(Dr. Stark [Nürtingen] [CDU/CSU]: Baden-Württemberg! – Seiters [CDU/CSU]: Niedersachsen kommt noch!)

wie Baden-Württemberg und Bayern, dann stünden wir heute nicht in einem solchen Ungleichgewicht zwischen Nachfrage und Angebot.

(Beifall bei der CDU/CSU – Elchlepp [SPD]: Wer zahlt das? – 50 Prozent der Bund über das Hochschulbauförderungsgesetz!)

– Das Hochschulbauförderungsgesetz halten wir in Ehren, und wir sind in den Ländern sehr dankbar, daß wir es haben. Aber die ungleich größeren Ausgaben – ich muß jetzt genau wie Helmut Kohl wieder an die Haushaltskunde erinnern – sind die laufenden Ausgaben. Wir sind sehr froh, daß der Bund uns für einmalige Bauinvestitionen Zuschüsse gibt; aber davon lebt die Hochschulpolitik und die Schaffung der Studienplätze gewiß nur zu einem Teil. Wenn ich das sage, trete ich keiner Bundesregierung, gleichgültig, welche Partei sie stellt, zu nahe.

Bei den laufenden Ausgaben ist leider die Konkurrenz unter den Ländern auch durch das Urteil des Bundesverfassungsgerichts von 1972 unterbunden worden; denn künftig bekommen auch die Länder, die weniger ausgebaut haben, ihre Studienplätze von anderen, und die Länder, die mehr ausgebaut haben, werden dafür bestraft, indem sie Vorleistungen machen müssen.

(Stücklen [CDU/CSU]: So ist es!)

Bayern – um doch noch eine Zahl zu nennen – hat bei einem Bevölkerungsanteil von 17 Prozent eine Abiturientenzahl, die bemerkenswert niedrig ist, weil wir Expansion mit Leistungsprinzip und nicht gegen das Leistungsprinzip betrieben haben, nämlich 12 Prozent, und wir stellen 22 Prozent aller humanmedizinischen Studienplätze der Bundesrepublik.

(Stücklen [CDU/CSU]: Hört! Hört!)

Angesichts des Parlaments und des bayerischen Steuerzahlers müssen wir uns aber heute überlegen, ob wir das noch mehr steigern, weil es gar nicht in erster Linie unseren Abiturienten zugute kommen kann. In dieser Lage sind alle Länder, die mehr als andere ausgebaut haben. Ich glaube, die Probleme muß man sehr differenzieren, um von diesem

Schattenboxen zwischen Bund, Ländern, SPD, FDP und Union einmal wegzukommen.
(Elchlepp [SPD]: Das ist eine staatliche Aufgabe!)
Nun komme ich zum dritten und letzten Problem, zum *numerus clausus*. Ich sagte schon, daß der *numerus clausus* nicht vom Himmel gefallen ist, sondern daß er das Ergebnis von zwei Entwicklungen ist: die Studienberechtigungen haben sich sehr stark vermehrt, die Studienplätze sind zwar in allen Ländern, aber ungleichmäßig ausgebaut worden. Ich will noch einen dritten Grund nennen: die Bandbreite der Wahlmöglichkeiten ist – übrigens in getreuer Parallele zu den Ausbildungsplätzen in der Wirtschaft – geschrumpft. Das ist eine merkwürdige Tatsache, die wohl darauf zurückgeht, daß auf einen Mangel immer sehr stark geblickt wird. Das ist wie in der Berichterstattung: Normalitäten werden nicht berichtet, aber etwas Ungewöhnliches wird meist sehr vergrößert. So hat dieser *numerus clausus,* der am Anfang ein Ausnahmefall war, als Ausnahmefall eine magische Anziehungskraft gerade in der Publizistik gewonnen. Wir haben die Schwierigkeit, daß wir zwar noch sagen können, es sind Studienplätze für alle Hochschulberechtigten da; aber da ein gewaltiger Run auf gewisse enge Bandbreiten von Numerus-clausus-Fächern eingesetzt hat, während andere Bereiche, von der Theologie bis zum Maschinenbau, vernachlässigt werden, besteht in der Öffentlichkeit die Tendenz zu meinen, die Hochschulen seien zu, was sie jedoch nicht sind.
Nun wollte ich aber etwas zum *numerus clausus* sagen; denn hier soll ja auch von Möglichkeiten und von Zukunftschancen die Rede sein. Es ist gar kein Zweifel: Ein realistisches Programm, wie es die Union vertritt, wird damit beginnen, die weitere Ausdehnung des *numerus clausus,* vor allem in den Verteilungs- und Nichtauswahlfächern, zu stoppen. Nach meiner Meinung ist der *numerus clausus* seit 1973 – übrigens gegen die Stimme Bayerns – auch im Bereich der Verteilungsverfahren zu stark ausgedehnt worden.
Aber hier gibt es nun die seltsame doppelte Bühne der Politik der Bundesregierung. Da ist die vordergründige Schaubühne, auf der Helmut Schmidt im Hau-Ruck-Verfahren dem staunenden Wählervolk und den sehr skeptischen jungen Menschen die Abschaffung des *numerus clausus* verheißt. Da ist die vordergründige Bühne – obwohl ich jetzt den Herrn Bundespräsidenten nicht zu nahe mit der Bundesregierung in Verbindung bringen will –, wo sich auch der Bundespräsident

in das inzwischen längst lauwarm gewordene Wasser stürzt und sagt, der *numerus clausus* müsse weg. Ähnliche großartige Erklärungen waren von anderen zu hören; inzwischen ist ja auch – etwas zögernd – das Ministerium für Bildung und Wissenschaft nachgekommen.
Aber jetzt neben der Schaubühne die Realitäten: ZVS-Ausschuß, wo ja ein bayerischer Antrag lange vor Helmut Schmidts großen Erklärungen vorlag, nämlich 20 Fächer aus dem Verteilungsverfahren herauszunehmen. Sind da die beiden Vertreter der Bundesregierung, die mit beratender Stimme an den Sitzungen des Ausschusses teilnehmen, aufgestanden, um diesen bayerischen Antrag feurig zu unterstützen? Mitnichten.
(Hört! Hört! bei der CDU/CSU)
Haben sie sich empört, gewehrt, das Weite gesucht oder Widerstand angekündigt, als der ZVS-Ausschuß mit Mehrheit – leider auch aller SPD-regierten Länder – beschlossen hat, die Sache in den November zu verschieben? Mitnichten. Nur ein Fach, die Elektronik, hat man herausgenommen.
Das heißt: Dort, wo die Entscheidungen wirklich fallen, geschieht nichts beziehungsweise sehr wenig. Da hört auch niemand zu; denn der ZVS-Ausschuß tagt nicht öffentlich. Aber auf der anderen Seite wird dort, wo man große Versprechungen machen kann – ich wiederhole es –, im Hau-Ruck-Verfahren eine generelle Beseitigung des *numerus clausus* angekündigt. Ich nehme mir die Freiheit, auf diesen Unterschied der beiden Bühnen ein wenig hinzuweisen; denn gerade der bayerische Kultusminister ist nicht verdächtig, diese Ausdehnung des *numerus clausus* auf die Verteilungsfächer in den letzten Jahren gutgeheißen zu haben. Er stand manchmal – ich verrate kein Geheimnis – sogar als einziger gegen diese Beschlüsse des ZVS-Ausschusses. Aber hier soll man eine realistische Politik betreiben, man soll sagen, was möglich und was nicht möglich ist ...
... Zum Schluß: Der Unterschied zwischen unseren bildungspolitischen Positionen – ich habe es vorhin im Vorübergehen schon angedeutet – liegt gar nicht so sehr im Organisatorischen und Technischen und erst recht nicht in einer unterschiedlichen Beurteilung des Verhältnisses zwischen Bildungssystem und Beschäftigungssystem. Das sind Nuancen. Ich kann einigem von dem, was Herr Meinecke gesagt hat, durchaus zustimmen. Niemand will die totale Bildungsplanwirtschaft, niemand will aber auch eine totale liberale Anarchie im Bil-

dungswesen. Es muß eine Abstimmung zwischen den individuellen Wünschen, Möglichkeiten und Ansprüchen junger Menschen und dem Zustand der Gesellschaft geben. Sie muß so eingerichtet sein, daß sie zwar nicht unbedingt jedem die individuelle Chance bietet, die er gerade in diesem Augenblick an diesem Ort haben will, wohl aber doch in der Bandbreite seiner Möglichkeiten und seiner Ansprüche ein wirkliches Angebot, das ihn befriedigt und das ihm erlaubt, seine Person und seine Persönlichkeit in dem Raum und Rahmen zu entfalten, in den er hineingestellt ist.

Nicht das Organisatorische, nicht das Technische und auch nicht die Zuwachsrate und die Expansion ist das, was uns trennt, sondern eine *Auffassung von Bildung,* wie sie in dem Ausdruck »Bildungsservice« von Frau Schuchardt zum Ausdruck kommt, so als habe der Staat wie ein großes Warenhaus Bildung zum freien Konsum anzubieten und als habe der junge Mensch wie in einem Warenhaus diese Bildung aus den verschiedenen Fächern herauszunehmen.

Beginnt denn Bildung nicht im Inneren des einzelnen Menschen?

(Beifall bei der CDU/CSU)

Ist sie nicht letzten Endes von äußeren Gegebenheiten unabhängig? Natürlich wollen wir, daß die äußeren Gegebenheiten verbessert werden, und wir haben das Mögliche dazu getan. Aber ich sage mit allem Nachdruck: Alle staatlichen Angebote sind vertan und leer, solange sie nicht mit einem inneren Bildungswillen des Menschen korrespondieren.

(Beifall bei der CDU/CSU)

Und dieser Bildungswille muß frei sein. Er darf – wie Helmut Kohl es ausgedrückt hat – nicht durch eine programmierte Zukunft verriegelt sein. Der einzelne darf nicht das Werkzeug einer fertigen Zukunft sein. Er muß sich seine Zukunft schaffen können. Das ist das Ziel der Union in ihrer Bildungspolitik.

Weil Sie darauf keine Antwort gegeben haben und wahrscheinlich auch aus bestimmten ideologischen Blickverengungen keine geben können, empfinde ich die Antwort der Bundesregierung auf diese Anfrage als unbefriedigend.

Ich habe mir erlaubt, hier einige Kritik zu üben. Ich fordere Sie auf, sich den Herausforderungen, die in diesen Fragen stecken, zu stellen.

(Anhaltender lebhafter Beifall) (1976)

Die Jungen und die Erwachsenen

Wie soll ein junger Mensch sich da zurechtfinden? Muß es ihn, der doch sehnlichst nach einem Halt sucht, nicht mit tiefer Verachtung erfüllen, daß diese Gesellschaft sich nirgends fassen, nirgends festlegen läßt?

Ist das Gären, ist die Unruhe in der Jugend nur eine Ausprägung des gewissermaßen traditionellen Generationenkonflikts, oder ist es mehr? Etwa der Wille, all das beiseite zu schieben, was die Generation der Erwachsenen aufgebaut und ausgebaut hat zu einem nahezu perfekten System von Geboten und Verboten, sich in der Illusion wiegend, damit sei's geschafft?

Zu Papier gebrachte Gesetze, Verordnungen, Durchführungsbestimmungen und Handreichungen suggerieren das Bild einer heilen Welt. Wenn man sie zur Hand nimmt, könnte man leicht vergessen, daß sie eigentlich nur die Spur des Rotstiftes sind, mit dem der ordnungsetzende Mensch sein »Falsch!« oder »Richtig!« an den Rand des wildwachsenden Tagesgeschehens setzt.

Und wild sind diese Zeiten! Der tägliche Blick in die Morgenzeitung bestätigt uns, was uns das Fernsehen schon am Abend zuvor ins Haus geliefert hat: Mord und Totschlag, Entführungen, Krawalle, Skandale, Katastrophen. Die Flut der Schlagzeilen stumpft offenbar nur den ab, der weiß, daß Zeitungen auch verkauft werden wollen.

Dennoch hören wir aus diesem Tageseinerlei nun schon seit geraumer Zeit Nachrichten heraus, die uns gewissermaßen elektrisieren: Es gärt unter der Jugend. Sie erinnern sich an die Vorgänge in Zürich, die die Eidgenossen erschreckten, an die Kraakers in Amsterdam, an die Hausbesetzungen und nächtlichen Straßenschlachten in Berlin, an die Ausschreitungen in und bei Frankfurt, an die Vorgänge in Nürnberg, um nur einiges zu nennen. Und vielleicht hat uns der Gang der Ereignisse zwischen dem Abfassen dieses Manuskripts und seinem Vortrag schon wieder etwas Aufregendes beschert. Es sieht so aus, als ob an die Stelle des überlebten Klassenkampfes nunmehr die Auseinandersetzung zwischen den Generationen treten solle.

Besorgt fragt man sich, was da wieder heraufzieht. Die Erinnerung an die APO-Jahre ist noch nicht verblaßt, und ihre äußerlich friedfertigen Nachfolger, die »Blumenkinder«, haben schon wieder einer neuen Welle Platz gemacht, deren Anhänger eher auf eine innerparlamentarische Opposition aus sind. Können sie sich dabei auf die bei ihrem »Marsch durch die Institutionen« Arrivierten stützen? Kenner der Szene weisen diese Vermutung zurück: »Während die 68er-Revolte im abstrakten Kauderwelsch der Sozialwissenschaftler möglichst allgemeingültige Theoreme verkündete, redet die Jugend der achtziger Jahre in der Sprache emotionaler Selbstbezogenheit.« Parolen wie »Ich fühle mich stark!« – »Gemeinsam sind wir unausstehlich!« – »Wir sind die Leute, vor denen uns unsere Eltern stets gewarnt haben!« – »Nieder mit dem Packeis! Freiheit für Grönland!« zeugen davon.

Hier stellt sich die Frage der Dimension. Ist da die gesamte Jugend im Aufbruch, oder ist es nur ein geringer Prozentanteil? Woraus rekrutiert sich die Führungsgruppe? Wer sind die »selbsternannten Vordenker«?

Es gibt eine stattliche Reihe von Meinungsbefragungen, die Rückschlüsse auf das Ausmaß des kritischen Potentials zulassen. Ich nenne zum Beispiel die Ergebnisse einer Untersuchung des Sozialforschungsinstituts der Konrad-Adenauer-Stiftung. Sie besagen, auf die kürzeste Formel gebracht, daß rund 15 Prozent der Jugendlichen bis zu 21 Jahren als »systemkritisch« zu gelten haben und daß Gymnasiasten und Studenten den harten Kern ausmachen. Hochgerechnet ergäbe das immerhin mehr als eine Million Jugendliche!

Ich will nun in aller Kürze versuchen, einige von den Aspekten zu analysieren, aus denen heraus das Verhalten der unruhigen Jugend zu erklären ist:

Die Zeit, in der man als »Jugendlicher« gilt, war schon immer ein Lebensabschnitt, der von Schwierigkeiten geprägt ist. Das Behütetsein in der Familie ist leider keineswegs mehr der Regelfall. Aber selbst dort, wo die Familie trotz Auslastung der Mutter durch Berufspflichten und trotz allabendlicher Verdrängung des Gesprächs durch die unvermeidliche Fernsehberieselung noch im Lot ist, kommt der Moment heran, wo der junge Mensch sich an einem von außen angelegten

Maßstab messen lassen muß. Wenn das behütete oder gar verhätschelte Einzelkind zum erstenmal erfahren muß, daß fremde Personen es anders sehen, als es sich selbst sieht, kann es sich unverstanden fühlen und in grenzenlose Einsamkeit gestürzt werden. Daraus erwächst die Angst, das Leben nicht meistern zu können. Ihr entspricht gegenbildlich die Enttäuschung und Verhärtung des vernachlässigten Kindes, das seinen Weg durchs Leben selbst finden muß.
In solcher Lage entwickeln sich Aggressionen, aber auch Realitätsverlust. Eine Scheinwelt wird aufgebaut, deren selbstgezimmerte Gesetze oft in einem unüberbrückbaren Gegensatz zum gelebten Leben stehen. Insbesondere fehlt dem moralischen Rigorismus, mit dem der pubertäre Protest regelmäßig verbunden ist, jegliches Verständnis dafür, daß die Welt der Erwachsenen nicht ohne Kompromisse auskommt. Man wüßte das alles besser zu machen, ja man weiß alles besser. Ernest Hemingway hat das einmal so formuliert:
»Die Jugend ist meist so allwissend, daß sie alles weiß, bis auf eines: daß auch einmal die Alten allwissend waren, bis sie wirklich etwas wußten.«
Den egozentrisch gesetzten Normen tritt aber heute auch kaum ein Weltbild entgegen, das verbindliche Orientierungswerte anzubieten hätte und somit als Korrektiv dienen könnte. Selbst Gruppen und Institutionen, deren einzige Aufgabe es sein sollte, wenigstens für ihre Mitglieder Werte zu setzen und sie zu verteidigen, gefallen sich nicht selten darin, sich offen und flexibel zu geben.
Ich frage daher: Wie soll ein junger Mensch sich da zurechtfinden? Muß es ihn, der doch sehnlichst nach einem Halt sucht, nicht mit tiefer Verachtung erfüllen, daß diese Gesellschaft sich nirgends fassen, nirgends festlegen läßt? Wo Normen versagen, wären wenigstens personale Vorbilder vonnöten. Doch wo gibt es die? Die alten, gruppenprägenden Gütezeichen wie Beamter, Offizier, Erzieher, Priester, Staatsmann sind weithin entwertet, sei es durch überzogenen Gebrauch, sei es durch eine Lust am »Entlarven«, die die Augen nicht mehr von den Schlüssellöchern bringt. Und man sieht bekanntlich, was man sehen will: Mißstände überall!
Prangert man Mißstände an, so sucht man nach Verantwortlichen. Da sich kaum je ein einzelner ausfindig machen läßt, muß eben das »System« insgesamt die Schuld tragen: die Gesellschaft, der Staat, die Bürokratie, die Wirtschaft, der Kapitalismus.

Das moderne Leben ist in der Tat außerordentlich kompliziert geworden. Wer zum Beispiel mit staatlichen oder kommunalen Behörden zu tun hat, muß zumindest viel Zeit für all die Gänge aufwenden, für die er eigentlich keine Zeit hat, muß umfängliche, mitunter schwerverständliche Formulare ausfüllen, muß geduldig warten, bis er, wenn's gut geht, an das Ziel seiner Wünsche gelangt ist. Der Erwachsene, meist selbst in solchen Betriebsstrukturen tätig, erträgt, was er sonst andern antut, mit leidlicher Fassung. Kann man das aber von einem Jugendlichen erwarten? Da sieht er sich nur zu rasch in jenem Paragraphendickicht verfangen, das man als »Mangrovenwald der Bürokratie« bezeichnet hat. Zu erwarten, daß dies das Hineinwachsen des Jugendlichen in die Gesellschaft befördert, heißt viel verlangen.

Ähnlich stellt sich die technische Entwicklung dar. Die Anlagen werden immer gigantischer, die Prozesse immer abstrakter, die Schaltelemente immer winziger, die Abläufe immer schneller. Bei einer Windmühle, einer Wasserturbine, einem Bergwerk, einem Hochofen konnte sich jedermann noch vorstellen, wie so etwas funktioniert. Da war man noch in der Nähe dessen, was die Alten unter »Elementen« verstanden. Aber Atom, Proton, Elektron, Positron, Neutron, Quark – wer hätte so etwas je mit eigenen Augen gesehen? Man ist darauf verwiesen, blind zu glauben, daß das nicht des Kaisers neue Kleider sind, sondern Bezeichnungen für letzte Bausteine der Materie, aus denen sich unvorstellbare Energien entfesseln lassen, Energien, von denen die einen sagen, die Welt von morgen könne ohne sie nicht leben, während die andern fürchten, diese Welt werde an ihnen sterben müssen. Da liegt für manchen Jugendlichen die Versuchung nahe, dem Mißtrauen, das man ihm einredet, zu folgen und die Verteufelung der Technik für das Glaubwürdigere zu halten, steckt doch hinter dem Ganzen die kapitalistische Wirtschaft, der es bekanntlich völlig egal ist, ob Hunderttausende »hopsgehen«, solange nur die Kasse stimmt. Man sieht es ja bei den Eingriffen in die Natur ... So etwa entwickeln sich die Gedankengänge, soweit sie nicht vorgefertigt übernommen werden.

Da wären immerhin die Politiker, die solche Dinge im Griff halten sollten. Mit schönen Worten vielleicht – im übrigen aber sind die munter mit von der Partie –, so will es dem Jugendlichen scheinen, wenn er die täglichen Nachrichten hört, die er merkwürdigerweise dann für objektiv hält, wenn sie in die Klischees passen. Das führt in letzter Konsequenz auch zum Zweifel an der Verfassung. Man hat ja schon als Vorwurf lesen können, die politisch Verantwortlichen hielten verzweifelt daran fest, daß noch alle Artikel des Grundgesetzes zu gelten haben, »obgleich die bloße Erinnerung daran schon manchen von ihnen zum öffentlichen Störenfried macht«. Das sagte ein Mann (Hans-Eckehard Bahr), der auf Grund seines Bildungsstandes eigentlich wissen müßte, daß das Grundgesetz unserer Republik vom Bundesverfassungsgericht geschützt wird: Seit 1951 hat es in mehr als 4000 Senatsentscheidungen die Verfassung ausgelegt, den Bürger verteidigt und wohl kaum jemandes Beschwerde ohne gute, verständliche Begründung abgewiesen. Muß man sich, wenn gebildete Erwachsene solches ignorieren, noch groß wundern, daß sich Jugendliche solche Gedankengänge zu eigen machen?

Dabei ist es mit dem Festhalten an Recht und Gesetz auch wieder so weit nicht her, gerade wenn es um Jugendliche geht. Ein Zitat für viele:

»Wo das Gemeinwesen das friedliche Nebeneinander der Menschen verbindlich regeln, rechtsstaatliche Ordnung herstellen und sicherstellen sollte, wurden den Jugendlichen in Schulen und Hochschulen rechtsfreie Räume gewährt, wurden bei vielen Demonstrationen und Hausbesetzungen Gesetze entweder nicht angewendet oder praktisch Sonderrechte beziehungsweise Amnestien für Jugendliche in den Bereich der öffentlichen Ordnung eingeführt. Die politisch-pädagogische Wirkung war katastrophal: Zunächst wurde die Verzagtheit, der fehlende Überzeugungswille der Erwachsenen deutlich, zu ihren eigenen Gesetzen zu stehen. Außerdem diskriminiert zweierlei Recht im Grunde die jungen Menschen, da sie letztlich wie rechtlich unverantwortliche ›Kindsköpfe‹ behandelt werden. Darüber hinaus aber wird der Eindruck vermittelt, daß auch im Bereich der Rechtsordnung alles nur eine Frage von Machtinteressen und Opportunismus ist« (G. Bucerius).

Das sind nicht die Worte eines Ministers, sondern die eines Journalisten. Und er hat recht! Der Jugendliche muß sich ja denken, in dieser Welt könne man nur mit Gewalt überzeugen. Wetten, daß die Etablierten zurückweichen!

Freilich, diese Gewalttäter sind nur eine kleine Minderheit. Manche Beobachter stufen sie als »Trittbrettfahrer« ein, gegen die man halt nichts machen kann.

Beträchtlich größer ist jedenfalls die Gruppe derer, die sich für die Auseinandersetzung mit dem Leben zu schwach fühlen und sich daher in sich selbst zurückziehen, »aussteigen«. Angst, Resignation, das Gefühl der Ohnmacht, mitunter auch Neugierde und Labilität sind die Ursachen, alternative Lebensformen, Jugendsekten, Alkohol, Drogen bezeichnen die Stationen eines Weges und leider nur zu oft auch die Endstation.

Schließlich wächst die Zahl derer, die den privatistischen Rückzug in das stille Glück des Bourgeois angetreten haben. Umfragen unter jungen Leuten zeigten, daß man in solchen Kreisen durchaus leistungsbereit ist, doch muß der private Bereich unangetastet bleiben. Von der Gesellschaft, mit der man weiter nicht viel vorhat, verlangt man nur, tun und lassen zu dürfen, was einem gerade beliebt.

Die schon einmal zitierte Befragung durch das Sozialwissenschaftliche Forschungsinstitut der Konrad-Adenauer-Stiftung erbrachte auf die Frage nach den »wichtigsten Dingen« die folgende Güterskala:

- persönliche Freiheit
- gute Freunde
- ein angenehmes und gesichertes Leben
- persönliche Ideale
- privates Lebensglück
- Geborgenheit
- eine gute Ehe
- partnerschaftliche Treue
- viel Geld,

all das Optionen, für die sich zwischen 100 und 80 Prozent der befragten 14- bis 21jährigen entschieden haben. »Mal ausflippen« wollten immerhin noch 57 Prozent, aber für »politische Führungspersönlichkeiten« konnten sich gerade noch 43 Prozent erwärmen.

In der Masse derer, die in solcher Weise Immaterielles (»persönliche Ideale«) und Materielles (»viel Geld«) zu vermengen wußten, ist kein revolutionäres Potential zu vermuten. Sie sind ihren Angaben zufolge zu rund 90 Prozent mit dem politischen System unserer Bundesrepublik zufrieden.

Darf man sich von da her eine Wende erwarten? Bundespräsident Professor Karl Carstens sieht dies so, wenn er erklärt, die deutsche Jugend sei »lebensbejahend und oft weniger pessimistisch als die Erwachsenen«. Die Mehrzahl der Jugendlichen bejahe im Grundsatz unsere gesellschaftliche und staatliche Ordnung. Die Jugend sei bereit, aktiv und im guten Geist an ihrer Fortentwicklung mitzuarbeiten und damit das Werk ihrer Eltern fortzusetzen. Er habe volles Vertrauen in die junge Generation. Sie scheue Arbeit und Leistung nicht. Daß Jugendliche kritisch eingestellt seien und alternative Vorstellungen entwickelten, sei »natürlich und kein Grund zur Beunruhigung«. Vieles im Staat sei noch nicht befriedigend gelöst; allerdings müsse man der Jugend auch sagen, werde es niemals eine Ordnung geben, die völlig frei von Irrtümern und Fehlern sei. Worauf es ankomme, sei, daß die Jugend den durch die Verfassung vorgegebenen Rahmen der staatlichen Ordnung akzeptiere.

Eine Feststellung wie diese zeigt, daß es darauf ankommt, die Jugend anzusprechen, sie anzunehmen, sie aus dem Trübsal-Blasen, der Versuchung zur Selbstbespiegelung und Wehleidigkeit zu erlösen.

Dazu ist auch die Schule aufgerufen. Sie darf sich nicht abschrecken lassen, wenn sie bei der Jugend Zeichen von Abweisung oder gar von Verachtung zu beobachten glaubt. Im Grunde sucht die Jugend die Hilfe der älteren Generation. Wir Erwachsenen haben den raschen Wandel von einer noch überwiegend agrarischen Gesellschaft zu einer modernen Industriegesellschaft als einen Prozeß miterlebt und im Miterleben einigermaßen bewältigen können. Die jungen Menschen erleben ihn als einen krassen Kontrast zwischen dem sicheren Aufgehoben-Sein in Familie und Schule und der Härte des Daseinskampfes, in den sie gewissermaßen von einem Tag zum andern hineingerissen werden, mit dem sie fertig werden sollen. Helfen wir ihnen, diese Spannungen auszuhalten!

Ich kann hierfür kein Universalrezept an die Hand geben. Aber ich glaube, daß mein Appell an die junge Generation, den ich anläßlich einer Haushaltsrede im Bayerischen Landtag formuliert habe, immer noch Gültigkeit beanspruchen darf. Ich wiederhole ihn also:

– Laßt euch mit unserer Gesellschaft, unserem Staat erst einmal ein!
– Laßt euch vor Gewalt warnen!
– Habt den Mut, auch einer ungewissen Zukunft ins Auge zu blicken!
– Macht Gebrauch von euren Fähigkeiten, nehmt eure Zukunft stärker als bisher selbst in die Hand! (1983)

Umkämpfte Schule

Nie ist in Schulen Scholaren-Trägheit und natürlicher Widerstand gegen die erudierende, »entrauhende« Arbeit der Kultur so volltönend entschuldigt und gerechtfertigt worden – so als sei Faulheit ein unerschöpflicher Quell bürgerlichen Ungehorsams.

Heute fällt es allem, was »Schule« heißt, schwer, zu unterscheiden, auszuwählen, die Spreu vom Weizen zu trennen. Ein Konsens über Kriterien ist oft nicht mehr vorhanden, muß erst mühsam wieder hergestellt werden. Aller Kritik, allem Urteil fehlt der archimedische Punkt einer verläßlichen Tradition. Das beginnt bei der Auswahl des Lehrstoffs in den Schulen, setzt sich fort im Streit um Relevanzkriterien in Forschung und Lehre der Hochschulen, hört bei der Diskussion um Exerzitien und Etüden und den *Gradus ad Parnassum* in Akademien und Musikhochschulen noch nicht auf. Jeder, der Lehrpläne zu prüfen, Schullesebücher zu würdigen, Studien- und Prüfungsordnungen durchzusehen hat, weiß ein Lied davon zu singen. Aber auch der Theaterbeobachter, der Literaturrezensent, der Kunstberichterstatter dürfte sich manchmal ratlos in der Zirkuskuppel fühlen. Die Kultur ist »regel-los« geworden. Eine Ästhetik existiert längst nur noch in interpretierender, nicht mehr in normativer Absicht. Allgemeinbildung wird zwar (wieder) heftig eingeklagt, ihr drohender Verlust beredt beschworen – aber wer definiert den Inhalt, wer setzt Verbindlichkeiten?

In dieser Situation liegt die Versuchung nahe, auf Normen, Urteile, Traditionen, auf das Geschäft der »Unterscheidung« (das ist Kritik im Wortsinn!) gänzlich zu verzichten. Das hat man in Schulen, Hochschulen, Akademien – aber auch in Theatern, Galerien, Redaktionen – vielfältig erlebt. Kritik wurde in ihrem Sinn halbiert und auf bloßen Widerspruch »zum Bestehenden« verkürzt. Keine Überlieferung durfte mehr selbstverständliche – man sagte jetzt: naturwüchsige – Geltung beanspruchen oder gar die nachkommende Generation in Pflicht nehmen. *Was ist, kann nicht wahr sein; was besteht, hat unrecht* – mit solcherlei gesunkenem Spruchgut der »kritischen Theorie« rückte man der Tradition zu Leibe. Der kulturrevolutionäre Impuls war erfolgreich: der überlieferte Bildungskanon, der Lern- und Gedächtnisbestand der Kultur, zumal in seinen historischen und sprachlichen Elementen, löste sich an vielen Orten auf. Hatte die alte deutsche Schule den *Widerspruch* eingeschränkt, so verbot die neue die *Zustimmung*. Das Affirmationsverbot wurde – wiederum: in Schulen wie in Redaktionen! – mit pedantischer Sorgfalt beachtet. Das reichte von der Absage der Pädagogen ans Vorrätighalten von Wissen, ans Auswendiglernen von Gedichten bis zum »Aufreißen« der Klassiker im Theater der siebziger Jahre. Aus einem nützlichen Denkanstoß wurde rasch eine pädagogische und ästhetische Spießbürgerei. Nie ist in Schulen Scholaren-Trägheit und natürlicher Widerstand gegen die erudierende, »entrauhende« Arbeit der Kultur so volltönend entschuldigt und gerechtfertigt worden – so als sei Faulheit ein unerschöpflicher Quell bürgerlichen Ungehorsams.

Heute gehören die Jahre des mutwilligen Kultur- und Traditionsabbaus gewiß der Vergangenheit an. Man tut sich aber leichter, zu sagen, was nicht mehr ist, als zu sagen, was ist: nicht eine neue Bildungsidee, ein neues Kulturverständnis beherrscht das Feld, sondern ein Vielerlei von Ansätzen, Versuchen, Anläufen zu neuer Kanon- und Regelbildung. Mag man sich vorläufig damit trösten, daß Pluralismus allemal besser ist als ein Dogmatismus der Verneinung – zu einer Restituierung kultureller Überlieferung wird es erst kommen, wenn Pädagogik wieder ein Stück Traditionsvermittlung einschließt, wenn Kritik und Ästhetik sich wieder verbinden. Davon sind wir noch weit entfernt. So erstaunlich es klingt: die neue Rücksicht aufs Gewachsene, Überlieferte, die neue Ehrfurcht vor dem Leben, der Natur, der Umwelt – sie haben den kulturellen Bezirk noch nicht erreicht. Schutz der Umwelt – Erosion der Kultur; Naturerhaltung – Kulturrevolution: in diesen Widersprüchen bewegt sich die gegenwärtige Diskussion. Wann beginnt man, nicht nur Bäume zu retten, sondern auch Gedichte? (1985)

Auf der Suche nach Geländern

Kunst und Zeit

Weder steht uns neuerlich, novalishaft, eine abendländische Erneuerung ins zeitgenössische Haus, auch nicht, trotz Solschenizyn, Maximow und Brodskij, in russischer Variante – noch ist die Uhr der Zweiten Aufklärung schon abgelaufen. Noch immer ist die Durchschnittshaltung des Durchschnittsbürgers gegenüber dem im Vergangenen herausfordernd versteckten Schönen bestenfalls positive Verlegenheit oder mitleidiger Respekt.

Kunst und Zeit – das sei zunächst einmal verstanden als Gegenwartskunst und Gegenwart, mithin als Frage nach den besonderen Bedingungen, unter denen Kunst in unserer Zeit sich realisiert.
Welcher Art sind diese Bedingungen? Eine pauschale Antwort fällt schwer. Denn die Tatbestände, die zu untersuchen wären, sind verhäkelt und widersprüchlich: einerseits ein Überfluß an Zeit und Muße für Kunstproduktion und Kunstgenuß (wenigstens in der westlichen, weißen, reichen Welt), andererseits ein Manko an einsam-hervorstechenden Höchstleistungen; einerseits ein Massenangebot an Reproduktion des Vorbildlichen für Paläste und Hütten, durchaus nicht nur mit Benjaminschem bösem Blick zu messen, andererseits freilich auch die Tendenz zur Nivellierung. Zeitgewinn wird vielfach wieder durch Lebenstempo aufgezehrt. Originalität bis zum Skurrilen wird erst gefeiert und prämiert und hinterher unter das Gesetz der Serie gestellt, so daß nur noch die ganz Großen sich blaue und rosa Perioden leisten dürfen. Institutionelle Mäzenate, mehr und mehr dem Anonymen zustrebend, treten an die Stelle persönlicher Förderer, Liebhaber, Auftraggeber; rascher Umlauf und breite Beachtung der Kunstszene in den Zeitungsspalten und auf den Bildschirmen erzwingt eine dem Modegeschehen sich annähernde Rotation von Bilder-look und Musicshop. So wird man, bei aller Vorsicht vor Verallgemeinerungen, zunächst generell eine Beschleunigung bei Entstehung, Umlauf und

Konsum des Kunstwerks registrieren müssen – damit einhergehend auch eine höhere Quote ästhetischer Hinfälligkeit und Mortalität. Wie altmodisch-gemessen wirkt das Paris des 19. und des frühen 20. Jahrhunderts mit seinen Akademismen und Sezessionen, seinen Kunstperioden und Künstlergruppen, wie solide-handwerklich geben sich Brücke, Blauer Reiter und Bauhaus, verglichen mit der hektischen Betriebsamkeit von New York in den sechziger und siebziger Jahren unseres Jahrhunderts und mit den progressiven Kunstmärkten Europas in der gleichen Zeit! Normen und Stile, ja traditionelle Begriffe von Kunst und Musik gehen unter in einer überhitzten Folge von Kunstrichtungen, von denen eine die andere zu übertrumpfen sucht. Pop-Art, Op-Art, Land-Art, Concept-Kunst, Prozeß-Kunst, Aktionskunst, Spurensicherung; Pop, Jazz und Tele-Musik wetteifern um Zuschauer, Mitspieler, Prozeßteilnehmer und Spektakel-Partner. Plakativ-provozierend taucht die Kunst ins Orgiastische, Obszöne, Totemistische hinab. Kunstdarbietungen werden zu Haruspex-Zeremonien und Eingeweideschauen. Schwarze Messen persiflieren rationalistisch ausgedörrte Liturgien; Schlachtungen, Opferrituale, vorläufig auf Tiere beschränkt, suchen archaische Dimensionen der Kunst zurückzugewinnen – so wie im Stampfrhythmus von Jazz und Pop, in Tontrauben und unartikulierten Schreien die Musik dem Klassisch-Gestalthaften zugunsten des Urtümlich-Dämonischen entsagt.
Sehen wir genauer hin, so ist es aber nicht nur Tempo, Rotation, Beschleunigung, was diese Kunst- und Musikübungen von ihren älteren Vorläufern unterscheidet. In der selbstverzehrenden Sequenz immer neuer Erscheinungen und Erfindungen ändert Kunst selbst ihre Form. Sie bleibt im fließenden Aggregatzustand des Prozeßhaften, Werdend-Vergehenden – ob bewußt oder aus außerkünstlerischen Notwendigkeiten, ist hier nicht zu untersuchen –; sie weigert sich also, in einem Werk, einem Organon, einem Ding zu gerinnen. Sie thematisiert nicht nur den Schaffensprozeß, der zu einer geprägten Form hinführt, das wäre nicht neu (Romane über Romane, Künstlertagebücher, Kunstwerke als Konfession und »Ausdruckswelt« hat es immer gegeben); sie erhebt den Prozeß ausdrücklich über das Werk – das im Notfall fehlen und durch Prozesse audiovisueller Kommunikation ersetzt werden kann. Und im Verlust der Verdinglichung zerrinnt auch die Norm: Kunst ist Leben, Leben ist Kunst, daher »können alle Kunst machen«, und sei es durch Spurensicherung in Fotoalben. Wie

die Kunst der sechziger Jahre damit begann, Attribute des modernen Lebens, Zahnbürste, Rasierapparat und Taucherbrille, in die Bildwelt einzuholen – eine notwendige Eingemeindung! –, so endet die Kunst der siebziger Jahre damit, Realität für Kunst zu erklären. So wird die »Straße zum Massenmedium« (Peter Weiß), der menschliche Körper wird zur übermalten lebenden Skulptur, Botschaften des Herzens werden in gußeiserne Gullys eingesprochen, das Frankfurter experimenta-Theater spielt Goethes »Iphigenie« als »Aktion« im Beisein eines Schimmels auf der Bühne; und der Raumkünstler Rinke leitet einen Fluß durch ein Museum: Anklang an den Mythos vom Augiasstall – die Kunstobjekte müssen dem Leben weichen.

Spott wäre allzu einfach. Wie immer empfiehlt es sich, ein weiteres mal genauer hinzusehen. Denn die – fast – anonymisierte Rotation der Kunst-Konzepte ist nicht nur die Reaktion auf den Auseinanderfall der Trias Auftraggeber – Künstler – Öffentlichkeit, nicht nur die fast unvermeidliche Antwort auf die nivellierende Wirkung eines Weltmarkts der Kunst und Kommunikation, der das Individuelle standardisiert und die Normbildung dem Einzelgeschmack entzieht; sie ist auch der konsequente Schlußpunkt einer Entwicklung, in der das Kunstwerk, als ein in Raum und Zeit Festgestelltes oder in festgelegter Form Ablaufendes, negiert wird und allenfalls als Fluchtpunkt zufälliger und nur partiell berechenbarer Prozeßverläufe weiterexistiert. In moderner Kunst, Musik und Dichtung regiert das Aleatorische. Der augenfälligste Beweis ist die Entwicklung – oder soll man eher sagen die Rückentwicklung? – der modernen Notenschrift. Man sehe etwa ein Werk wie Karlheinz Stockhausens »Stimmung« für sechs Vokalisten im »Formschema« an: hier ist die traditionelle Notation nahezu überflüssig, obwohl die Notenlinien noch dastehen; ausdrücklich vermerkt der Komponist zu den Notensystemen ohne Tonhöhe: »für Stimmen, die aus den übrigen Tonhöhen, die während des betreffenden Abschnitts zu hören sind, auswählen dürfen; gesungen werden darf dabei nur gelegentlich (viele Zwischenpausen) mit kleinen Abweichungen (melodisch: Glissandi, Schwebungen; rhythmisch; dynamisch; in der Vokal-Färbung)«. Naturgemäß »kann man das konkrete Klangbild nicht in einer Partituranalyse ermitteln, sondern nur in der Höranalyse einer bestimmten Aufführung oder Aufnahme« (Rudolf Frisius) – auch hier also die Emanzipation vom festgelegten Ablauf und damit von der künstlerisch eindeutigen Gestalt.

Fazit: dem beschleunigten Tempo der Kunstproduktion und des Kunstkonsums entspricht der rasche Wechsel der Objekte; wo dieser zum Dauerzustand wird, gerät die Gestalt ins Schweben, sie wird beliebig. Das Gegenüber von Kunstobjekt und Betrachter löst sich auf; Kunst »tritt ins Leben über«, wird dadurch freilich ununterscheidbar von anderem Konsumgut. Endlich werden die Objekte ersetzt durch den Prozeß ihrer Herstellung oder die Weise ihrer Vermittlung in Kommunikationsvorgängen. Das existierende Ding, um einen Satz von Goethe umzukehren, »hat sein Dasein (nicht mehr) in sich, und so auch (nicht mehr) die Übereinstimmung, nach der es existiert«.

Noch einmal: es wäre leichtfertig, auf diese Vorgänge mit kulturkritischen Beschwörungen zu antworten. Zumindest wäre diese Antwort für sich allein zu wenig. Denn kann man von Kunst eine emphatische Distanz zu den Lebensvorgängen der Epoche fordern? Ist nicht der Zusammenhang von Kunst und Zeit, Kunst und Gegenwart legitimerweise so eng, daß es vergebliche Liebesmüh' wäre, von den Produkten einer motorischen Periode meditationsfördernde Gestaltqualitäten zu erwarten? Gehen wir nicht alle heute durch viele Häuser, Arbeitsplätze, Einrichtungen, Wohn-, Eß- und Schlafgelegenheiten ebenso selbstverständlich hindurch, wie umgekehrt sich unsere Vorfahren von diesen Dingen – Gefügen dunkler Dauer – überholen ließen? Früher menschliches Hand-Werk, das die kurze Lebensspanne einer Generation durch Dauer und Qualität in den Schatten stellte – heute das Leben selbst, das sich gegenüber den wechselnden Schauplätzen, Geräten, Umwelten des Menschen als das mit längerem Atem Dauernde erweist. Man sehe nur einmal das fast magische Ritual, die besonnene Umständlichkeit, die noch in Stifters »Mappe« einen Hausbau umgibt, und vergleiche damit die technischen Vorgänge und das Tempo bei der Entstehung eines Hauses in Systembauweise heute. Kaum vermag Kunst in solchen Zeit- und Produktionsbedingungen mehr zu sein als ein flüchtig aufleuchtendes und verlöschendes Lichtsignal.

Freilich, das Bild wäre nicht vollständig, würde man nicht auch die Gegenströmungen verzeichnen. Ermüdung greift in jüngster Zeit um sich angesichts der pausenlosen Rotation, der zum System gewordenen Selbstüberholung der Künste. Die Fieberkrisen der Erfindung hinterlassen Erschlaffung. Der abklingenden Stimmung des Dauerexperiments folgt die Sehnsucht nach dem Festen, Fixierbaren auf dem Fuß. Allenthalben Rückgriffe auf alte Substanz: Klassiker werden wieder entdeckt, Museen erleben erstaunliche Steigerungen der Besucherzahlen, Verlage, gestern noch »progressiv«, geben sich plötzlich pfleglich-traditionalistisch, Verfechter eines zur »sprachlichen Kommunikation« geschrumpften Deutschunterrichts finden zur neuesten Novität: der klassischen Literatur. Kurzum, es wird wieder nach Maßstäben gesucht und gefragt. Gleichzeitig blättern die künstlich aufgezäumten ästhetischen Ersatznormen – des »politischen Engagements«, der »Emanzipation« – lautlos ab. Es mag offenbleiben, ob sich hier eine Tendenzwende ankündigt oder ob es sich nur um eine der neuen Verpuppungen des Zeitgeistes handelt; in jedem Fall scheint der Futurismus einer planlos entwerfenden Kunstproduktion relativiert durch Rückbezüge zur Vergangenheit – womit die Gegenwartskunst sich erneut konfrontiert sieht mit dem verdrängten Problem der Gestalt.

Es wäre wohl nicht möglich gewesen, den Fragen der Altstadterhaltung und -sanierung, des Denkmalschutzes und der Denkmalpflege soviel öffentlichen Diskussionsraum zu verschaffen wie gegenwärtig, hätte nicht die Kunst der sechziger und siebziger Jahre die Analogien zur Produktions- und Konsumform der »Wegwerfgesellschaft« bis zum Zerreißen angespannt – damit aber zugleich ihre eigene ästhetische Grenze sichtbar gemacht. So kommen heute Dinge wieder in den Blick, die lange nur noch in Residuen gegenwärtig waren: Überlieferungen einer arbeitsintensiven, auf Dauer angelegten und in langer Zeit angereicherten Kunstwelt. Sie stellen die andere Facette unseres Themas *Kunst und Zeit* dar. Ihr wenden wir uns jetzt zu.

Ein Gedankenexperiment vorweg: Erwachte ein moderner Mönch von Heisterbach in einer unserer heutigen Städte, so hätte er Schwierigkeiten, sich seiner Umwelt in ähnlicher Weise zu versichern, wie dies noch bis zum Ersten Weltkrieg möglich war. Denn überall, ob in Tokio oder Rangun, San Francisco oder Frankfurt, stieße er auf einen Minimalstil geschichtsfreier Zweckmäßigkeit: Banken und Bars, (moderne) Kirchen und Verwaltungsgebäude oder Theater sähen fast gleich aus diesseits und jenseits politisch-geographischer Grenzen. Und nicht nur der Mönch wäre verwirrt. Auch der junge Mensch ist es, der heute zwischen einem in der Tendenz geschichtsfreien Heute und einer (scheinbar) nicht mehr heutigen Geschichte aufwächst: Es kann ihm nicht entgehen, daß alte Kirchen, alte Häuser in einer Spannung zur modernen Arbeits- und Verkehrswelt stehen, daß ihre Existenz im gleichen Maß unverständlich und museal zu werden droht, in dem die Mobilität, Austauschbarkeit und Uniformität im täglichen Vollzug des Lebens zunimmt. Ein modernes Bank- oder Bürohaus verweist auf den ihm eigenen Funktionszusammenhang – ich bedarf, um es zu verstehen, volkswirtschaftlicher oder verwaltungstechnischer Grundkenntnisse, aber das Ganze erschließt sich ohne Einlassung in seine Vergangenheit. Anders, wenn ich in eine alte Kirche eintrete oder in einer Altstadt, einem alten Dorfkern mich umsehe; denn das hier Gebaute, baulich Überlieferte bleibt ohne sein ursprüngliches Leben, seine Geschichte unverständlich ...

Zweifellos hat die Bereitschaft, mit Vergangenem zu leben, in den letzten Jahren in West- und Mitteleuropa zugenommen – vor allem im Zeichen von Umweltschutz und Denkmalpflege. Überraschend finden sich jahrelang ins Abseits des Folkloristischen gedrängte Berufe – des Heimatpflegers, Naturschützers, Denkmalpflegers, ja auch des Land- und Forstwirts – plötzlich an der Problemfront des Umweltschutzes in neuer avantgardistischer Rolle wieder, so wie in der Politik die klassischen Schutz- und Erhaltungsfunktionen (Innere Sicherheit, Landschaftserhaltung, Sozialstaat) gegenüber den dynamischen Funktionen (Wirtschaft, Verkehr, Bildungswesen, Wissenschaft) neue Bedeutung zurückgewonnen haben. Ältestes tritt freundlich als das zeitgebotene Neue in Erscheinung, und im Kampf um die gemütliche Eckkneipe gegen fensterstarrende Hochhäuser finden sich manchmal Altkonservative und Jungsozialisten an einem Strang zusammen – in heimlichem Wahlbündnis gegen industrielle Modernität und Prosperität. Hat man nicht eben noch nach mehr Studienplätzen gerufen? Heute warnt man – so eine große Tageszeitung – vor »krebsartigen Wucherungen der Universitäten im Stadtgebiet«. Haben nicht eben noch Architekten sich in der funktionellen Perfektion beim Entwurf von Schulen und Verwaltungsgebäuden überboten? Heute, nach entsprechender »Bewußtseinsveränderung«, führen sie Bürgeraktionen gegen derartige Baupläne an. Man sollte, solches beobachtend und überdenkend, gleichwohl Verallgemeinerungen scheuen. Weder steht uns neuerlich, novalishaft, eine abendländische Erneuerung ins zeitgenössische Haus, auch nicht, trotz Solschenizyn, Maximow und Brodskij, in russischer Variante – noch ist die Uhr der Zweiten Aufklärung schon abgelaufen. Noch immer ist die Durchschnittshaltung des Durchschnittsbürgers gegenüber dem im Vergangenen herausfordernd versteckten Schönen bestenfalls positive Verlegenheit oder mitleidiger

Respekt. Wie könnte es anders sein? Daß die Gegenwart dort, wo sie Kunst erzeugt, zu zeitüberdauernden Objektivierungen selten vordringt, andererseits aber eine Vergangenheit, die überreich ist an gestalteter Schönheit, in Pflege nehmen muß, ohne sie maßstäblich werden zu lassen oder in neue Normen umsetzen zu können – das gehört zum Verwirrenden der augenblicklichen Kunstsituation. Die Kluft kann nicht überbrückt werden durch Forderungen nach einer außerästhetischen Normativität. »Mögen wir die griechischen Götterbilder noch so vortrefflich finden«, sagt Hegel, »... es hilft nichts, unsere Knie beugen wir doch nicht mehr.« Und wenn wirkliche religiöse Kunst nur einen verschwindenden Ausschnitt aus der brodelnden Kunstszene der Gegenwart darstellt, so wird man die Lücke sicher nicht mit Derivaten von Kunst-Andacht, Kunst-Religion füllen können.

Lichtenberg gedenkt gelegentlich mit Melancholie der Zeit, »da die große Kunst, schlecht zu schreiben, noch nicht erfunden war, und bloß schreiben hieß gut schreiben«, während es heute in Deutschland mehr Schriftsteller gebe, »als alle vier Weltteile überhaupt zu ihrer Wohlfahrt nötig haben«. In gewissem Sinn ist das die Lage der modernen Kunst. Sie hat die Unschuld der Deckung von Kunst und Können, Kunst und Handwerk verloren. Ursache ist, nicht allein, doch ausschlaggebend, die Multiplizierung der Produkte, und das heißt: der industriellen oder Vervielfältigungsprozesse sowie der Produzierenden. Lichtenberg hatte aber auch schon einen Trost bereit: »Die schlechten Schriftsteller ahmen die Natur nach, sie folgen ihrem Triebe so gut wie die großen; und ich möchte nur wissen, was irgendein organisches Wesen mehr tun könne, als seinem Triebe folgen? Ich sage: Sehet die Bäume an, wieviel werden von ihren Früchten reif? Nicht der fünfzigste Teil; die andern fallen unreif ab. Wenn nun die Bäume Makulatur drucken, wer will es den Menschen wehren, die doch besser sind als die Bäume?«

Kein Zweifel: überlieferte *und* gegenwärtige Kunst haben in der aktuellen Szene ihren Markt, ihr Publikum. Aber können sie beide zusammenkommen in einem gemeinsamen Begriff? Wie ist die Kluft zu überbrücken zwischen dem maßstablos Lebendigen, in Empörung Ausbrechenden der Gegenwart und dem für viele Nurmehr-Ästhetischen, Leblos-Maßstäblichen der Vergangenheit? Wir müssen, um dies zu klären, unser Thema *»Kunst und Zeit«* noch einmal systematischer aufnehmen – jetzt im Hinblick auf die Frage der Gestalt.

Alle Kunst verwirklicht sich im Medium der Zeit. Nicht nur den Zeitkünsten im engeren Sinn – Musik, Theater, Tanz –, auch den Raumkünsten Architektur, Plastik, Malerei und Zeichnung eignet ein »zeitversammelnder« Charakter (Hans Urs von Balthasar). In ihrem Ursprung sind sie Epiphanie, Erscheinung des Göttlichen. Sie fassen Zeit zusammen, verdichten Einzelerscheinungen zur »kontrakten« Form des Absoluten (Nikolaus von Kues), ohne doch die Bedingung ihrer Existenz, die Zeitlichkeit, aufzuheben. Sie vergegenwärtigen, was mehr ist als Gegenwart. Sie erinnern an Gewesenes und eröffnen Zukunft. So ist das Kunstwerk nicht nur bestimmt durch Umwelt und Gegenwart. Es greift darüber hinaus. Es erschöpft sich nicht in momentaner Wirkung, es verlöscht nicht mit der Aktualität, vielmehr ist es unendlich wiederkehrender Aktualisierung fähig – oft über Jahrhunderte hinweg. Dies gilt in einem elementaren materiellen Sinn, an den zu erinnern heute besonderer Anlaß besteht. Kunstwerke sind Wertgegenstände. Ihr Wert wächst meist mit den Jahren. Das ist nicht selbstverständlich. Es setzt jenes simultane Welt-Kunstverständnis voraus, jene Einheit von Antike, Mittelalter und Gegenwart *sub specie artis,* wie sie Winckelmann und die Romantik begründet und bis heute fortgepflanzt haben. Hier lebt ein älterer, der industriellen Arbeitswelt entgegengesetzter Wertkanon fort: Das Ältere wird, wie in Mittelalter und Altertum, höher geachtet als das Neue. Die Gegenwart, die nicht nur eine Flucht in die Sachwerte, sondern speziell auch eine Flucht in die Kunstwerke kennt, erweist die Gültigkeit dieser Maxime täglich neu. Simultaneität, zeitübergreifender Anspruch des Kunstwerks zeigt sich aber vor allem in der Tatsache immer neuer, nie abzuschließender und zu erschöpfender Interpretierbarkeit – in einer Bedeutungsfülle also, die verschiedenen Zeiten verschiedene Ansichten bietet, bei grundlegender Konstanz der Gestalt. Gewiß sind diese Kriterien formal. Gleichwohl darf an sie erinnert werden. Denn erst dann, wenn der Käfig des »Zeit- und Gesellschaftsbezugs«, der politischen und moralischen Motivationen entriegelt wird, tritt jenes freie »Dasein in sich« (Goethe) hervor, das wir Kunst nennen.

Daß Kunst in Austausch tritt mit entfernten Zeitaltern und Gesellschaften als eine »Sprache für alle Nationen« (Jacob Burckhardt), und dies meist leichter und schneller als die von Sprach- und Gedankenbarrieren eingegrenzte Dichtung und Philosophie, verdankt sie ihrer *Gestalt.* Nur durch diese wird sie identifizierbar. Dabei ist Gestalthaf-

tigkeit nicht Starre, nicht Gleichförmigkeit. Auch der Kunstbetrachter steigt nicht zweimal in denselben Fluß. Wir sehen ein antikes Porträt anders als die Menschen des zweiten Jahrhunderts oder als Menschen des Spätmittelalters oder der Aufklärung. Wir hören griechische Musik, jüdische Tempelgesänge, die ältesten rekonstruierbaren Formen des Gregorianischen Chorals mit anderen Ohren, bezogen auf andere Klangfelder und innere Notationen, als die Zeitgenossen. Selbstverständlich auch, daß die Wiedererweckung eines mittelalterlichen Tanzes oder eines Theaterstückes dem Aleatorischen, der Improvisation größeren Spielraum läßt als die Rekonstruktion eines dorischen Giebelfeldes. Aber selbst bei der ganz an Zeitabläufe gebundenen Musik bleibt bei aller agogischen und dynamischen Freiheit die Gestalthaftigkeit als Gesetz bestehen, wenigstens so lange, als die klangliche Realisierung an ein differenziertes, zur Wiedergabe jeder Nuance brauchbares Notensystem und an annähernd gleiche Klanginstrumente gebunden bleibt. Mit der Entgrenzung des festgelegten Ablaufs, der Entschränkung der Form werden auch die Instrumente ihrem Zweck entfremdet und der Beliebigkeit von Einfällen unterworfen; sie müssen sich Mißhandlungen mit Nägeln, Bürsten, Peitschen und Klammern gefallen lassen; mit der zerstörten Formkonstanz der Musik fällt auch die abgeleitete der Instrumente dahin.
Von hier aus wird begreiflich, weshalb die jüngste Moderne Not hat, sich über Kunst zu verständigen, weshalb die Kunstbegriffe sich bis zum Satyrhaften jagen. Wo Kunst nicht mehr nach einem τέλος in festgelegter Ordnung sich entfaltet, büßt sie notwendig Identität ein – und damit Überlieferungsfähigkeit. Sie wird undialogisch, monomanisch, barbarisch (im Sinn der Sprach-Unverständlichkeit.) Man mag heute ein Fragezeichen machen hinter die Begeisterung, mit der das klassisch-romantische Zeitalter von Winckelmann bis Burckhardt in der Kunst die allgültigen, allverständlichen Bilder und eine zweite Schöpfung gesucht hat. Die Tatsache bleibt bestehen, daß ohne solchen Anspruch Kunst nur aktualistischer Zufall wäre. Die Flucht ins Gestaltlose und Unanschauliche mag Parallelen aufweisen im wissenschaftlichen Feld, doch kann Kunst der Unanschaulichkeit moderner Wissenschaft und Technik nur um den Preis der Selbstverneinung folgen. Ohne eine noch so formale ästhetische Normativität, ohne einen Hauch von »Regeln« kann auch moderne Kunst nicht überleben. Mag sie, fernab klassischen Schönheitsidealen (falls es sie je gab), dem

Grotesken, Häßlichen, Übersinnlichen und Überdimensionalen nachspüren; mag sie Leid, Enttäuschung, Entäußerung lieber spiegeln als bürgerliche oder proletarische Wohligkeit; mag sie sich pathetisch in Distanz setzen zu Überlieferungen des Schönen: ohne ein Minimum an Kohärenz, ohne ein Minimum an Autarkie gegenüber erklärender Nachhilfe oder moralisch-sozialer Motivation von außen kommt sie nicht aus. Wieder stoßen wir auf das Problem der Gestalt: Wird sie nur von außen hergestellt, nachträglich, durch intellektualisierende Überformung, so trägt sie nicht weiter; das »Kunststück« bleibt vereinzelter Dressurakt, es wird nicht Kontinuum – nicht Kunst. Kunst, gehalten allein durch Interpretation, fällt mit dem Interpretament zusammen. Alle moralischen Herrlichkeiten intendierter Bewußtseinsänderung und Selbstbefreiung ändern daran nichts.

Am mißlichsten wirkt Gestaltlosigkeit dort, wo handwerkliche Regeln schlecht entbehrlich sind: in der Kunstpädagogik und im Kunststudium. Kein Wunder, daß sich dort die Ideologen mit ihren Standpunktprothesen besonders gerne tummeln – ein keineswegs harmloseres Völkchen als die fleißig skandierenden Schulmeister von ehedem, deren Produkten man anhörte, »daß der Verfasser lateinisch kann und schnupft«. Leicht werden handwerkliche Defizite mit verbalem Räsonnement, das als Arbeit gilt, gestopft. Wo der traditionelle *Gradus ad Parnassum* entfällt, weil man emanzipierten Schülern Figuren- und Aktzeichnen nicht mehr zumuten kann, wo in Prüfungsarbeiten serienweise Spezialitäten und Skurrilitäten der Arrivierten kopiert werden, so daß ganze Prüfungsklassen Streifen, Karos oder Schlangenlinien malen, Leinwände mit Schnürsenkeln durchziehen oder als Verpackungskünstler exzellieren, da fällt es wackeren Prüfungskommissionen schwer, solches Tun in die Logik einer Notenskala (selbst einer zeitgerecht »verbalisierten«) einzufangen. Gewiß sind Etüden keine Alternativen zur Kunst; aber sie durch Gesinnung und Nachahmung zu ersetzen, ist erst recht kein Weg. Wie oft fragt man sich bei der Überreichung von Förderpreisen, ob der Ausgezeichnete wirklich der Kunst eine neue Seite abgewonnen oder nur listig eine freie Nische in einem Trick-Universum besetzt habe. Man mag solches *jus praedae* samt geldwertem Umsatz gelten lassen, solange es sich nicht mit emanzipatorischem Schellengeläute schmückt. Aber wenigstens die Kombination künstlerischer Armut mit pseudointellektuellem Befreiungsanspruch sollte von der Kritik entlarvt werden.

Nur noch gestreift sei zum Schluß der schwierige Zusammenhang von Kunst, Gestalt und politisch-sozialer Ordnung – schwierig deswegen, weil die modernen Demokratien nicht ohne weiteres in die geschichtsträchtige Rolle mäzenatischer Förderer der Kunst eintreten können und wollen. Zwar hat Kennedy in den sechziger Jahren gesagt, er sei stolz auf die zeitgenössischen amerikanischen Künstler; doch diese Äußerung blieb Episode – mit gutem Grund. Im allgemeinen zieht sich der moderne Staat in die Rolle dessen zurück, der *par distance* anregt, ermutigt, materiell fördert, vorhandene schöpferische Impulse entbindet – bis hin zur Anerkennung von Räumen, in denen sich diese Antriebe des Freiseins von jeglicher Reglementierung erfreuen dürfen. Eine Koppelung zwischen Förderung und politischem Wohlverhalten lehnt er zu Recht ab. Das bedeutet freilich nicht, daß es keine Grenze gäbe, jenseits der staatliche Förderung nicht mehr zu verantworten wäre. Denn nur die Freiheit, nicht aber eine totale Förderung aller kulturellen Produktionen ist garantiert.

Ethisch-politische und ästhetische Ordnung waren in der abendländischen Geschichte lange eng verwoben – Alois Dempf hat in seinem Buch »Die unsichtbare Bilderwelt« darauf aufmerksam gemacht. Gottesbilder, Menschenbilder, Herrschaftssymbole, Ikonologien und Institutionen standen in einem unlösbaren Zusammenhang miteinander bis zum Anbruch der modernen Revolutionen, ja darüber hinaus. Erst der liberale Staat gibt die Kunst frei, ohne ihr noch Aufgaben zu stellen; er trennt finanzielles Mäzenat und künstlerische Direktive. Das bedeutet Freisetzung der Kunst in noch höherem Sinn als an den Fürstenhöfen Europas vom 15. bis zum 19. Jahrhundert; es bedeutet freilich auch, daß der Staat, über die Freigabe hinaus, ein Verhältnis zum Freigegebenen nicht mehr eingeht. Eröffnet sich dadurch eine unbeschränkte Autonomie der Kunst, so droht andererseits auch, wie bei allen liberalen Freiheiten die Gefahr von Gruppenmacht und Fremdbestimmung. Noch ist kein Zeitpunkt erkennbar, wo der Staat, wie heute bei manchen Freiheitsrechten, seinerseits als Protektor des kunsterzeugenden Individuums gegen gesellschaftliche Kräfte auftreten muß. Doch könnte dieser Zeitpunkt dann nahe sein, wenn die Pluralität künstlerischer Richtungen unter den Druck ideologischer Uniformierungsbewegungen geriete. Ansätze hierzu gibt es genug. (1975)

Zum Streit über die Grundwerte

Daß in einem Staat Werte gelten, setzt einen freien Konsens in einer offenen Gesellschaft voraus. Ohne Wertengagement des einzelnen keine objektivierte öffentliche Moral.

Der zentrale Punkt in der heutigen Grundwertediskussion, so scheint mir, betrifft die Herkunft der Werte und die Verantwortung für sie. Gehören sie zum Staat – oder bilden sie sich in der Gesellschaft? Ist der demokratische und soziale Rechtsstaat, in dem wir leben, selbst wertbezogen – oder ist er nur ein formales Gehäuse, um Werte, die sich »draußen«, in der Gesellschaft, gebildet haben, aufzunehmen? Ist er Wertgestalter, zumindest Mitgestalter – oder nur Wert-Notar? Kaum jemand bestreitet, daß eine Gemeinschaft von Menschen verbindender Grundüberzeugungen bedarf. Das ist ein erfreuliches Ergebnis der sonst meist kontrovers geführten Diskussion. Streitig ist aber, wo diese Werte herkommen, wo sie ihren Legitimationsgrund haben. Die Zuständigkeit wird in der Diskussion zwischen »Staat« und »Gesellschaft« hin- und hergeschoben. Manchmal gleicht das einem Schwarzer-Peter-Spiel. Sagen die einen, der Staat habe die Grundwerte zu schützen, er sei für ihren Bestand verantwortlich, so erwidern die andern, der Staat könne nur schützen, was sich in der Gesellschaft an konkreten Wertvorstellungen gebildet habe; gegen ein Absinken des moralischen Pegels sei er machtlos, ja er dürfe gar nicht eingreifen, weil er sonst Gefahr laufe, seinen freiheitlichen Charakter zu verlieren. Beharren die einen auf einer Werteordnung, die dem Staat vor- und aufgegeben sei, so appellieren die anderen an die Werte-Verteidiger, doch erst in der Gesellschaft durchzusetzen, was sie vom Staat beanspruchten. Der Staat solle kein Büttel sein, er solle nicht erzwingen wollen, was die Gesellschaft in »Selbstregulierung« nicht mehr zuwege bringt – das ist ein breiter Meinungsstrom in der gegenwärtigen Diskussion. Zugrunde liegt die Vorstellung eines Staates, der nur subsidiär eingreift, wenn die inneren Steuerungen der Gesellschaft versagen, der sich aber in Fragen der Werte, der Weltanschauung, des Lebenssinns zurückhält.

Nun ist kein Zweifel, daß der moderne Staat ein religiös und weltanschaulich neutraler Staat ist. Er kann kein geschlossenes Wertsystem, sei es einer Kirche oder einer Weltanschauungsgemeinschaft, rechtsverbindlich machen. Denn er ist ein säkularer Staat, er hat, theologisch gesprochen, keinen Schlüssel zum jenseitigen Heil. *Civitas non est dux ad caelestia* – so hat es ein Papst, Leo XIII., formuliert. Und ebenso ist klar, daß dieser moderne säkulare Staat, eben weil er kein moralischer Zwingherr ist, auf das sittliche Bewußtsein seiner Bürger angewiesen, ja von ihm abhängig ist. Ist es zerstört, so können Gesetze es kaum neu erschaffen. Daß in einem Staat Werte gelten, setzt einen freien Konsens in einer offenen Gesellschaft voraus. Ohne Wertengagement des einzelnen keine objektivierte öffentliche Moral.

Heißt das aber – und das ist die entscheidende Frage –, daß zwischen dem Ethos der Gesellschaft und dem Recht des Staates nur eine äußere Beziehung waltet: hier die frei sich bildenden Werte – dort ihre rechtliche Rezeption und Absicherung? Ist der Staat, anders gefragt, nur eine Hohlform, in die sich, je nach Zeitumständen, unterschiedliche, im Zweifel kontroverse Werte der Gesellschaft »einlagern«? Man könnte es denken, wenn man in Helmut Schmidts Rede vor dieser Akademie den Satz liest: »Nur das, was in der Gesellschaft an ethischen Grundhaltungen tatsächlich vorhanden ist, kann in den Rechtssetzungsprozeß eingehen, kann als Recht ausgeformt werden.« Aber dieser Satz ruft sofort die Gegenfrage hervor: Ist nicht auch das ausgeformte Recht, ist nicht vor allem die Verfassung als Grundwille der Gesellschaft ein orientierendes Datum für den Prozeß der Wertbildung in der Gesellschaft?

Hier zeigt sich, daß das der Diskussion zugrunde liegende Modell des Gegenübers von Staat und Gesellschaft zu einfach ist, weil es die Proportionen des Problems verzerrt. Der Staat erscheint in dieser Perspektive als bescheidener Signatar einer werteschaffenden Gesellschaft. Er nimmt zur Kenntnis, formt aus, sichert ab, was ihm »von draußen« zugereicht wird. Umgekehrt ist die Gesellschaft ein fast autonomer Raum der Diskussion, ein Testfeld, in dem Werte entwickelt werden, eine schöpferische Werkstatt von Ideen und Lebenshaltungen. Kein Wunder, daß sie bezüglich der Normen, die sich im öffentlichen Leben Gültigkeit verschaffen, gegenüber dem Staat in der Vorhand ist.

Wie sieht aber die Wirklichkeit aus? Drei Einwände müssen gegen das eben skizzierte Modell erhoben werden. Sie betreffen erstens den Staat, zweitens die Gesellschaft, drittens einen wesentlichen, hier in Rede stehenden Bereich der Gesellschaft – die Kirche.

1. Was den Staat betrifft, so wird hier ein Bild beschworen, das der modernen Realität in nichts entspricht – nämlich das Staatsbild des frühliberalen Nicht-Interventionsstaates. Dieser Staat beschränkte sich in der Tat – zumindest in den Lehrbüchern des Staatsrechts – auf öffentliche Sicherheit, gute Münze, solide Verkehrsverbindungen und ließ im übrigen den Bürger in seinen für privat erklärten religiösen und anderen Meinungen ungeschoren. Dazu genügte es, daß der Staat in den als autonom, ja autark erklärten Freiraum des Bürgers (und der Gesellschaft) nicht eingriff – oder doch nur unter genau fixierten berechenbaren Bedingungen. So war staatliches Handeln an enge Rechtsschranken gebunden, Initiative und Aktivität lagen bei der »Gesellschaft« – ganz im Sinne jener Kaufleute, die zum Landesfürsten sagten: »Sire, schlagen Sie gutes Geld, sorgen Sie für Sicherheit auf den Straßen – und im übrigen lassen Sie uns machen.« Oder um einen führenden Staatslehrer des Liberalismus, Bluntschli, zu zitieren, der die Konsequenz dieses Staatsgedankens für den geistigen Bereich gezogen hat: »... die beiden entscheidenden Mächte, welche das sittliche Leben bestimmen und bedingen, der göttliche Geist und der individuelle Menschengeist, sind außerhalb des Staatsbereichs. Das Reich der Sittlichkeit ist viel umfassender als das Reich des Staates. Wenn der Staat dasselbe beherrschen will, so überschreitet er die Schranken, die ihm gesetzt sind, und wirkt schädlich für die Sittlichkeit« (J. C. Bluntschli, Allgemeine Staatslehre, ^{5}1875, S. 359).

Dieser frühliberale Nicht-Interventionsstaat ist nicht mehr der unsere – darüber muß kein Wort verloren werden. Oder will man den heutigen Staat, einen Staat der immer noch wachsenden Aufgaben, mit jener vergleichsweise freundlichen Frühform des modernen Leviathan gleichsetzen – den heutigen Staat, der in einem früher unvorstellbaren Maß als Lenker, Schlichter, Umverteiler des sozialen Lebens auftritt, der erzieht, fördert, subventioniert, stabilisiert, ausgleicht und mit dem Bürger – ganz außerhalb altmodisch-berechenbarer »Eingriffe« – in einer Unzahl subtiler Formen des Planens und Vorsorgens, der

Angebote und Abrufe, der Wenn-dann- und Do-ut-des-Geschäfte Umgang pflegt? Kann man sich wirklich vorstellen, daß dieser Staat keine andere Schranke kennt als die der Freiheit des Bürgers (wo er eingreift) oder der Gleichheit (wo er fördert)? Gibt es für ihn keine Wertbindung in den weiten Bereichen, wo er diffusen Einfluß ausübt und wo heute seine eigentlichen, schwer überschaubaren Wirkungen liegen, tappt er da wirklich wertblind einher, ein riesiger Golem mit tönernen Füßen und ohne Augenlicht?

2. Der zweite Einwand bezieht sich auf die »Gesellschaft«. Sie wird in der gegenwärtigen Wertediskussion ebensooft in einer frühliberalen Perspektive gesehen – und mißverstanden – wie der heutige Staat. Unterschätzt man auf der einen Seite den Staat, so überschätzt man auf der anderen Seite die Gesellschaft – so als sei sie noch jener stabile Binnenraum, in dem sich Anschauungen, Lebensweisen, »Sitten« im älteren Sinn des Wortes zu festen, das öffentliche Leben leitenden Werten kondensieren. In der Tat war dies die Leistung der älteren Gesellschaft. Sie war noch kein System der Bedürfnisse, sondern eine konkrete Lebensordnung – eine *societas civilis* in der Sprache der ältern Politik. Daher konnte der Rechtsstaat des 19. Jahrhunderts sich in noch relativ weitem Umfang auf einheitliche sittliche Auffassungen in dieser Gesellschaft berufen – die meisten inneren Direktiven des »Öffentlichen«, die meisten in Generalklauseln verwahrten sittlichen Indices stammen aus dieser Überlieferung. Der im Rechtsstaat gewonnenen Freiheit des Bürgers entsprach im übrigen ein strenges inneres Pflicht- und Erziehungsethos. Wer die großen Denker der liberalen Tradition liest, entdeckt staunend, wie weit sie vom Geist einer *permissive society* entfernt sind; oft muten sie dem einzelnen mehr zu als Prediger heutiger Kirchen.

Doch diese pflichtenethisch gebundene ältere Gesellschaft können wir heute nicht mehr ohne weiteres voraussetzen. Längst sind die Voraussetzungen ihrer früheren Homogenität entfallen. Nicht nur daß Konfessionen und Weltanschauungen in einer auf Dauer gestellten Pluralität zusammenleben, auch die Mobilität im Ganzen der Gesellschaft hat unvergleichlich zugenommen, Aufstieg ist in weit höherem Maße möglich als früher, Lebensformen, Berufe, Tätigkeiten sind stärker austauschbar. Hinzu kommt die Verstärkung der Kommunikation, die raschere Abnützung von Lebensweisen und Gewohnheiten, die Mühsal, Beständiges zu entwickeln unter den Bedingungen von Fortschritt, Wachstum, rascherem Lebenstempo in allen Bereichen. Kurz, wenn die Last des Staates, Werte zu bewahren, nicht gering ist, so ist die Schwierigkeit der Gesellschaft, Werte zu entwickeln, nicht geringer. Und es wäre eine Selbsttäuschung, zu glauben, die relativ flüchtigen Signale, die von Meinungen, Moden, Strömungen in der Gesellschaft ausgehen, könnten das Wertbewußtsein der Öffentlichkeit dauerhafter orientieren als die staatliche Rechtsordnung.

3. So zieht man sich denn vom weiten und vagen Begriff der »Gesellschaft« auf den konkreteren der Kirche zurück – in der Hoffnung, damit innerhalb der Gesellschaft eine institutionelle Größe zu finden, die der Sinnstiftung fähig ist. Hierin herrscht unter den Diskutanten eine erstaunliche und schon fast beunruhigende Übereinstimmung. So spricht Helmut Schmidt den Kirchen eine »tragende Funktion« für die Vermittlung und das Lebendighalten der Grundwerte und sittlichen Grundhaltungen zu; für Werner Maihofer sind sie gar »Garanten der Moralität« und der »Solidarität einer Gesellschaft«, während Helmut Kohl vorsichtiger von Ordnungsmächten spricht, die »in einer säkularisierten Welt die Frage nach einer die Gesellschaft übersteigenden Wirklichkeit, nach einer letzten Sinngebung der menschlichen Existenz offenhalten«. Es soll nicht bestritten werden, daß die Kirchen und die Christen in der augenblicklichen Diskussion über die Grundwerte in besonderem Maß gefordert sind; aber sind sie es allein? Es ist auch richtig, daß man von ihnen, über den eigenen Verantwortungsbereich hinaus, eine Anwaltschaft für den Menschen (und nicht nur für den Christen, Katholiken oder Protestanten) erwartet – aber ist das ein Alibi für andere gesellschaftliche Gruppen oder für den Staat? Unmöglich kann von den Kirchen erwartet werden, daß sie religiöse Normen in der Gesamtgesellschaft durchzusetzen in der Lage wären – wer das meint, erwartet von ihnen Dinge, für die die Macht mittelalterlicher Theokratie kaum ausgereicht hätte. Noch weniger aber kann von ihnen erwartet werden, daß sie zu funktionalen Dienstleistungsbetrieben der »Sinnvermittlung« in einer sinnarmen Zeit und Gesellschaft werden – damit würde ihre Aufgabe rationalistisch eingeschränkt, ihre Stellung gegenüber Staat und Gesellschaft verkannt.

Fazit: Es geht nicht an, die Aufgabe der Wertbegründung des Zusammenlebens abwechselnd dem Staat, der Gesellschaft, der Kirche zuzuschieben – mit der stillschweigenden oder laut geäußerten Unterstellung, man selbst sei nicht zuständig, die anderen aber täten leider zu wenig. Wertbegründung – oder schlichter ausgedrückt: die Sorge für ein vernünftiges, sinnvolles Leben – ist eine Aufgabe *aller* Bürger. Sie kann nur durch gemeinsame Anstrengung gemeistert werden – nicht durch Spezialzuweisungen, Inkompetenzerklärungen und Alibis. Mag der Bürger, der Politiker, der Christ in den pragmatischen Geschäften des Alltags zu Recht verschiedene Wege gehen: In den hier gestellten Grundfragen stehen alle gemeinsam vor der gleichen Aufgabe. Daher kann die Antwort auf die Frage »Werte – wessen Sache?« nur lauten: unser aller Sache. Und es gilt nicht, zumindest *nicht nur,* ein *Tua res agitur,* sondern ein *Nostra res agitur.* (1977)

Die angefochtene Industriekultur

Die Zweite Aufklärung, eben noch fortschrittsselig, zeigt ihr Rousseau-Gesicht.

Die Industriekultur wird angefochten. Ihre Elemente: Leistungsprinzip, Rationalität, wissenschaftlicher und technischer Fortschritt werden in Zweifel gezogen – keineswegs nur von Sektierern, sondern durchaus auch von ernsthaften Leuten. Eine »asketische Weltzivilisation« (C. F. von Weizsäcker), so fordert man, solle die westliche Industriekultur der letzten 150 Jahre ablösen. Daß deren letztes Stündlein geschlagen hat, ist für nicht wenige schon eine ausgemachte Sache. Kurzum, Kulturpessimismus steht auf der Tagesordnung. Die Zweite Aufklärung, eben noch fortschrittsselig, zeigt ihr Rousseau-Gesicht. Welche Lebenserwartungen kann aber eine Kultur noch haben, der von so vielen Sprechern und Denkern, von so vielen Mitträgern und Nutznießern der Abschied gegeben wird?

Die Kritik an der Industriekultur hat viele Seiten. Einiges, so scheint mir, ist durchaus berechtigt. Anderes ist zumindest verständlich. Beginnen wir bei etwas (scheinbar) Äußerlichem: der reißenden Schnelligkeit, mit der in der industriellen Welt Wissen, Bildung, Lebensformen einander ablösen, sich selbst überholen, sich wechselseitig verzehren – und mit den (begreiflichen) Reaktionen, die das auslöst.
»Wissen ist Macht« – das galt für einen langen Abschnitt abendländischer Geschichte, von Renaissance und Humanismus bis zu den Arbeiterbildungsvereinen des 19. Jahrhunderts. Heute ist es anders: Der Überdruck des abrufbaren Wissens versetzt uns eher in sanfte oder dumpfe Ohnmacht. Noch nie haben sich die Formen der Wissensvermittlung so schnell, so revolutionär verändert wie heute. Die Informationsverarbeitung wird immer perfekter: Die größte Bibliothek der westlichen Welt, die Library of Congress in Washington, stellt jährlich

rund eine Milliarde bedruckter Seiten neu ein. Abermillionen bits können heute im Volumen eines Zuckerwürfels gespeichert werden. Die Laser-Glasfaser-Technik, die Basis der Breitwandverkabelung, ermöglicht es, pro Sekunde 10 Milliarden Zeichen zu übertragen; das entspricht dem Inhalt von 10000 Taschenbüchern. Kinder programmieren den Heim-Computer in Basicsprache, »editieren« das private Bildschirmtext-Terminal, längst bevor sie richtig schreiben, lesen und rechnen gelernt haben.
Die Wirkungen dieser Entwicklung auf Elternhaus und Bildungswesen liegen auf der Hand: Wozu noch Rechnen, wenn der solargespeiste Taschenrechner bereits billiger ist als ein Taschenbuch, wenn der Fahrscheinautomat »weiß«, wieviel Wechselgeld er herausgeben muß? Wozu noch Rechtschreiben, wenn heute bereits Sprech-Schreib-Automaten Sprache in Texte verwandeln, wenn die künftige Generation »intelligenter« Computer nach modernen Muster-Erkennungsverfahren sogar Bilder – Fotos oder Personen – identifizieren kann? Wozu noch Aufsätze schreiben, wenn im Leben (beinahe) nur noch computerlesbare Formblätter auszufüllen sind, angefangen von der Steuererklärung bis zum Multiple-choice-Fragebogen der Führerscheinprüfungen oder des Medizinerexamens?
Mit der Überfülle nimmt zugleich die Entropie des Wissens zu. Experten behaupten, daß sich die Informationsmenge derzeit etwa alle sechs Jahre verdoppelt. Die stetig expandierende und zugleich sich aufzehrende Stoffülle bringt Schulen und Hochschulen, Bildung und Arbeitswelt in Bedrängnis. Wenn Bildung Form ist, geprägte, persönliche Form aus allgemein zugänglichen Erkenntnissen und Erfahrungen, wenn sie »das ist, was übrigbleibt, wenn man alles vergessen hat«, dann hat sie es in der Industriegesellschaft schwer. Vieles hat Mühe, sich zu entwickeln und die nötige Festigkeit zu gewinnen. Leicht geht zu einem Ohr hinaus, was zum andern hineingeht – wie überhaupt der aus Bild- und Tonmedien sprudelnde Informationsfluß die bedächtig lernende und übende, aufs Wort gestellte Schule und Hochschule und ihre Lehrer ständig überschwemmt und überholt.
Mit den Wissensformen variieren und wechseln die Lebensformen. Auf der einen Seite eine Fülle neuer Kenntnisse und Erkenntnisse, ein wahrer Spiralnebel der Informationen – auf der anderen Seite die erhöhte Mobilität des Lebens, der Wechsel von Arbeitsplätzen, Wohnstätten, Berufen, Lebensbindungen. Bei solchem Tempo der Verände-

rung ist oft das Leben selbst nicht mehr als ein flüchtig aufleuchtendes und verlöschendes Lichtsignal.

Es ist daher kein Wunder, daß heute aus den Bereichen der Bildung, aber auch des Bauens und Wohnens, des sozialen Zusammenlebens, der Ruf nach Ordnung und Verstetigung, nach Regeln und Geländern besonders nachdrücklich erschallt. Allenthalben Rückgriffe auf alte Substanz: Die Schule soll Vorstellungen ordnen, das Lernen lehren, Gedächtnis und Gemeinsinn trainieren; man fragt nach ihrer Ökologie, ihrer Eignung als Ort des Zusammenlebens und nicht mehr nur nach ihrer bildungsökonomischen Rationalität; man kümmert sich mehr um das Schulleben hier und heute, um die pädagogische Naherwartung, nicht mehr so sehr um die sozialpolitischen Langzeitwirkungen. Die alte Zwergschule ist überholt – aber die pädagogische Betonburg mit Mammutdimensionen ist es auch. Das alte Dorf- und Stadtleben bringt keine Nostalgie zurück – aber in den Häusern derer, die Mode und Meinung bestimmen, sind bäuerliche und biedermeierliche Attribute ein Zeichen für Glück und humane Dimensionen.

In all dem liegt, meine ich, noch keine grundsätzliche Verneinung, keine Fundamentalopposition gegen die Industriekultur. Eher handelt es sich um Ausgleichsbewegungen. So wie die Ökologie die Ökonomie nicht aufhebt, sondern – in oft hartem Ringen – ergänzt und berichtigt (oder sich von ihr ergänzen und berichtigen läßt), so sind auch Stabilisierungs- und Konsolidierungsphasen die notwendige Ergänzung nach Zeiten des Wachstums, der industriellen Dynamik. Es spricht gerade für die Lebendigkeit einer Industriekultur, daß sie solche Phasen der Selbstkritik und Kurskorrektur kennt: Wäre sie dazu nicht fähig, würde sie bald in bewußtloser Aktivität ersticken.

Allein, die Kritik an der Industriekultur geht tiefer. Sie zielt nicht nur gegen ein überhöhtes Maß und Tempo der Veränderung, sie erinnert nicht nur – was verdienstlich ist – an die *Tradition* als Element der Humanität. Sie opponiert grundsätzlich gegen Prinzipien der Industriekultur: Wachstum, Leistung, Veränderung, Mobilität. Sie bezieht Position gegen die Leistungsgesellschaft. Damit rührt sie freilich an Grundlagen der industriellen, der nachrevolutionären Gesellschaft. Am deutlichsten wird das an der heutigen Diskussion über das Leistungsprinzip.

Erinnern wir uns: In der vorindustriellen Gesellschaft gab es das Lei-

stungsprinzip nur am Rande. Es war kein Bauprinzip der Gesellschaft. Denn jene Gesellschaft war nicht gekennzeichnet durch Mobilität, durch Auf- und Abstieg. Sie war eine ständische Welt. Der Mensch stand hier, fest eingeordnet, in kleineren und größeren Ordnungen: als Glied im Verband von Haus und Sippe, im Kreis adeliger, geistlicher, bäuerlicher, bürgerlicher Lebensformen. Nicht jeder konnte in dieser Gesellschaft jeden Platz annehmen, wie es in unserer Gesellschaft prinzipiell möglich ist: Geburt, Gewohnheit, Umwelt banden den einzelnen an seinen Stand, und diese Bindung bestimmte zugleich den Aufbau der Sozialordnung. Daß der einzelne nach Belieben aus seinem Stand heraustreten, daß er als Bauer auch Krieg und Politik betreiben, als Ritter sich dem Handel und Erwerb zuwenden könnte, diese Vorstellung war den Menschen der vorindustriellen Gesellschaft so fremd wie uns die Vorstellung, unsere Lebensrolle werde ausschließlich von Geburt, Tradition und Stand bestimmt.
In der vorindustriellen Gesellschaft gab es demnach auch noch keine allgemeinen Rechte des Menschen, sondern vielmehr spezifische Rechte bestimmter Menschen und Menschengruppen; es gab noch nicht das rechtsfähige Individuum als Grundfigur der Gesellschaft, sondern Stände und Gruppen als Träger von Rechten. Natürliches und staatliches Recht bildeten noch keine Gegensätze, sondern waren in der Ständeordnung eins, und so war auch ein Recht des einzelnen gegenüber der Staatsgewalt kein Regelfall, sondern eine Ausnahme.
Doch wie kam es zu jener Revolution des Denkens, die sich im Begriff der Menschen- und Bürgerrechte und in der Ablösung der Ständeordnung durch eine Wettbewerbs- und Leistungsgesellschaft manifestiert? Nun, die Ständegesellschaft war durch den Aufstieg des Königtums und die Entstehung einer zentralisierten Staatsgewalt aus ihrer Balance geraten. Alte Selbstordnungsfunktionen der Sippen, Stände, Grundherrschaften, Städte, Kirchen, seit langem brüchig, waren an überörtliche Zentralgewalten abgewandert. Der Adel verlor seine alten Schutzaufgaben. Die Kirche mußte sich in erzieherische und soziale Aufgaben mit der Staatsverwaltung teilen. Da den ständischen Rechten keine echte Gegenleistung mehr entsprach, wurden sie von den bisherigen Schutzbefohlenen immer mehr als sinnlose und drükkende Bürde, als verhaßtes Privileg empfunden. Umgekehrt rückten die Dienststände der alten Welt, das Bauerntum, vor allem aber der Dritte Stand, mit dem Vordringen des modernen Staates und seiner

zentralisierten Gerichts- und Polizeiorganisation allmählich aus ihrer alten Abhängigkeit heraus und traten mit neuen Forderungen an die Gesellschaft heran.

Die Schubkräfte, die diese soziale Wandlung steuerten, waren mannigfacher Art: zivilisatorische Höherentwicklung, in der sich Herrschaftsrechte in Arbeitsverhältnisse umformten; die lange Kette der Religions- und Bürgerkriege der frühen Neuzeit, in deren Verlauf der Staat zum Zwangsschlichter der streitenden Parteien aufstieg; die Bildung nationaler Gesellschaften, die die übernationalen ständischen Gemengelagen des Mittelalters ablösten und endlich die vereinheitlichende Wirkung des modernen, vom Staat gesetzten und gesprochenen Rechts.

Der Prozeß verlief nicht einheitlich, Rückschläge waren an der Tagesordnung, an vielen Stellen behauptete sich die alte Ordnung zäh. Aber in der zweiten Hälfte des 18. Jahrhunderts wurde das Gefühl eines säkularen Umschlags allgemein: Ein neues Freiheitspathos begann sich zu verbreiten, man drängte heraus aus alten sozialen und politischen Bindungen, die Ständeordnung schien überlebt. Plötzlich erschienen alle überlieferten Ordnungen als dumpfe Beschränkungen der ursprünglichen Freiheit und Gleichheit des Menschen: Sie zurückzuholen, notfalls mit Gewalt, erhoben sich die Freiheitsbewegungen und Revolutionen des 18. Jahrhunderts in den USA und Frankreich; sie für alle Zeit festzuhalten und verfassungsmäßig zu verankern, waren die Erklärungen der Menschen- und Bürgerrechte bestimmt, wie sie von da an üblich zu werden begannen.

Kein Zweifel, daß mit dieser Schild-Erhebung der abstrakten Freiheit ungeheure Kräfte individuellen Aufstiegswillens entbunden werden: Jeder ist jetzt seines Glückes Schmied, jeder kann seine Kräfte frei regen und entwickeln, jeder trägt »seinen Marschallstab im Tornister«. Die alten Standesunterschiede fallen dahin. Eine rechtlich egalisierte Gesellschaft beginnt sich zu entwickeln. Das Individuum wird, unabhängig von seinem Stand, zum selbständigen Rechtsträger gegenüber dem Staat. Erst die Naturrechtslehre der Aufklärung hat so die alte Statuslehre überwunden, in der die Rechtsfähigkeit an die ständische Ordnung der Gesellschaft geknüpft worden war. Sie hat damit der individuellen Existenz zur rechtlichen Anerkennung verholfen und damit die Voraussetzung für die moderne, auf sozialer Mobilität beruhende Industriegesellschaft geschaffen.

Diese Entwicklung muß man vor Augen haben, wenn man die heutige Diskussion über Leistungsprinzip und Leistungsgesellschaft würdigen will. Die Situation ist paradox: Nie hat Leistung im Aufbau der sozialen Ordnung eine ähnliche Rolle gespielt wie heute; nie zugleich war sie so umstritten. Bis heute ist das Leistungsprinzip das zentrale, das architektonische Gliederungs- und Gestaltungsprinzip unserer Gesellschaft. Es ist kaum durch ein anderes zu ersetzen. Und doch werden heute gerade die auf Leistung beruhenden Strukturen unserer Gesellschaft angefochten. Rückbewegungen zu quasi-ständischen Autonomien und Immunitäten zeigen sich überall:

1. Wir erleben heute, wie Großbetriebe, Großverbände, Gewerkschaften und andere mehr Schritt um Schritt eigene autonome Strukturen entwickeln, die zwar vom staatlichen Gesetz noch lose umfangen sind, aber in Teilbereichen bereits in quasi-herrschaftliche Funktionen hineinwachsen. Stationen auf diesem Prozeß sind nicht nur die Tarifautonomie der Sozialpartner und der Fortschritt der Mitbestimmung (keineswegs nur innerhalb der Wirtschaft!) – zu denken ist auch an die Schwierigkeit, ja Unmöglichkeit, Unternehmen oberhalb einer bestimmten Größenordnung dem normalen Spiel des Marktmechanismus zu überlassen. Oder man denke an die Struktur von Großbetrieben, an die hier nötigen Sicherheitsvorkehrungen, an eigene Werksaufsichten, interne Ordnungsdienste, betriebseigene Märkte mit Sondervergünstigungen für die Belegschaft usw. Es ist schwer, bei all dem nicht an vorindustrielle, an mittelalterliche Immunitäten und Exactionen erinnert zu werden.

2. Bürgerinitiativen, gewaltfreie und zum Teil auch gewaltübende Kräfte kämpfen heute zu einem Gutteil – ich wage zu sagen, in der Mehrzahl – nicht für Veränderungen im Sinne eines ständig umverteilenden Leistungsprinzips, sondern für *Verstetigung* im Sinne statischer erworbener Rechte (oder dessen, was man dafür hält). Veränderung ist suspekt: Kraftwerke sollen *nicht* gebaut, Bäume *nicht* gefällt, Häuser *nicht* abgerissen, Mitbestimmungsrechte im studentischen und schulischen Bereich *nicht* abgebaut werden usw. Da der Staat in seinen sozialstaatlichen Handlungsfeldern selbst schon das Leistungsprinzip kräftig eingeschränkt, zumindest durch andere Prinzipien (des Sozialen, der Zumutbarkeit usw.) ergänzt hat, wehrt er sich gegen solche Kräfte nur schwach und oft mit schlechtem Gewissen.

3. Die Schule verdient in diesem Zusammenhang ein eigenes Wort.

Sie ist erst in den letzten beiden Jahrhunderten aus einer Standesschule zu einer Leistungsschule geworden. Die alten ständischen Schulformen wurden im Laufe des späten 18. und des 19. Jahrhunderts überwunden: nirgends übrigens so konsequent wie in Frankreich und Deutschland, während in der angelsächsischen Welt sehr viel Mittelalterliches und Ständisches, sehr viel individuelle und private Elemente in den Schulen und Hochschulen geblieben sind – bis heute. Soziale Egalität wurde zum neuen Gliederungsprinzip der Schule. Dieser Prozeß endete mit der Gründung der allgemeinen Volksschule, die in der Weimarer Verfassung ausdrücklich verankert wurde. Der Satz »Vorschulen bestehen nicht mehr« zog den Schlußstrich unter eine sozialgeschichtliche Epoche. Vorschule – das war die Schule, die den Ständen, vor allem den adeligen Familien Ostelbiens für ihre Kinder zur Verfügung stand. Jetzt wurde dieses Privileg aufgehoben; in der Schule setzte sich das Prinzip demokratischer Egalität durch.
Heute wird gerade in Schulen und Hochschulen das Leistungsprinzip in Frage gestellt. Ich erinnere an die von vielen Seiten kommenden Einwände gegen die Notengebung, an die publikumswirksame (wenn auch falsche und demagogische) Parole »Fördern, nicht auslesen!«, an das Vordringen des Losverfahrens im Zulassungsrecht. Der Religions- oder Sozialkundelehrer, der sich weigert, eine andere Note als *gut* zu geben – in der Absicht, damit »das staatliche Zensurensystem zu entlarven« – ist längst kein Einzelfall mehr. Und der Ruf nach gleicher Förderung, unabhängig von der Begabung und Anstrengung des einzelnen, ist im Lauf der Zeit immer stärker geworden, je mehr sich zeigte, daß Bildungsexpansion nicht nur sozialen Aufstieg, sondern auch sozialen Abstieg programmieren kann.
4. Ähnliches gilt für die Arbeitswelt; doch herrscht hier – im Unterschied zum Bildungswesen – eine schwierige Dialektik. Arbeit wird humanisiert durch Technik; man vergleiche nur die industrielle Fertigung vor 30 Jahren mit der heutigen – aber auch einen Haushalt, eine Küche von heute mit der Zeit unmittelbar vor oder nach dem Zweiten Weltkrieg. Die Entlastung von körperlicher Arbeit und entwürdigender Fron ist dank einem universellen Einsatz von Energie weit vorangeschritten, und es ist kein Zweifel, daß eine generelle »Energieverweigerung«, wie manche Gruppen der Grünen sie wollen, zuallererst die Humanisierung der Arbeitswelt treffen und den Sozialstaat zerstören würde.

Zugleich aber muß festgestellt werden, daß die fortschreitende Entlastung von Arbeit auch Langeweile und Sinnleere hinterläßt und daß das unvermittelte Gegenüber von Arbeit und Freizeit, die Einteilung des Lebens in mechanische Ableistung von Arbeitsvorgängen einerseits und freigehaltenen Freizeitkonsum andererseits offensichtlich den Wünschen vieler Mernschen nicht gerecht wird. Ist es nicht paradox und bezeichnend zugleich, daß heute ein großer Teil echter, nämlich freigewählter Arbeitsleistungen gerade in der Freizeit erbracht wird und daß nicht nur Aussteiger in Landkommunen das Glück gerade in dem suchen, was man einmal »knechtliche Arbeit« nannte: im Säen, Ernten, Mahlen, Backen, Sägen, Pferdestriegeln und Melken?

Die Debatte über das Leistungsprinzip ist nur ein – wenn auch besonders aufschlußreicher – Ausschnitt aus dem Komplex des sogenannten »Wertewandels«. Seit Ingleharts »Silent Revolution« (1977) geistert der Begriff der »postmateriellen Werte« durch die Diskussion. Das stark gewachsene Interesse an Sicherheit, Freizeit, persönlicher Selbstverwirklichung – auf Kosten der alten bürgerlichen Werte Arbeit, Leistung, Wettbewerb, Sparsamkeit, Triebverzicht – hat damit eine schmeichelhafte Selbstkennzeichnung gefunden; eine allzu schmeichelhafte, wie mir scheint. Auch hier muß man unterscheiden: als Begradigung, als Kurskorrektur kann die Besinnung auf nicht-ökonomische Werte wichtig und hilfreich sein. Verabsolutiert man sie, gerät man leicht in die Nähe des Sektiererhaften. Daß der Mensch nicht vom Brot allein lebt, ist eine wichtige, eine unentbehrliche Einsicht. Sie besagt aber keineswegs, daß der Mensch auf »Brot« – also Arbeit, Wirtschaft, Leistung, Produktion – gänzlich verzichten könnte. Selbst eine »asketische Weltzivilisation« könnte sich nur in jenen Freiräumen und Nischen ausbreiten, die vom Marktnexus abgeschirmt – und zugleich durch ihn gesichert – sind.

Unsere Analyse müßte an dieser Stelle weiter ausgreifen, müßte die Kritik an anderen Prinzipien der Industriekultur einbeziehen – von der Arbeitsteilung und Spezialisierung bis hin zu den Verhaltensmustern der Pflichterfüllung, Sachgerechtigkeit, Pünktlichkeit. Das kann hier nicht geschehen. Doch möchte ich wenigstens *einen* Strang der Kritik an Technik und Industriekultur noch hervorheben: Ich meine den immer deutlicher hervortretenden Zweifel an der *Rationalität* des industriellen Systems. Bedenkt man, daß Max Weber in der indu-

striellen Entwicklung einen besonderen Ausdruck rationalen Weltverhaltens gesehen hat, dann wird deutlich, wie zentral dieser Vorgang die Lebenserwartungen der Industriekultur berührt.
Der Zweifel an der Rationalität, am rationalen Verhalten äußert sich in vielen Formen. Nähern wir uns der Sache vom Anekdotischen her: Ein französischer Kollege berichtete mir neulich entsetzt und belustigt, daß Studenten in den USA, aber auch in Frankreich auf logische Darlegungen oft kein rationales Gegenargument zur Verfügung hätten und dann einfach mit einem *»so what?«* antworteten.
Zwingende Logik interessiere sie nicht mehr. In zunehmendem Maß sehe er sich Diskussionspartnern gegenüber, welche den rationalen Dialog bewußt verweigerten. Daher schlage er vor, Logik als neues und wichtiges Schul- und Universitätsfach schleunigst überall einzuführen. Nur so könne man dem Verfall der Rationalität steuern. – Eine zweite Geschichte: In einer Synode wird ein Arbeitsausschuß für politische und soziale Fragen gebildet. Synodalmitglieder, die für diese Fragen beruflich und wissenschaftlich ausgewiesen sind, stehen zur Verfügung. Sie werden jedoch durch Beschluß ausdrücklich ausgeschlossen, da sie ja »betriebsblind« seien; statt dessen wird – bewußt – ein Nicht-Fachmann als Vorsitzender gewählt. Kommentar eines Betroffenen zum anderen: »Wir haben uns disqualifiziert – durch Kompetenz!« – Dritte Geschichte: Ein Religionslehrer weigert sich, Noten zu geben, vielmehr, er gibt immer die gleichen. Selbst seiner langmütigen Kirche wird das zuviel – sie suspendiert ihn vom Dienst. Prompt wird er bei der Enquetekommission »Ursachen des Jugendprotests« des Deutschen Bundestages als »Sachverständiger« (!) zu Fragen der Schule einvernommen. Seine höchst einseitigen Ausführungen über Leistungsstreß und Notenterror zieren inzwischen die einschlägigen Protokolle. Dies war der umgekehrte Fall: einer hatte sich qualifiziert – durch Inkompetenz.
Spott wäre allzu billig. Jüngste Untersuchungen und Umfragen zeigen nämlich, daß hier keineswegs ein belangloses Phänomen vorliegt, über das man mit ein paar Bemerkungen zur Tagesordnung übergehen könnte. Vielmehr werden hier Veränderungen sichtbar, die wiederum das Grundverständnis der Industriekultur betreffen.
Jeder von uns erinnert sich noch an die 68er-Parole »Trau keinem über dreißig«. Wir haben damals darüber gelächelt. Die Protestieren-

den sind inzwischen selbst in einem Alter, in dem sie das Mißtrauen der Jüngeren auf sich ziehen dürften.

Doch das »Modell« ist fortgeschrieben worden: War früher der Erziehungsvorgang eingebettet in den Umgang der Älteren mit den Jüngeren, in ein eingespieltes Verhältnis des Gebens und Nehmens, so hat heute jeder, der lehrt und erzieht, erst einmal den Graben des Mißtrauens zu überbrücken, der ihn von den Jüngeren trennt. In keinem Land ist dieser Graben übrigens so breit wie in der Bundesrepublik Deutschland (in keinem so gering wie in den USA). Es ist klar: Die Weitergabe von Kultur beruht in hohem Maß auf einem ungestörten Verhältnis der Erziehenden zu ihren Kindern und Schülern – gleichgültig ob es sich um Moralvorstellungen oder um politische Meinungen oder schlicht um Wissensstandards und Kulturtechniken handelt. Geht die reibungslose Weitergabe und Anverwandlung der Kultur durch die Jüngeren in pubertärem Trotz und prinzipieller Verweigerung unter, wird das Kompetenzgefälle zwischen den Generationen nicht mehr anerkannt, so ist das rationale Fundament einer Kultur an entscheidender Stelle getroffen.

Elisabeth Noelle-Neumann hat kürzlich mitgeteilt (FAZ vom 24. 7. 1984), daß eine Frage wie die, ob man Kommunist und Demokrat zugleich sein könne, heute in der älteren Generation noch von 62 Prozent verneint und von nur 10 Pronzent bejaht werde (der Rest hatte keine Meinung). In der Generation der unter Dreißigjährigen dagegen ist es anders: Nur noch 46 Prozent halten beide Positionen für unvereinbar, und nicht weniger als 28 Prozent glauben, sie seien vereinbar. Man mag darin illusionäre Weltbetrachtung oder jugendliche Lust am Äußern provozierender Meinungen sehen – eines wird daran deutlich: wie sehr Rationalitätsverlust und Realitätsschwund miteinander zusammenhängen.

In diesen Zusammenhang gehört auch die – schon anekdotisch gestreifte – Entzauberung oder Entmachtung des Fachmanns (man erinnere sich der 68er-Parole vom »Fachidioten«). Zugegeben, die Position des Fachmanns ist in den letzten Jahren und Jahrzehnten da und dort auch überzogen worden: Oft drängten fachliche Politikberater »Rat und Hilfe« des Parlaments unangemessen zurück, oft verfielen Wissenschaftler in einen Ton der Anmaßung gegenüber den politisch Verantwortlichen, oft gaben sich wissenschaftliche Fachsprachen – ungewollt oder gewollt – gegenüber dem Bürger nicht aufklärend, sondern einschüchternd. Aber gegenüber dem heutigen Pendelschwung in die entgegengesetzte Richtung sind doch eindeutige Warnungen am Platz: Wenn heute der Wissenschaftler von vornherein als parteiischer Richter in eigener Sache hingestellt wird, wenn selbst der Gesetzgeber der Versuchung nicht widersteht, in Ethikkommissionen »Betroffenheit« vor Fachkompetenz rangieren zu lassen, wenn wissenschaftliche Arbeit nicht mehr als objektivierbarer Prozeß, sondern als Interessengeflecht erscheint, das die Öffentlichkeit erst einmal nach »Relevanzkriterien« zu entwirren und zu ordnen habe, dann muß man sich nicht wundern, daß die rationalen Grundlagen der Industriekultur nicht mehr gesichert sind.

Thomas Nipperdey und Wolfgang Wild haben gezeigt, wie sich in Deutschland im 19. Jahrhundert eine enge Symbiose zwischen der Grundlagenwissenschaft der Universitäten und der industriell-technischen Produktion entwickelt hat. Dieser Symbiose verdanken wir nicht nur das goldene Zeitalter deutscher Wissenschaft zwischen 1830 und 1930, sondern auch die führende Stellung unserer Industrieprodukte auf den Weltmärkten seit den achtziger Jahren des 19. Jahrhunderts und die Spitzenposition im internationalen Patentrecht und bei der Vergabe der Nobelpreise. Nicht ohne Grund bemüht man sich heute wieder, das lange Zeit gestörte Verhältnis zwischen Wissenschaft und Wirtschaft zu verbessern. Das kann freilich nur im Geist der Freiheit und des wechselseitigen Vertrauens geschehen – nicht indem man die Wissenschaften willkürlich in »Zerstörungswissen«, »Erhaltungswissen« oder »Friedenswissen« einteilt und danach ihre Förderung differenziert.

Zuletzt: welche Lebenserwartungen bleiben der Industriekultur? Wird sie sich am Ende behaupten und fortentwickeln – trotz aller Probleme der technologischen Revolution, der Umweltbelastung, der Massenarbeitslosigkeit? Oder wird sie dahinvegetieren, notleiden und schließlich zugrunde gehen, weil sie nicht mehr getragen wird von der Zustimmung der Mehrheit der Bevölkerung – so wie die technische Kultur der Antike zugrunde ging und für Jahrhunderte vergessen wurde?

Blickt man auf die *sachlichen Ergebnisse* der Industrialisierung und Technisierung, so muß der Zweifel, der heute vielfach an der Industriekultur geäußert wird, überraschen. Die Geschichte Deutschlands ist seit Beginn der Industrialisierung im 19. Jahrhundert auf das engste mit dem Fortschritt der Technik verbunden. Auch die Entwicklung, die sich in der Bundesrepublik Deutschland nach dem Zweiten Weltkrieg vollzogen hat, ist undenkbar ohne die motorische Wirkung der naturwissenschaftlichen Forschung, ohne die Entwicklung neuer Technologien und ihre innovatorische Nutzung. Die Sicherung einer ausreichenden Ernährungsbasis für 60 Millionen Menschen, die auf engstem Raum zusammenleben, der Wiederaufbau der gewerblichen Wirtschaft und die Schaffung neuer Arbeitsplätze, der Auf- und Ausbau der Infrastruktur auf allen Gebieten, vor allem im Bereich von Bildung, Verkehr und Daseinsvorsorge, die Bildung von Wohlstand und das Vorhandensein sicherer Einkommen in allen Bevölkerungsschichten sowie die Schaffung eines Netzes umfassender sozialer Sicherheit, all das war nur möglich durch konsequente Nutzung und Weiterentwicklung des technischen Fortschritts in Wissenschaft, Wirtschaft und Verwaltung. Nur dadurch konnte die Produktivität, das Leistungsergebnis der menschlichen Arbeit, kräftig und dauerhaft erhöht werden. Nur auf der Grundlage hoher und steigender Produktivität der Wirtschaft konnten Fortschritte in sozialen Bereichen, zum Beispiel in der Altersversorgung und im Gesundheitswesen oder auch bei der Humanisierung der Arbeitsbedingungen, durchgesetzt und finanziert werden – Fortschritte also, die heute von den meisten Bürgern als selbstverständlicher Besitzstand betrachtet werden.

Das ist die eine Seite. Die andere ist, daß all dies heute keineswegs ausreichend im öffentlichen Bewußtsein gegenwärtig ist. Es droht im Gegenteil von einer Atmosphäre der Angst, des Pessimismus, der Endzeitstimmungen überlagert zu werden. Nach wie vor funktionieren Wirtschaft, Verwaltung, Politik nach berechenbaren Gesichtspunkten – daß sachliche Fehler und menschliches Versagen vorkommen (und in einer Demokratie auch offen diskutiert und nicht, wie in Diktaturen, unter den Teppich gekehrt werden!) spricht nicht *gegen*, sondern *für* das System. Was mir Sorge macht, ist nicht die Leistungs- und Regenerationsfähigkeit des wirtschaftlichen und politischen Betriebs – sie ist beachtlich –, sondern das breite Echo, das die gegen die Industriekultur gerichtete Fundamentalkritik bei vielen, auch Gutwilligen, findet. Die in nächster Zeit zu bewältigenden Aufgaben – von der Sanierung der Haushalte bis zur Beseitigung prohibitiver Steuern, von der Anregung der Wirtschaft bis zur Senkung der Arbeitslosenzahlen, vom Umweltschutz bis zur Wiederherstellung der deutschen Konkurrenzfähigkeit auf vielen Gebieten der Spitzentechnologien – sind wahrlich schwer genug. Zu ihrer Lösung bedarf es nicht der apokalyptischen Verfinsterer – wohl aber der Erklärer, die Zusammenhänge bewußtmachen und das verlorengegangene Zutrauen in die Ratio wiederherstellen.

Wer sich für die Zukunft der Industriekultur mitverantwortlich fühlt, der muß heute vor allem für Nüchternheit plädieren. Er darf sich nicht von Stimmungen treiben lassen, er muß Geduld für sorgfältige und realistische Analysen aufbringen. Er muß auch manchmal Mut zum Selbstverständlichen an den Tag legen. Unsere Industriekultur verfügt heute nicht mehr über die werbende Kraft des säkularen Wirtschaftsaufschwungs nach dem Kriege. Auch der in unserer Geschichte bis dahin unbekannte Massenwohlstand ist inzwischen selbstverständlich geworden. Grund für uns alle, noch deutlicher zu machen, daß Vernunft und Wissenschaft auch in schwierigen Zeiten verläßliche Begleiter des Menschen bleiben, daß Angst hingegen ein schlechter Ratgeber ist. Aufklärung und Fortschritt haben ihr Werk noch nicht vollendet; sie bleiben aktuell. (1984)

Kleine Pädagogen-Predigt

Einiges hat sich geklärt in den letzten Jahren. Der schrille Jubel um die antiautoritäre Erziehung hat sich gelegt. Nach Verbindlichkeiten wird wieder gesucht und gefragt.

Erziehung für Erzieher, Erziehungswissenschaft für Erziehungswissenschaftler – so könnte auch der Betrachter der heutigen Szene diesen Kongreß der Tausend glossieren; denn bedarf es nicht einer geradezu professionellen Unbekümmertheit, um in der Überfülle der Themen, in der zentnerschweren Masse der Papiere und Dokumente den Überblick nicht zu verlieren? Ist, was hier über die Bühne geht, nicht eine Sondervorstellung für Insider, eine Veranstaltung für ein pädagogisches Abonnementpublikum – interessant gewiß, vielstimmig und vielgestaltig, aber doch letzten Endes folgenlos und am Ende die Öffentlichkeit, die andere Sorgen hat, wenig beeindruckend? Zieht sich die Zweifelsfrage: wozu das alles? nicht auch durch die Themen dieses Kongresses hindurch? »Überflüssige oder verkannte Disziplin? Erziehungswissenschaft zwischen Ratlosigkeit und Betriebsamkeit, Theoriekonjunkturen und Theorieverschleiß« – so lese ich unter Nr. 17 im Verzeichnis der Symposien. Es klingt ein wenig trotzig, wenn gleich darauf gesagt wird, die Krisen der Theoretiker seien nicht die Krisen der Theorie; ein wenig sind sie es doch; und jedenfalls verfügt die heutige Erziehungswissenschaft nicht über einen Theorie-Konsens, der die Krisen der Theoretiker einfachhin überwinden oder relativieren könnte.

In Ihrem Kongreßprogramm ist die häufigste Interpunktion – nicht zufällig – das Fragezeichen, und in der Tat: wer weiß denn heute so genau, warum und zu welchem Ende man erzieht? Wer weiß es wissenschaftlich, lebenspraktisch? Spätestens hier wird sichtbar, daß Pädagogik und Politik, Pädagogik und Schulverwaltung im gleichen Boot gemeinsamer Verlegenheiten sitzen: Das Boot schlingert beträchtlich,

die See ist aufgewühlt, es ist schwer, Kurs zu halten, Ziele und Ufer zeichnen sich nur undeutlich ab.
Einiges hat sich geklärt in den letzten Jahren. Der schrille Jubel um die antiautoritäre Erziehung hat sich gelegt. Nach Verbindlichkeiten wird wieder gesucht und gefragt. Auch eine gewisse Ernüchterung ist eingetreten hinsichtlich der Rollenerwartungen im pädagogischen Prozeß. Man hat erkannt, daß hier nicht alles machbar, nicht alles austauschbar ist. Norbert Blüm hat im Deutschen Bundestag den minutenlangen Beifall aller Fraktionen gefunden, als er bekannte, er spräche lieber von Müttern und Vätern als von weiblichen und männlichen Bezugspersonen. Das kennzeichnet die Situation. Auch ein gewisser dogmatischer Neo-Autoritarismus der Neuen Linken, erkennbar an sprachlichen Stereotypen (»Wir müssen ... es hat zu geschehen ... es kann nur, wenn ...«), ist heute deutlich im Abklingen, auch wenn er sich hier und da, in einzelnen Seminaren und Fachbereichen, einzelnen Inseln von Seligen, die kein Zweifel quält, noch gegen Kritik verschanzt hält. Es kennzeichnet freilich die Situation, daß man sich leichter tut zu sagen, was nicht mehr ist, als zu sagen, was ist. Nicht eine neue Erziehungsidee beherrscht das Feld, sondern ein Vielerlei von Ansätzen, Versuchen, empirischen Ergebnissen, Theoriefragmenten. Man mag sich damit trösten, daß Pluralismus allemal besser ist als Dogmatismus und daß die Zeit für eine Synthese wohl noch nicht gekommen ist. Bedauerlich ist es trotzdem, daß die Erziehungswissenschaft gegenwärtig weniger eigene Fragen stellt als Anfragen zu beantworten sucht, daß sie ihre Themen fast atemlos »von draußen« entgegennehmen muß, ob es sich nun um Jugendbewegung und Friedensbewegung handelt, um die Einschränkung des pädagogischen Spielraums durch Gerichte oder um die Probleme des Datenschutzes und der Forschungsfreiheit. Ich wünsche jedenfalls, dieser Kongreß möge, bei aller notwendigen Spezialisierung, auch das Allgemeine, die Allgemeinheit Interessierende nicht aus dem Auge lassen. Und was könnte allgemeiner sein als der Beruf des Erziehers, der sich glücklicherweise nie völlig »professionalisieren« läßt? Die öffentlichen Vorträge bei diesem Kongreß (zum Bildungsziel »Wissen«; zum Normproblem in der Erziehung; zum Verhältnis der Generationen heute; zur Bildungsreform und Bildungsforschung) sind jedenfalls ein vielversprechender Anfang für ein solches Gespräch mit der Öffentlichkeit.
Damit bin ich bei den Wünschen, die ich diesem Kongreß mitgeben

möchte. Einen habe ich schon genannt: Gemeinverständlichkeit. Die Erziehungswissenschaften haben einmal darunter gelitten, daß man das, was sie zu sagen hatten, auch in einer schlichten, ja volkstümlichen Sprache sagen konnte, sie waren daher versucht, ihrer Rede ein wenig hieroglyphischen Zusatz beizumengen; galt doch Dunkelheit in Deutschland lange Zeit als Synonym für Tiefe. Das ging noch an, solange die Personalunion von Philosophie und Pädagogik und die Sprache des deutschen Idealismus das Feld beherrschte – also ungefähr von Dilthey und Nohl bis zu Spranger und Wilhelm Flitner. Dann verblaßte diese Symbiose (sie fehlt bis heute). An die Stelle der Philosophie wirkten Psychologie, Sozial- und Handlungswissenschaften auf die Pädagogik ein. Jetzt sprach man nicht mehr vom Gang des Geistes, von der Aufschließung des Sinn-Allgemeinen, vom Selbst- und Weltverhältnis des menschlichen Daseins – man sprach vielmehr von emanzipativen Lernstrategien, curricularen Lösungsprozeduren und kognitiven Operationsmodi. Verständlicher ist die Sprache der Pädagogik dadurch nicht geworden – oft wirkt sie heute wie eine willkürliche Ablagerung von Termini verschiedener Fachsprachen, und der Außenstehende hat manchmal den Eindruck, eine Minderheit schließe hier ihr Herrschaftswissen gegen fremde Einsicht ab oder organisiere es gar gegenüber der Schar der Nicht-Eingeweihten zum einschüchternden Palisadenzaun. Wenn ich manche erziehungswissenschaftlichen Bücher von heute durchlese, kann ich die Studenten nur bedauern, die das lernen sollen: Oft sind die Fachwissenschaften demgegenüber von geradezu wasserheller Durchsichtigkeit. Gewiß haben Spezialdisziplinen die Pädagogik bereichert, ihre Methoden geschärft; aber langsam sollte man sich doch wieder auf das *proprium* der Erziehungswissenschaft und auf die eigene, unverwechselbare Sprache besinnen. Sonst taucht im Goethe-Jahr leicht die Zweifelsfrage auf, was denn nun »an dem ganzen Wicht Original zu nennen«.

Ein zweiter Wunsch, eine zweite Bitte betrifft die Worte kritisch und Kritik. Ich mache mich vielleicht unpopulär, wenn ich sage, daß noch nie so viel von Kritik und kritischem Hinterfragen aller Autoritäten die Rede war in Wissenschaft, Gesellschaft, Politik wie heute – und daß sich zugleich der Geist wirklicher Kritik so sehr verflüchtigt hat, daß man heute seine Wiederkehr geradezu beschwören muß. Der Geist der Kritik ist in einem Unisono allgemeiner Beteuerung kritischer Haltung untergegangen. Er muß heute mühsam wiedergewonnen werden. Skepsis kann eine nützliche Durchgangsphase sein – insofern bedauere ich es nicht, daß dieser Kongreß in seinen Fragen und Thesen ein wenig mit gedämpfter Trommel Klang daherkommt. Kritik – und das heißt ja wörtlich: Unterscheidung, Unterscheidung der Geister – verträgt ja alles, nur nicht Verallgemeinerung und Unverbindlichkeit; dann wäre sie nichts als eine neue Spießbürgerei. Überwinden wir also den billigen kritischen Triumphalismus, um dem Geist der Unterscheidung und damit der wirklichen Kritik wieder zum Durchbruch zu verhelfen!

Eine dritte Bitte richtet sich an die Pädagogen selbst und betrifft den Umgang miteinander und mit anderen Fachdisziplinen. Wir treffen uns hier mit den pädagogischen Problemen der Lehrerbildung. Ich weiß, daß der Anteil der Pädagogik im Rahmen des gesamten Studiums die Fachvertreter der Erziehungswissenschaft oft nicht befriedigt. Bei der derzeitigen Gestaltung der Lehramtsstudiengänge könnte aber ein Mehr an Pädagogik nur zu Lasten der Studierenden gehen, denen, ich muß es mit Nachdruck sagen, nicht mehr inhaltliche Anforderungen zugemutet werden können; denn sie sind ausgelastet über alles Maß. Wer nun mit der Forderung nach mehr Pädagogik auftritt, muß gleichzeitig sagen, welches andere Fach Zeit zur Verfügung stellen kann, damit man diesen Ansprüchen gerecht werden kann.

Zum Schluß lasse ich Johann Michael Sailer sprechen, den Regensburger, den Pädagogen, den Hochschullehrer. Er sagt in seiner Schrift »Über Erziehung für Erzieher« (Neuausgabe Paderborn 1962, S. 159ff.): »Die Grundursache des sittlichen Verderbens liegt in der falschen Maxime, die das Wissen von Weisheit, das Lernen von der Zucht, die Erziehung des Kopfes von jener des ganzen Menschen getrennt hat ... Es kann Tugend ohne Wissenschaft, Wissenschaft ohne Lehrgabe sein; aber nur in Vereinigung bilden sie den Charakter des würdigen Universitätslehrers. Ohne Wissenschaft kann er nicht lehren; ohne Lehrgabe wird er sein Wissen nicht zum Wissen anderer machen können, ohne Tugend wird er seine Kollegen drücken und seinen Hörern zum Unsinne vorleuchten.«

Ich empfehle diesen Kongreß der pädagogischen Weisheit Johann Michael Sailers. Möge auf ihm etwas spürbar werden von der Tugend, Wissenschaft und Lehrgabe »würdiger Universitätslehrer« – dann wird er sicher seine Spuren hinterlassen in unserer Erziehungswissenschaft. (1982)

Vom Auswendiglernen

Und wer wollte ernstlich behaupten, daß die Formlosigkeit, die aus zuviel »offenem«, spontanem Sprechen und Schreiben entstehen kann, das schludrige Drauflosreden, der lässige Hochmut gegenüber sprachlichen Vorbildern am Ende erziehlicher wären als das behutsame, spielerische Nachbuchstabieren und Nachahmen klassischer Muster, das ja, wie alle Erfahrung lehrt, den Geist nicht fesselt, sondern entbindet und befreit?

Lange Jahre galt es als Akt mechanischer Dressur, ja geistiger Unterdrückung: das Auswendiglernen. Die moderne Pädagogik verbannte es gründlich aus den Schulen. Wo noch ein Kind ein Gedicht aufsagte, ein Schüler »abfragbares Wissen reproduzierte« (wie es im neidigen Jargon der Progressiven hieß), da rollte eine Woge von Ablehnung durch die Reihen. Kreativität, Phantasie hieß die Parole. Der freien Regung des Geistes sollten nicht die Flügel beschnitten werden. Das Neue, Vorbildlose war gefragt – nicht das Bewährte, Vorbildhafte. Was sollte da das Klappern auswendiggelernter Reime?

Inzwischen haben wir viel kreatives Personal sich entfalten sehen: in Schulen, Medien, Parlamenten. Während die Gedichte verstummten, hatten andere Formen Auftrieb: Inquisition und Kreuzverhör von Gaus bis Rohlinger, Nonstop Nonsens am laufenden Band von Carrell bis Hallervorden, *small talk* mit Regierenden von Lueg bis Nowottny oder schlichter Grobianismus aus Auerbachs Keller von Jens bis Wallraff. Nicht immer war die Qualität des solchermaßen spontan-kreativ Geäußerten ersichtlich besser als die Verse vom guten »Herrn von Ribbeck auf Ribbeck im Havelland« (»ein Birnbaum in seinem Garten stand«), die generationenlang viele Kinderherzen (und die Erwachsenen dazu) erfreuten.

Erfreuten? Jawohl, erfreuten. Denn der kennt die Kinder nicht, der meint, sie seien immer und überall erst durch böse Zuchtmeister gezwungen worden, Gedichte zu lernen – gar auswendig, *par cœur,* wie die Franzosen sagen. Wer weiß denn nicht, daß Kinder in der Schule und zu Hause oft Dinge, Sagen, Märchen, Gedichte in sich hineinsaugen wie ein Schwamm, mit seligem Übermut, ohne zu rechnen, wann es genug ist oder zuviel? Und wer wollte ernstlich behaupten, daß die Formlosigkeit, die aus zuviel »offenem«, spontanem Sprechen und Schreiben entstehen kann, das schludrige Drauflosreden, der lässige Hochmut gegenüber sprachlichen Vorbildern am Ende erziehlicher wären als das behutsame, spielerische Nachbuchstabieren und Nachahmen klassischer Muster, das ja, wie alle Erfahrung lehrt, den Geist nicht fesselt, sondern entbindet und befreit?

Eine Frage des rechten Maßes ist gewiß beides: Wird zu viel normativ vorgegeben zum Auswendiglernen, kann eine Kultur greisenhafte Züge annehmen. Dann beherrschen die Mandarine die Szene, die Schönschreiber, die allzu sorgfältigen Erzieher, die »pädagogisches Zwergobst« (Lichtenberg) liefern. Aber diese Gefahr, seien wir ehrlich, besteht kaum noch in unserer von Formensinn nicht übermäßig gequälten Welt. Eine Diktatur der Hofmeister, der Sprechlehrer und Kalligraphen ist nicht in Sicht. Wohl aber droht die Überflutung durch Formlosigkeit und Vulgarität – ja beide sind schon mitten unter uns. Dagegen gibt es ein bescheidenes, ja liebenswürdiges Gegenmittel: daß man sich an Vorbildhaftes gewöhnt von Kindesbeinen an, indem man es auswendig lernt und mitnimmt ins spätere Leben: *par cœur.* Sollten wir es also nicht wieder auswendig hersagen, das Gedicht vom Herrn von Ribbeck auf Ribbeck im Havelland – und viele andere mehr? (1980)

Verteidigung der Hochbegabten

Warum haben wir in Deutschland kein unbefangenes Verhältnis zu dem, was man im internationalen Sprachgebrauch die »Rekrutierung der Eliten« nennt? Warum reagieren wir auf Dinge wie Begabung, Hochbegabung, Spitzenleistung – wenn es sich nicht gerade um den Sport handelt – mit Abscheu und Abwehr oder gleichmacherischen Ressentiments?

Die Studienstiftung feiert ihren fünfzigsten Geburtstag. Dazu haben sich eine ganze Reihe von Gratulanten hier im Kaisersaal der Residenz in Würzburg eingefunden. Daß drei ehemalige Stipendiaten für Bund und Länder sprechen, hat zwar nichts mit dem symbolischen Aufmarsch der drei Könige zu tun, den Tiepolo an anderem Ort gemalt hat – ohnehin hätten Bund und Länder im Augenblick nicht viele Geschenke anzubieten, sie sind ihrerseits auf milde Gaben angewiesen. In der Auswahl der drei Sprecher zeigt sich aber ein anderer Zug der Studienstiftung: daß sie nämlich mit souveräner Unparteilichkeit verstanden hat, ihre Begabungen und Talente in allen politischen Himmelsstrichen zu finden und doch am Ende ein überzeugendes Bild sozialer und politischer Symmetrie zu bieten – wie heute mit Herrn Maihofer, mit Herrn Jochimsen und mit mir.

Wenn ich also den Reigen der Gratulationen für die Bayerische Staatsregierung und für die deutschen Länder eröffnen darf, so tue ich das gegenüber der Studienstiftung mit einem Gefühl des Dankes, ja der Zärtlichkeit. Denn ich verdanke der Studienstiftung vieles. Dies zunächst im ganz äußerlichen, materiellen Sinn: Ohne jenes Stipendium in den fünfziger Jahren – es betrug damals etwa 180,– DM – wäre es mir kaum möglich gewesen, mein Studium abzuschließen, zumindest hätte es Jahre länger gedauert. Denn damals lag das Honnefer Modell noch in den Anfängen, und von BAföG und Graduiertenförderung wußte man so gut wie nichts. Aber die Dankbarkeit gilt auch in einem anderen Sinn. Nirgends habe ich während meines Studiums und auch danach so viele Anregungen und Anstöße zum Nachdenken, auch zur Wissenschaft, erhalten, selten habe ich so viele interessante, kantige, verzwickte, heikle und gelehrte, kurz so vielfältige und verschiedenartige Menschen getroffen wie in der Studienstiftung. Außerdem fand ich die Atmosphäre dieser Tagungen, dieser Treffen und dieser Freundschaften immer fesselnd, nie konventionell, manchmal geradezu unterhaltsam. Ja, daß ich's gestehe: Obwohl nicht ganz frei von Herzklopfen, habe ich doch das berühmte Aufnahmeritual – von einem Initiationsritus sprach gestern die *Süddeutsche Zeitung* – unbeschädigt, ja sogar mit einem gewissen Genuß an der komödiantischen Situation überstanden. Denn auch Prüfer sind Menschen, und wenn ich mich erinnere, wie mein Prüfer sich seinerzeit vorsichtig, nicht ganz ohne Verlegenheit, vom Fachlichen ins Persönliche, vom Äußeren in mein Inneres vorgetastet hat mit der Frage: Haben Sie auch einen Freund? – nach der Freundin pflegte man in den fünfziger Jahren noch nicht zu fragen –, dann glaube ich, jene Prüfung war doch recht unterhaltsam, ja sogar harmlos, verglichen mit den Prüfungen, in die uns dann das Leben zu verstricken pflegt.

Daß eine Institution wie die Studienstiftung eine nützliche, eine wirksame, sogar eine vergnügliche Sache sein kann, von ihrer Notwendigkeit gar nicht zu reden – mancher wird das mit Verwunderung zur Kenntnis nehmen. Denn das geläufige Vorurteil glaubt ja das Gegenteil zu wissen: daß hier ein elitärer Verein beisammen ist, der eine unbarmherzige Auswahl betreibt und reihum Intelligenzbestien züchtet. Da sitzen nun also die Gutachter und die Vertrauensdozenten zusammen, graue Eminenzen, die über das Schicksal junger Menschen entscheiden; und da passen sich umgekehrt diese jungen Menschen eilfertig den Maßstäben dieser Auswahl an, nehmen sie innerlich vorweg – Internalisierung nennen es die Soziologen. Und schon ist das Bild fertig: die Studienstiftung als Gruselkabinett des Leistungsdrucks, als akademische Feuer- und Wasserprobe, als Kelter der Talente – oder auch nur als Probierstein der fixen Quizbeschlagenheit und Wendigkeit der Kandidaten. Und die Studienstiftler selbst? Lerneifrige, bemühte und pedantische Primustypen – schwache Augen und vertrocknete Sinne verbergend hinter der Brille der »Normalien«, ängstlich bemüht, voranzukommen, ohne sich allzuviel um die Nebenmenschen zu kümmern, einzig bedacht auf das Fach und auf das

Studium: Das ist das Bild, das sich viele von einer Hochbegabtenstiftung machen.

Die Wirklichkeit, wir wissen es, sieht anders aus. Aber weil in jeder Karikatur doch auch ein Körnchen Wahrheit steckt, sei hier einmal, statt Apologetik zu betreiben, nach den Gründen gefragt für jene seltsame Verzeichnung der Realität. Wo liegen die Fehlerquellen? Warum haben wir in Deutschland kein unbefangenes Verhältnis zu dem, was man im internationalen Sprachgebrauch die »Rekrutierung der Eliten« nennt? Warum reagieren wir auf Dinge wie Begabung, Hochbegabung, Spitzenleistung – wenn es sich nicht gerade um den Sport handelt – mit Abscheu und Abwehr oder gleichmacherischen Ressentiments? Warum haben wir zum Ungewöhnlichen kein gewöhnliches, kein normales Verhältnis?

Nun, *ein* Grund, wenn ich zurückdenke, lag sicher darin, daß wir in den fünfziger Jahren, auch in der Studienstiftung, allzu unbefangen vom Bild eines runden, universellen Menschen ausgingen, eines ebenso intellektuell wie musisch, sportlich und sozial gebildeten Menschen. Der *uomo universale* geisterte vielleicht ein wenig zu nachdrücklich durch die Köpfe der Gutachter und durch die Beratungen der Auswahlsitzungen. Darin klang Jugendbewegung nach aus den Gründerjahren unserer Stiftung. Als man dann entdeckte, daß fachliche Qualität und Spezialisierung unmöglich in allen Fällen humanistische Breite und Universalität nach sich ziehen konnten, weil Vertiefung immer auch Einengung bedeutet und umgekehrt, da war die Folge Ratlosigkeit. Die alte Frage nach dem Verhältnis von Gelehrsamkeit und Persönlichkeit, Wissen und Lebensvollzug – mühsam institutionalisiert im Gegenüber des Fachdozenten und des Vertrauensdozenten – brach in voller Schärfe auf. Erst allmählich wurde dann bewußt, daß man allzu eilig ein Humanistenideal auf die Gegenwart übernommen hatte. Es ist daher zu begrüßen, daß die Studienstiftung heute das Problem weit vorsichtiger, gründlicher und mit allen Mitteln wissenschaftlicher Begleituntersuchungen angeht: Ich erinnere an das Testprogramm und an die Neugestaltung des Aufnahmeverfahrens, die Verbesserung der Prognosewerte und anderes mehr. Statt Universalität gegenständlich einzufordern, legt man heute eher Wert auf die Fähigkeit, sich herausfordern zu lassen von der Wissenschaft, auf Sensibilität gegenüber anderen Menschen, auf Offenheit für Erfahrungen aller Art. Ein Studienstiftler sollte ja ein Mensch von Fleisch und Blut sein, fähig, sich zu ärgern und sich zu freuen, das Rechte und das Unrechte zu unterscheiden; und solche Fähigkeiten wachsen nicht immer einfach und von selbst auf dem Boden genetisch kodierter Intelligenz.

Aber viel stärker problematisierend und verunsichernd hat etwas anderes auf die Studienstiftung gewirkt, vor allem in den sechziger Jahren: nämlich die zeitweilige Unsicherheit der Öffentlichkeit und auch der Wissenschaft über die Begabung, den Begabungsbegriff. Dieser Begriff hat sich zeitweise fast aufgelöst. Ich meine damit nicht die Entdeckung und Betonung der sozialen Komponente aller Bildung und Begabung. Sie war notwendig, und ihr hat die Studienstiftung schon früher im Maß des Möglichen gerecht zu werden versucht, sei es durch spezielle Berücksichtigung biographischer Gegebenheiten, sei es durch soziale Maßnahmen vielfältiger Art, vom Kleidergeld bis zum Büchergeld. Es geht ja nicht darum, daß der einzelne für die Entfaltung seiner Begabung verantwortlich sei und daß die Gesellschaft ihm dabei nach Möglichkeit zu helfen habe – das ist unbestritten. Es geht darum, ob der Spielraum und die Entfaltungsbreite der Begabung der unbegrenzten Manipulation unterliegt – oder ob er, wie wir heute aus der Forschung wieder wissen, nur in Grenzen der Steuerung unterliegt. Daß man damals, in einer spezifisch deutschen Variante der Begabungsforschung, den Vorgang des *Begabens* (Begabung ist »Begaben«) einseitig in den Vordergrund stellte und vor das *Finden* der Talente setzte, womit man die Beweislast vom einzelnen und seiner Leistung verschob zur Gesellschaft und ihrer Förderung, ja Förderungs*pflicht*: Das hat in das Geschäft der Begabtenauswahl und Förderung zeitweise ein Element des Unwirklichen, des Ideologischen und Utopischen gebracht.

Die Studienstiftung hat sich immer als eine Institution verstanden, die Begabung nicht produziert, sondern zu finden und zu fördern versucht. Jetzt aber sah sie sich Forderungen gegenübergestellt, die einerseits auf Kompensation, Aufholen von »Startnachteilen«, soziale Nivellierung hinausliefen, anderseits das dynamische Element des Begabens so einseitig anspannten und forcierten, daß im Grunde keine Begabung mehr als vorgegeben anerkannt wurde. Einige hätten damals gern aus dem Recht auf Bildung ein Recht auf Begabung abgeleitet, sozial einklagbar; andere hätten gern die Hochbegabten einer konfiskatorischen Sozialsteuer unterworfen. In einem solchen Klima der utopischen Überschätzung und der Nivellierung zugleich konnte Begabtenförderung kaum gedeihen. Es ist daher kein Wunder, daß die Krise jener Jahre tiefe Spuren in unserer Stiftung hinterlassen hat.

Heute nun hat sich die bildungs- und begabungspolitische Szenerie gewandelt, national wie international. Auf der einen Seite ist eine mehr sozialpolitisch als bildungspolitisch motivierte Breitenförderung entwickelt worden, die sich heute in vielen staatlichen Maßnahmen niederschlägt, angefangen von der Lernmittelfreiheit, der Schulwegkostenfreiheit bis hin zum BAföG und zur Graduiertenförderung; und man kann nur hoffen, daß der finanzielle und haushaltspolitische Einbruch dieser Jahre hier nicht allzu tiefe Spuren hinterläßt. Gerade in dem Augenblick aber, in dem die sozialpolitische Breitenförderung den Bildungsservice verbessert hat – und wir alle sind dafür dankbar! –, in dem Augenblick, in dem die Begabtenförderung auf einen breiten sozialpolitischen Sockel gestellt wurde, wird auch sichtbar, daß die *Hochbegabten* in dieser politischen, von allen Parteien vorangetriebenen Bewegung vergessen oder teilweise bewußt ausgespart worden sind. Hochbegabtenförderung ist daher gerade heute, in einer Zeit stärkerer sozialer Berücksichtigung der Talente, nötiger denn je, und sie darf nicht unter den augenblicklichen Sparmaßnahmen leiden. Sie ist nötig nicht nur, weil die Allgemeinheit auf Begabungen angewiesen ist, sondern weil der Begabte selbst ein Anrecht auf Entfaltung seiner individuellen Begabung hat. Dazu braucht er viele Dinge: Geld, soziale Kontakte, Reisen, die Möglichkeit, sprachliche Kompetenz und sozialen Umgang zu vermehren. Vor allem aber ist nötig, daß die Öffentlichkeit die Förderung des begabten Menschen und den Respekt vor der Begabung mit aktiver Toleranz unterstützt. Und das sollte uns alle – Bildungspolitiker und andere – verpflichten, aus der richtig verstandenen Begabungsförderung ein Grab des Neides zu machen. Nivellierung kann hier nicht der richtige Weg sein. Gegen große Vorzüge – und Begabung gehört nun einmal zu den größten Vorzügen, die ein Mensch haben kann – gibt es ja bekanntlich kein anderes Heilmittel als die Liebe. Begabtenförderung, schon gar wenn sie institutionell geübt wird, ist angewiesen auf Verständnis gegenüber dem Besonderen, dem Unverwechselbaren, dem, was das Normalmaß übersteigt. Und wo diese elementare Toleranz, diese Zuneigung zum einzelnen, Individuellen, Persönlichen, nicht vorhanden ist, dort nützen alle Fördermillionen nichts.

So wünsche ich der Studienstiftung, daß diese Toleranz – sie ist leider in unserer Öffentlichkeit erst in Spuren erkennbar – in den nächsten Jahren zunehmen und sich entfalten möge: damit die Hochbegabten nicht verurteilt sind, wie Paradiesvögel hinter Käfigen einer Spezialförderung zu paradieren; und damit auch eine Hochbegabtenstiftung wie die Studienstiftung sich nicht verkriechen oder ständig interpretieren muß, sondern in aller Öffentlichkeit für diese ihre Aufgabe eintreten kann: dem Talent, der Spitzenbegabung sozial und pädagogisch einen Weg zu bereiten. Ich wünsche mir den Tag herbei, an dem die Studienstiftung diese ihre Aufgabe ganz selbstverständlich und ohne stetigen Rechtfertigungszwang wird wahrnehmen können. Erst dann wird nämlich ihre Leistung nicht nur für die Stipendiaten, sondern für unser Volk in ihrem ganzen Umfang sichtbar werden – und es braucht uns dann für die Zukunft dieser Stiftung zum zweiten Halbjahrhundert ihrer Wirksamkeit nicht bange zu sein. (1975)

Kultur im Bundesstaat

Die deutsche Kultur ist eben kein hierarchisches Gebilde aus Unten und Oben, wo im Land draußen die Massen in provinzieller Einfalt »bei den Harmonikas der Knechte« hocken (Benn), während in den Metropolen einsame Eliten für die Ewigkeit denken und dichten.

Staatsminister Dr. Maier (Bayern): Herr Präsident! Meine Damen und Herren! Wenn es in dieser Debatte um Kultur, Kulturförderung, Kulturpolitik geht, dann haben auch die Länder ganz selbstverständlich ein gewichtiges Wort mitzureden, und so darf sich die Bundesratsbank bei diesem Thema mit Fug und Recht zu Wort melden; denn die Länder sind in Sachen Kulturpolitik Regierung. Das Grundgesetz weist ihnen die Kulturhoheit zu, und der ganz überwiegende Teil der Kulturausgaben fließt aus Länderetats. Theater, Orchester, Museen, Bibliotheken, moderne Kunst- und Musikproduktionen, kurz, alles, was sich nicht selber trägt, was der Stützung, der Subvention bedarf, wird von den Ländern unterstützt und unterhalten.

Und nicht nur von den Ländern: Wir wollen bei dieser Debatte die unschätzbaren Leistungen der *Kommunen* nicht vergessen,

(Beifall bei der CDU/CSU, der FDP und der SPD)

der Landkreise, der kulturträchtigen Sondergebilde, wie Landschaften, Landschaftsverbände und Bezirke.

Die deutsche Kultur ist eben kein hierarchisches Gebilde aus Unten und Oben, wo im Land draußen die Massen in provinzieller Einfalt »bei den Harmonikas der Knechte« hocken (Benn), während in den Metropolen einsame Eliten für die Ewigkeit denken und dichten.

(Heiterkeit und Beifall bei der CDU/CSU, der FDP und der SPD)

Diese Kultur war immer durch vielfältige Mischungen des Volkstümlichen und des Urbanen gekennzeichnet, durch Dezentralisierung ohne Qualitätseinbußen, durch Regionalismus ohne Provinzialität. Man

kann in Deutschland vorzügliches Theater nicht nur in Berlin, übrigens auch in Bonn, sondern auch in Sommershausen sehen,
(Zuruf von den GRÜNEN: In diesem Hause!)
exzellente Musik nicht nur in München, sondern auch in Schwetzingen hören, Bibliotheken von Weltruf nicht nur in Frankfurt, sondern auch in Wolfenbüttel benutzen, unverwechselbare Museen nicht nur in Stuttgart, sondern auch in Altona und in Michelau erleben.
(Beifall bei Abgeordneten der SPD)
Das unterscheidet unsere Kultur von der Kultur zentralisierter Staaten, wo sich das meiste in den Hauptstädten abspielt und wo alle kulturellen Kräfte vom Land in die Hauptstädte drängen.
Nun hat, meine Damen und Herren, in den letzten Jahren der Bund ohne Frage seine kulturfördernde Tätigkeit, die bisher mehr subsidiärer, ergänzender Natur war, verstärkt. Die Stichworte sind in dieser Debatte vielfältig genannt worden; ich brauche sie nicht zu wiederholen. Die Länder sahen diese neue Aktivität manchmal mit einem gewissen Stirnrunzeln, mit ähnlichen Gefühlen, wie sie kinderreiche, hart sich plagende Eltern empfinden, wenn ein begüterter Onkel von Zeit zu Zeit vorbeikommt und auf den mühsam mit Brot gefüllten Tisch Schokolade und kostbare Desserts stellt. (Heiterkeit)
Den Kindern macht so etwas natürlich Spaß, die Eltern aber ärgern sich und meinen vielleicht, statt spektakulärer, seltener Extras hätte uns der Onkel oder die Tante auch mehr Geld zur Aufbesserung der täglichen Hausmannskost geben können.
In die Sprache der Kulturpolitik von Bund und Ländern übersetzt: Statt die Spitzenförderung von Kunst und Kultur zu übernehmen, stünde es dem Bund auch frei, durch Steuerentlastungen die Länder in die Lage zu versetzen, mehr, noch mehr für Kunst und Kultur zu tun.
(Beifall bei Abgeordneten der SPD)
Auf die Dauer kann man ja von Schokolade allein nicht leben, wenn nicht reichlich tägliches Brot dazukommt.
(Fischer [Frankfurt; GRÜNE]: Vergessen Sie das Obst und das Bier nicht! – Duve [SPD]: Wenn Sie den Stifter Ludwig nehmen, der konnte von Schokolade hervorragend Kunst fördern!)
Ich komme auf all das noch zurück.
Das verstärkte kulturpolitische Engagement des Bundes hat gewiß verschiedene Gründe, und ich verkenne nicht, daß hier ein komplexer Tatbestand vorliegt und daß auch die Länder an der eingetretenen

Lage ganz und gar nicht unschuldig sind. Nehmen wir ein harmloses Beispiel: die Denkmalpflege. Es war den Ländern nicht möglich, 1975 ein gemeinsames Instrument zur Organisation des Europäischen Denkmalschutzjahres zu schaffen, vielleicht auch deswegen nicht, weil sie dem Gerede von angeblichen Grauzonen, unkontrollierbaren dritten Ebenen mit soviel Respekt und soviel Selbstzweifeln begegnet sind. Und so entstand das Nationalkomitee für Denkmalschutz, das ja in der Antwort der Bundesregierung gewürdigt wird, mit maßgebender Mitwirkung des Bundes – eigentlich ein Unikum, weil ein Länderminister Vorsitzender ist und die Geschäftsstelle beim Bund liegt.
Oder die Musikförderung! Ich habe seit den sechziger Jahren immer wieder Klage darüber geführt, daß es den Ländern nicht möglich war, die Programme des Deutschen Musikrates tatkräftig zu verwirklichen. Schließlich haben wir Deutschen die musikalische Führungsrolle in den letzten 30 Jahren nicht zufällig und nicht unverschuldet eingebüßt. Kann ich mich also, soll ich mich also im Ernst darüber beklagen, daß der Bund beträchtliche Anstrengungen unternommen hat, durch Leistungswettbewerbe, durch ein Bundesjugendorchester, durch die Unterstützung von Spitzenleistungen ein Stück Terrain auf diesem Gebiet zurückzugewinnen – ein Bemühen, bei dem ihm zum Glück die Länder inzwischen gefolgt sind?
Oder nehmen wir die Geschichte, das Geschichtsbewußtsein! Kein Zweifel, daß es in Schulen, in Museen, bei Gedenkstätten, im bürgerlichen wie im politischen Leben ein Fundament dessen darstellt, was wir unsere gemeinsame Kultur nennen. Wie aber, wenn die meisten deutschen Länder in einem Augenblick der Verblendung – ich hoffe, es war nur ein Augenblick, und er geht zu Ende – die Geschichte als eigenständiges Unterrichtsfach in den Schulen abschaffen? Können diese Länder dann noch ernsthaft protestieren, wenn der Bund ein »Haus der deutschen Geschichte« in der Bundeshauptstadt errichten will (Beifall bei der CDU/CSU, der FDP und der SPD)
und wenn der Bund auch sonst Maßnahmen zur Stärkung und Schärfung des historischen Bewußtseins ergreift?
Und so könnte man fortfahren. Wer die Vorstöße des Bundes auf Länderseite beklagt, der muß auch das Vakuum sehen, das sie ausgelöst hat, (Sehr richtig! bei der CDU/CSU)
ein Vakuum nicht nur finanzieller, sondern auch kulturpolitischer Natur.

Übrigens, Herr Duve: Wenn Ernst Albrecht und Franz Josef Strauß das Welfen-Evangeliar in Deutschland halten konnten, so haben sie damit auch dem geschichtlichen Selbstbewußtsein der Deutschen einen Dienst erwiesen, meine ich.
(Beifall bei der CDU/CSU – Duve [SPD]: Ich habe vom Fürstenhaus gesprochen; das haben Sie nicht mitgekriegt!)
Daß das mal den Fürsten gehört hat, ist kein Problem. Ein solches Kulturgut gehört aber dem deutschen Volk. Und unsere historische Kultur konstituiert sich nicht nur aus den weiß Gott wichtigen Beständen des 18. und 19. Jahrhunderts, sondern reicht weiter zurück.
(Fischer [Frankfurt; GRÜNE]: Wer hat es denn verkauft, Herr Maier?) Unsere Geschichte ist älter als die Aufklärung.
(Beifall bei der CDU/CSU und der FDP – Zuruf von der CDU/CSU: Da haben die echt Schwierigkeiten! – Fischer [Frankfurt; GRÜNE]: Wer hat es denn verkauft?)
Nun muß sich, meine Damen und Herren, Kulturpolitik an der Verfassung orientieren. Das Grundgefüge der kulturpolitischen Kompetenzen und Aufgabenteilungen steht nicht zur Disposition. Auch die Zauberformel vom stillen Verfassungswandel gibt angesichts der klaren Sprache des Grundgesetzes und seiner Konkretisierung in vielen Urteilen des Bundesverfassungsgerichts in unserer Sache wenig her. Versuchen wir also gemeinsam zu überlegen, Bund und Länder, wie die neuentstandenen Aktivitäten fortentwickelt und zugleich in einen Rahmen vernünftiger Kooperation gefaßt werden können, ohne ängstliche Abgrenzung, aber auch ohne Majorisierungswillen! Die Antwort der Bundesregierung bietet hierfür eine gute Grundlage. Dazu bedarf es der Kriterien, der Prinzipien. Einige möchte ich hier nennen in Übereinstimmung mit den unionsregierten Ländern; die anderen Länder sind herzlich eingeladen, sich anzuschließen.
(Dr. Wulff [CDU/CSU]: Sehr gut!)
Erstens. Wir stehen heute alle unter dem Eindruck, daß die Führung der DDR versucht, in nicht ungeschicktem Rückgriff auf nationale Traditionen unsere Geschichtssubstanz in ihre dirigierende Verwaltung zu nehmen. Beispiele gibt es viele, von enzyklopädischen Bemühungen um deutsche Geschichte und Literatur bis hin zur aktuellen Anwendung bei Gedenktagen, Festen, Paraden, in baulichen, literarischen und militärischen Demonstrationen. Hier wird die Geschichte als Einbahnstraße zum Sozialismus vorgestellt, die älteren histori-

schen Phasen werden zu humanistisch-bürgerlichen Vorspielen der Gegenwart stilisiert, Luther und Goethe, vielleicht morgen auch Bismarck, zu Vorläufern und Vorboten marxistischer Zeiterfüllung umgedacht. (Fischer [Frankfurt; GRÜNE]: Pfui Deibel!)
Die deutsche Geschichte, bei uns oft verschüttet in Rahmenrichtlinien und frostigem Strukturalismus:
(Fischer [Frankfurt; GRÜNE]: Jetzt aber!)
Hier ist sie plötzlich wieder da, präsent, appellativ, auf Linie gebracht und zu politischer Mobilisierung dienstbar.
Was liegt näher, als daß auch bei uns der Wunsch nach einem so einfachen, einleuchtenden, alles erklärbaren Geschichtsbild erwacht? Aber wir müssen der Versuchung widerstehen, uns von einer ideologischen und zentralistischen Auffassung der deutschen Geschichte ins Schlepptau nehmen zu lassen.
(Beifall bei der CDU/CSU, der FDP und der SPD)
Wir müssen über unsere Geschichte sprechen, sie lebendig halten, mit ihr umgehen, auch über sie streiten; wir dürfen sie aber nicht zur Ikone, zum Andachtsbild erstarren lassen.
(Dr. Lammert [CDU/CSU]: Sehr gut!)
Vollends sollten wir nicht meinen, es gebe nur eine einzige, eine nationale Höhenlinie unserer Geschichte. Diese Geschichte ist, wie unsere Kultur, ein reiches Geflecht des Dynastischen, Landschaftlichen, Lokalen, Stammesmäßigen, nicht auf eine Formel zu bringen, allen Generalisierungen sich entziehend. Zum Glück hat ja nicht einmal die DDR-Kulturpolitik die kräftigen sächsischen, thüringischen, brandenburgischen, schlesischen Farben und Dialekte ganz verwischen können. (Baum [FDP]: Den Dialekt schon gar nicht!)
– Richtig. Wir freuen uns darüber.
(Fischer [Frankfurt; GRÜNE]: Sie dürfen den saarländischen Dialekt nicht vergessen!)
Zweitens. Kulturförderung und Kulturpolitik des Bundes – und natürlich auch der Länder – sollten davon ausgehen, daß »das Deutsche« bei Bund und Ländern angesiedelt ist, niemals nur beim Bund allein oder bei den Ländern allein. Eine Binsenwahrheit, gewiß; aber manchmal muß man an sie erinnern, wenn beim Wort »deutsch« sogleich der Bund den Finger hebt, als sei er allein angesprochen. Kunst und Kultur »aus den deutschen Ländern« ist aber nicht einfach Landeskultur, Regionalkultur, Provinzialkultur. Oder will man Mar-

tin Walser einen alemannischen Heimatkünstler nennen, weil viele seiner Romane im Hegau und am Bodensee spielen? Arno Schmidt einen Heidedichter, weil er in Bargfeld wohnte? Böll einen rheinischen Lokalmatador, weil in seinen Geschichten die Kölner Domtürme nie weit entfernt sind? Ich zitiere den Verfassungsrechtler Udo Steiner mit Erlaubnis des Herrn Präsidenten:
»Die Einordnung einer kulturellen Leistung, Veranstaltung oder Einrichtung als deutsch (schließt) ebenso wenig den Bund notwendig in die kulturelle (Mit-)Kompetenz ein wie ihr (angeblicher oder wirklicher) gesamtstaatlicher Rang.«
Mit anderen Worten: Region ist in Deutschland nicht Provinz, Zentrale ist in Deutschland nicht Kultur, wenigstens nicht von selbst und nicht allein. (Duve [SPD]: Aber auch!)
– Aber auch! Natürlich. Kulturelle Repräsentation des Gesamtstaats ist nur möglich im Rahmen des Gesamtstaats; Bonn und Berlin genügen dazu nicht, Nürnberg und München ebensowenig. Alles gehört zusammen, alles kann eben nicht an einem Ort konzentriert werden. Man muß es erfahren. Man kann es nicht zentralisieren. Auch eine Bundeskunst- oder -ausstellungshalle zum Beispiel könnte für eine gesamtstaatliche Repräsentation unserer Kultur bestenfalls einen pädagogischen Einstieg bieten.
(Dr. Ehmke [Bonn; SPD]: Sehr wahr! – Duve [SPD]: Mehr nicht?)
– Warum nicht? Ich hoffe, daß die dort bereitstehenden museumspädagogischen Animatoren den ausländischen Besuchern auch Appetit auf andere Städte und Kunstlandschaften machen.
(Beifall bei der CDU/CSU und der FDP)
Denn schon das was hier in der Nähe Köln und Düsseldorf zu bieten haben, kann in Bonn ja nur ausschnitthaft repräsentiert werden.
Drittens. Ich begrüße es sehr, daß sich der Gedanke der Nationalstiftung inzwischen – im Anschluß an Vorschläge von Lothar Späth – zu einer Kulturstiftung der Länder fortentwickelt hat. Der originären kulturpolitischen Verantwortung der Länder wird damit besser Rechnung getragen als mit dem ursprünglich geplanten Modell. Dem Bund steht der Eintritt frei; er ist, wie man hört, auch bereit, zumindest einen Teil seiner kulturfördernden Aktivitäten und Finanzen unter dieses gemeinsame Dach zu ziehen. Damit wäre ein möglicher Konfliktherd um Fondsbildung und Spitzenförderung ausgeräumt. Daß hier neue kooperative Formen, auch Mischfinanzierungen, entstehen,

sollte uns nicht schrecken, wenn nur das Ergebnis der Entfaltung kultureller Kräfte zugute kommt.
(Dr. Ehmke [Bonn; SPD]: Hoffentlich glaubt das auch der bayerische Ministerpräsident!)
– Im Augenblick ist eher der hessische Ministerpräsident in der Lage, nicht zustimmen zu können, weil er nicht darf. Der bayerische darf immer, (Heiterkeit und Beifall)
weil die Fraktion ihn trägt.
(Heiterkeit bei der CDU/CSU – Lachen bei der SPD und den GRÜNEN)
Man kann nur hoffen, daß der vernünftige Kompromiß, der hier gefunden wurde, nicht in neuen Blockaden, diesmal zwischen den Ländern, untergeht. Diese Gefahr ist noch nicht völlig gebannt.
Viertens. Wenn manchem Bundespolitiker die hier skizzierte Rolle des Bundes vielleicht zu karg, zu minimalistisch erscheinen sollte, so halte ich einen schlüssigen Trost bereit. (Duve [SPD]: Wir sind dankbar!)
Für kulturfreundliche Taten des Bundes steht nämlich noch ein Feld fast unbegrenzter Möglichkeiten offen. Ich meine das Steuerrecht.
(Beifall bei Abgeordneten der CDU/CSU)
Hier herrschte lange großes Schweigen, im Unterschied zur ansehnlichen Stimmstärke des Bundes im Bereich kultureller Selbstdarstellung. Es soll anerkennend vermerkt werden, daß die Antwort der Bundesregierung jetzt einige bedächtige, kühle, klare Töne hören läßt, vor allem zum Stiftungssteuerrecht.
(Duve [SPD]: Können Sie die kühnen einmal nennen? Von Kühnheit ist nichts drin!)
Kühl. (Duve [SPD]: Ach so, dann sind wir uns einig!)
Aber ich gestehe, daß das dort Gesagte mir noch zu vorsichtig ist und daß man jedenfalls in diesen Passagen den Bund als eifrig agilen Kulturförderer gar nicht wiedererkennen kann.
Ich freue mich übrigens, daß nun auch die Länder die Initiative ergreifen. Ein soeben von Rheinland-Pfalz im Bundesrat eingebrachter Gesetzentwurf sieht vor, daß forschungsfördernde gemeinnützige Stiftungen künftig einen Teil ihrer Erträge, nämlich bis zu 25 Prozent zur Aufstockung des Stiftungsvermögens verwenden dürfen.
In zwei Punkten möchte ich hartnäckig bleiben. Die Erhaltung von Baudenkmälern hängt in vielen Fällen entscheidend davon ab, daß Aufwendungen zu ihrer Instandsetzung und Instandhaltung steuer-

lich begünstigt werden. Das ist seinerzeit innerparlamentarisch hier in diesem Hause durchgesetzt worden. Die jetzt bestehenden und an sich ausreichenden Regelungen müssen deshalb nach meiner Meinung unbedingt erhalten werden. Ich hoffe, auch der Bundesbauminister ist dieser Meinung. Wir können ganz sicher beim Umbau des Bundesbaugesetzes eine neue Form finden, in der diese sehr begrüßenswerte Begünstigung erhalten bleibt.

(Beifall bei der CDU/CSU und der FDP)

Ferner kann der Übungsleiterfreibetrag als mögliches Modell für künstlerische Nebentätigkeit nach meiner Meinung kein Ersatz für die leider beseitigte Einkommensteuerermäßigung sein,

(Beifall bei Abgeordneten der CDU/CSU und der FDP)

ganz abgesehen von der nicht eben befreienden psychologischen Wirkung dieser Parallelisierung von Sport und Kunst.

(Beifall des Abg. Duve [SPD])

Ich fürchte, selbst sportlich engagierte Autoren wie der vor kurzem verstorbene Rudolf Hagelstange hätten verwundert den Kopf geschüttelt, wäre ihnen der sportliche Übungsleiter als letzter steuerlicher Orientierungspunkt für Künstler vor Augen gerückt worden.

(Beifall bei der CDU/CSU, der FDP und der SPD)

Fünftens und zuletzt. Wir sollten auch in der Kulturförderung niemals alles auf eine einzige Karte setzen. Wir sollten mit vielen Karten spielen, will sagen: Wir sollten im Bundesstaat, im Föderalismus, ein produktives System der Vielfalt, des Wettbewerbs entdecken und nutzen. Der Himmel weiß, warum wir Deutschen unseren Föderalismus immer daran messen, wieviel Einheit er produziert.

(Duve [SPD]: Haben wir nicht alle einen gemeinsamen Himmel?)

Nordamerikaner, Kanadier, Schweizer, selbst Sowjetrussen lassen sich da viel unbefangener auf konkurrierende Pluralitäten ein. Schließlich sind alle bundesstaatlichen Systeme aus realen Verschiedenheiten der Sprache, Religion, Herkunft, Geschichte erwachsen. Diese Verschiedenheit zu bewahren, zu schützen, verfassungsmäßig zu sichern ist ihre Ratio, ihr Rechtfertigungsgrund. Wer den Föderalismus ausschließlich als einheitstiftendes, unitarisches, uniformierendes Element auffaßt und gelten läßt, der hätte ja gleich einen Einheitsstaat nach französischem, italienischem oder spanischem Muster schaffen können.

(Duve [SPD]: Wie und wann hätte er das je schaffen können?)

Es ist nicht einzusehen, warum man kulturelle Vielgestaltigkeit mit viel schönen Reden preist, wenn man in der Realität nur das Uniforme gelten lassen will.
Föderalismus bewährt sich nach meiner Meinung darin, daß er Einheit schafft und Wettbewerb auslöst, soviel Einheit wie nötig und soviel Wettbewerb wie möglich.
(Dr. Dregger [CDU/CSU]: Sehr gut!)
Aufs deutsche Beispiel bezogen: Föderalismus dient dem Zusammenhalt, der Integration – oder sagen wir schlichter: dem Zusammenleben der Menschen, indem er unterschiedliche Herkünfte, Mentalitäten, Denk- und Sprechweisen der Hessen, der Bayern, der Nord- und der Süddeutschen in gemeinsamen Verfahren zu dauerhaftem Austausch und Ausgleich bringt. So und nur so bildet sich das, was wir Kultur nennen.
Nicht daß Länder den Verführungen des Zeitgeistes nicht ebenso unterliegen könnten wie der Bund, sie sind gegen Irrtümer ebensowenig gefeit wie ein Zentralstaat. Aber solange es bei uns verschiedene Länder, konkurrierende Systeme sind, solange Wettbewerb herrscht, so lange hat das Schöpferische und Vernünftige eine Chance, sich gegen das Ephemere und Ideologische durchzusetzen.
Der Zentralstaat ist immer in Gefahr, mit sich selbst zu schnell im reinen zu sein, er hat nichts neben sich, was ihn in Frage stellen könnte. Er speichert die Zeitirrtümer wie eine solide Sparkasse.
(Heiterkeit bei der CDU/CSU)
Im Bundesstaat – zum Glück sind wir ein Bundesstaat – kann man dagegen vergleichen, streiten, experimentieren, sich berichtigen und schließlich zu einer allen angemessenen und zuträglichen Lösung kommen. Er erlaubt es dem Bürger, sich ein Urteil zu bilden, er erlaubt den Vergleich.
Kurzum: Im Föderalismus ist mehr Markt, mehr Bürgernähe, weniger ideologische Rechthaberei, mehr Revisionsmöglichkeit.
(Fischer [Frankfurt; GRÜNE]: Na ja!)
Darum ist er gerade unter demokratischen Bedingungen für die Kultur und die Kulturpolitik ergiebiger als ein zentralistisches System, und darum sollten wir die Kulturförderung auf den Föderalismus bauen.
Ich danke Ihnen.
(Beifall bei der CDU/CSU, der FDP und der SPD) (1984)

Bildungsreformen in Ost und West – eine Bilanz

Die Kurve der Erfahrungen und Enttäuschungen zeichnet sich heute in Europa ebenso deutlich ab wie in den Ursprungsländern der modernen Bildungsreform. Sie führt vom Gleichheitspathos zu neuer Differenzierung, vom gesellschaftsverändernden Überschwang zu pädagogischer Ernüchterung, von der sozialpolitischen Überschätzung der Schule zu ihrer Neuentdeckung als Ort der Bildung und Erziehung.

Die Jahre 1957 bis 1975 waren weltweit eine Zeit der Bildungsreformen. Das gilt im quantitativen wie im qualitativen Sinn. Erstmals erfaßte eine pädagogische Bewegung den ganzen Erdball: Während zahlreiche Entwicklungsländer den Schritt zu Schriftkultur und Alphabetisierung taten, weitete sich in den entwickelten Ländern das Schul- und Hochschulwesen aus wie nie zuvor. Mehr Schulen, neue Hochschulen, mehr anspruchsvolle Abschlüsse für mehr Menschen, mehr Sekundarschüler, Abiturienten, Studenten, Lehrer, Hochschullehrer – das Gesetz des Mehr und Größer, Schneller und Besser beherrschte die Szene. Dabei zeigte die Entwicklung in den östlichen und den westlichen Industriestaaten trotz manch ähnlicher Züge charakteristische Unterschiede. Von ihnen soll im folgenden die Rede sein.

Bekanntlich hat kein Ereignis die amerikanische Bildungsreform der späten fünfziger Jahre so beeinflußt wie der sogenannte Sputnikschock. Daß es den Russen 1957 gelang, erstmals einen künstlichen Satelliten auf die Umlaufbahn um die Erde zu bringen, hinterließ nachhaltige Spuren in der amerikanischen Öffentlichkeit: Ein jahrelang genährtes Überlegenheitsgefühl brach jäh zusammen. Man trat in eine Periode der Selbstkritik und der Reformmaßnahmen ein. Das Unterrichtswesen sollte neu gestaltet werden, man setzte Hoffnungen auf eine stärkere Differenzierung. Radikale Eingriffe schienen nötig zu sein, um den russischen Vorsprung einzuholen.

Heute wissen wir, daß die zeitweilige Weltraum-Überlegenheit der Sowjets nichts mit den Bildungsreformen zu tun hatte, die in den fünfziger Jahren in Rußland von sich reden machten. Der Sputnik war viel eher die Frucht der alten Lern- und Drillschule mit anschließender wissenschaftlicher Spezialisierung, die nach den Wirren der Lunatscharski-Ära in den zwanziger Jahren in der Sowjetunion eingeführt worden war. Es gehört zu den Paradoxien ost-westlicher Bildungsreform, daß sich die Sowjetunion just in dem Augenblick als der Sputnik seine Kreise zu ziehen begann, entschlossen von jener Schule abkehrte und im Rückgriff auf alte revolutionäre Traditionen das Erziehungswesen neuerlich in den Dienst gesellschaftspolitischer Ziele stellte. Dies war das Werk Nikita Chruschtschows.

Chruschtschows Bildungsreform (1956–1958) setzte an zwei Stellen an. Einmal beseitigte er den Dualismus von Siebenjahres- und Zehnjahresschule, der sich in den dreißiger und vierziger Jahren herausgebildet hatte (in westlichen Begriffen ausgedrückt: das immer stärker sich differenzierende Nebeneinander von Elementar- und Gymnasialformen); in allen Teilen des Landes wurde eine einheitliche Achtjahresschule (gegliedert in Grund- und Mittelschule) eingeführt. Zum anderen wurde der Arbeitsunterricht in all seinen Formen erheblich verstärkt und erreichte in der Mittelschule bis zu einem Drittel der Unterrichtszeit. Es handelte sich nicht um Berufsausbildung; der Unterricht war polytechnisch. Wissenschaftliche Theorie und praktische Anwendung in Industrie und Land- und Hauswirtschaft sollten verbunden werden. Die neue Achtjahresschule wurde des akademischen Charakters weitgehend entkleidet; Spezialisierung sollte erst anschließend, in einer Vielzahl darauf aufbauender Typen, erreichbar sein.

Man hat die Motive für diese Bildungsreform vor allem in praktischen und wirtschaftlichen Erwägungen gesucht. Arbeitskräftemangel, hervorgerufen durch Krieg und Geburtenrückgang, habe zu einem Abbremsen der pädagogischen Expansion geführt, zumal da für eine obligatorisch eingeführte Zehnjahresschule nicht genügend weiterführende Schul- und Hochschulplätze vorhanden gewesen seien; die volkswirtschaftlichen Kosten für eine Zehnjahresschule im ganzen Land seien zu hoch gewesen; der Arbeitskräftemangel wäre verstärkt worden, hätte man die Schulpflicht bis zum 17. Lebensjahr ausgedehnt;

endlich habe man versucht, durch eine Kombination von Mittelschulbildung und produktiver Arbeit den Bildungshaushalt zu entlasten. Dies alles mag zutreffen. Doch die ausschlaggebenden Erwägungen waren nicht wirtschaftlicher, sondern ideologischer Natur. Chruschtschow selbst machte mit der ihm eigenen Deutlichkeit auf dem XX. Parteitag der KPdSU im Jahr 1956 und in einem Memorandum zur Schulreform von 1958 darauf aufmerksam. Vordergründig argumentierte er pragmatisch: Es sei unmöglich, die wachsende Zahl von Absolventen der Zehnjahresschule an den Hochschulen unterzubringen; die Mehrzahl von ihnen sei unvorbereitet für das Leben – daher die Notwendigkeit, ihnen Produktionskenntnisse zu vermitteln und die industriell-technische Welt vor Augen zu stellen. Dann berührte er den entscheidenden politischen Punkt: »Es gibt bei uns immer noch eine scharfe Trennungslinie zwischen geistiger und manueller Arbeit ... Das ist grundsätzlich falsch und läuft unserer Lehre und unseren Aspirationen zuwider. Die Buben und Mädchen, die die Mittelschule beendet haben, sind meist der Ansicht, der einzige für sie zumutbare Weg sei die Fortsetzung der Ausbildung an höheren Schulen ... Einige von ihnen empfinden körperliche Arbeit sogar als Schmach ... Solche Ansichten sind beleidigend für die Werktätigen der sozialistischen Gesellschaft. Eine derart schlimme Situation ... kann nicht länger toleriert werden. In der sozialistischen Gesellschaft muß doch die Arbeit nach ihrem Nutzen bewertet werden, der Antrieb darf nicht nur im Lohn, sondern – und das ist die Hauptsache – muß auch in der öffentlichen Wertschätzung liegen. Man muß der Jugend ständig einprägen, daß ... die Arbeit für jeden Sowjetmenschen ein Lebensbedürfnis ist.« Das war ein Bekenntnis zu den alten Grundsätzen kommunistischer Erziehung – und zugleich ein Versuch, pragmatischen Zwängen der gesellschaftlichen Entwicklung durch Verstärkung der ideologischen Widerlager zu entgehen. Auch in der Sowjetunion war in der Nachkriegszeit ein Stadt-Land-Gefälle entstanden (Siebenjahresschule auf dem Land, Zehnjahresschule in den Städten), eine Akademikerklasse hatte sich entwickelt, die bestrebt war, ihre Kinder wiederum in akademische Berufe aufrücken zu lassen. Die Verbindung von akademischem Studium und produktiver Arbeit hatte sich gelockert. Chruschtschows Vorstoß galt der Wiederherstellung des revolutionären *status quo ante;* er mobilisierte ideologische Kräfte gegen das, was ihm eine verhängnisvolle Tendenz zur Differenzierung und Verwestlichung der

Gesellschaft zu sein schien. Damit stand er im kommunistischen Macht- und Bildungsbereich nicht allein: Die Welle der Polytechnisierung erreichte in den frühen sechziger Jahren die osteuropäischen Länder, die Vereinheitlichung der Lehrpläne wirkte der Entwicklung spezifischer Schulformen und Bildungsgänge entgegen. Noch in der chinesischen Kulturrevolution der sechziger Jahre klingen ähnliche Motive an. Schule als Formerin des »neuen Menschen« wurde mit Entschiedenheit gegen Schule als Instrument differenzierter Wissens- und Qualifikationsvermittlung ausgespielt – wohl zum letzten Mal in der Geschichte des kommunistischen Erziehungswesens.

Tatsächlich scheiterte Chruschtschows Reformversuch. In der heutigen Bildungswirklichkeit der Sowjetunion und der kommunistischen Länder ist wenig von ihm übriggeblieben. Der polytechnische Unterricht stieß auf den Widerstand weniger der Schulen als der Betriebe, die für eine solche Flut von Begehungen nicht eingerichtet waren, er wurde um fast die Hälfte der Stundenzahl verringert. Die auf der Achtjahresschule aufgestockten dreijährigen Typen wurden auf zwei Jahre reduziert und stärker differenziert, so daß sich die alte Form der Zehnjahresschule in neuer Form wieder herstellte. 1966 wurde das Einheitsschulsystem der Sowjetunion durch Zulassung von Schulen oder Klassen mit vertieftem Unterricht weiter aufgelockert, nicht zu reden von den spezialisierten Sekundarschulen für Fremdsprachen, Musik, Ballett, bildende Kunst, militärische Ausbildung und Sport, die der Begabtenauslese bereits im frühen Alter dienen. In ihnen tritt der elitäre Charakter einer bewußten Kaderauslese und -ausbildung so unverhüllt hervor wie kaum irgendwo im heutigen westlichen Schulwesen.

Die starke Nachfrage nach einer differenzierten Sekundarschulbildung hat in der Sowjetunion wie in den kommunistischen Ländern zu einer Vermehrung der Hochschulaspiranten und zu einem Stau vor den Toren der Universitäten geführt. Das früher bestehende Gleichgewicht zwischen der Zahl der Studienplätze und der Studienbewerber ist seit 1963 empfindlich gestört. Der *numerus clausus* ist zu einem zentralen Problem des sowjetischen Bildungswesens geworden. Wie die westlichen Länder sieht sich heute die Sowjetunion dem Problem gegenüber, durch Verteilungsmaßnahmen innerhalb des Schulwesens einer Überflutung der Hochschulen zu steuern. Daß der Zwang zur stärkeren Anspannung des Leistungsprinzips das Konzept des gesellschaftspolitischen Egalitarismus stört, ist eine Tatsache, die auf die Dauer kaum ideologisch verbrämt werden kann.

Ich sprach davon, daß Amerika auf den Sputnikschock mit Selbstkritik und vermehrten Bildungsanstrengungen reagierte. Das sowjetische Bildungswesen als System kostenloser obligatorischer Massenbildung erschien plötzlich als Vorbild; daß es in jenen Jahren unter Chruschtschow selbst in heftige Bewegung und Umbildung geraten war, sah man kaum. »Man kann bezweifeln«, schrieb George Kline von der Columbia-Universität, »ob jemals eine Gesellschaft einen so großen Anteil an Energien und Ressourcen in das Bildungswesen investiert hat, wie die Sowjetunion dies heute tut.« Und der damalige Erziehungskommissar Lawrence Derthick meinte: »Wir sind auf das Maß, in dem die Sowjetunion als Nation der Bildung als Instrument des nationalen Fortschrittts verpflichtet ist, gar nicht vorbereitet ... Unsere erste Reaktion ist daher ... ein Erstaunen über den Umfang, in dem dies verwirklicht zu sein scheint.«
Eine breite Massenbildung hatte man in den USA bereits. Ungefähr 80 Prozent der Schulbevölkerung besuchten die High School; etwa 40 Prozent davon wechselten zu einem College über, wiederum ein kleinerer Teil davon zur Universität. Aber über der Breite des Angebots hatte man, so schien es, die Standards und die Qualitäten zu wenig beachtet. So legten die aus dem Boden schießenden Streitschriften, Berichte und Darstellungen den Nachdruck auf Qualität und naturwissenschaftlich-technische Spitzenleistung, besonders eindrucksvoll der Rockefeller-Report von 1958, der den bezeichnenden Untertitel trug: The Pursuit of Excellence. Da man aber das bereits gewonnene breite Fundament nicht gefährden wollte und da sich außerdem in der amerikanischen Gesellschaft neue Integrationsaufgaben (Kampf gegen die Armut, Rassenprobleme) stellten, trat hier der gleiche Dualismus, der in der Sowjetunion ideologisch verdeckt wurde, offen hervor: War es möglich, Massenbildung mit Qualitätsauslese zu verbinden? Oder wie John Gardner das Problem formuliert hatte: *»Can we be equal and excellent too?«* Die USA behandelten diese Frage pragmatisch; als Maßstab der eingeleiteten Bildungsreform galt nicht ein »neuer Mensch«, vielmehr sollten die bewährten Überlieferungen weiterentwickelt werden: Anpassungsfähigkeit und Pioniergeist, Leistungswille ohne Bildungsdünkel. Den Erfolg der Bildungsmaßnahmen maß man an der

Integration des Individuums in die Gesellschaft, am Aufstieg und Erfolg und nicht zuletzt am Einkommen. Die amerikanische Bildungsökonomik, ein Kind jener Jahre, stellte die jedem Amerikaner einleuchtende Hypothese auf, die Länge schulischer Bildungsmaßnahmen stehe in einem meßbaren Verhältnis zum Lebenszeiteinkommen; mehr Schule hieß also: mehr Lebenschancen für eine größere Zahl von Menschen.

Es ist hier nicht der Ort, die unzähligen Programme, Initiativen und gesetzgeberischen Maßnahmen aufzuführen, mit denen Amerika in den fünfziger und sechziger Jahren auf die Herausforderung der russischen Technologie und des russischen Bildungswesens reagiert hat. Erwähnt seien die vom Bund vorangetriebene Zentralisierung (unternommen meist unter dem Titel des Gesundheitswesens und der Anti-Rassismus-Gesetzgebung); der Ausbau der Vorschulerziehung, in der man besondere kompensatorische Möglichkeiten sah; die stärkere Differenzierung der High School; die Verbesserung von Lehrerausbildung und -besoldung (die in Amerika lange Zeit weit unter europäischen Standards lag), endlich die stärkere Einführung von Beratung und Psychologie in die Schulen. Aus der Vielzahl der Unternehmungen schälte sich als Kern die Forderung nach Chancengleichheit heraus. Das Schulwesen rückte damit aus einer pädagogischen in eine sozialpolitische Perspektive. Die Verstärkung öffentlicher Mittel und Einflüsse auf die Schulen korrespondierte mit der weltweiten Bewegung eines pädagogischen Optimismus, der die Bildbarkeit des Menschen ebenso hoch anschlug, wie er Begabungs- und Leistungsunterschiede gering einschätzte. Die Schule wurde als Sozialisationsinstanz in weitreichende gesellschaftspolitische Programme einbezogen; Lernen schien ein universales Heilmittel nicht nur für individuelle Unwissenheit, sondern vor allem für gesellschaftliche Rückstände und Krankheiten zu sein.

Inzwischen ist in den USA eine spürbare Ernüchterung eingetreten. Die Möglichkeiten des Bildungswesens, Ungleichheit in der Gesellschaft zu vermindern, ja zu beseitigen, werden heute weit skeptischer eingeschätzt als in den fünfziger und sechziger Jahren. Nicht daß man die Forderung nach Chancengleichheit aufgegeben hätte; aber man zweifelt daran, daß sie von der Schule – und gar von der Schule allein – verwirklicht werden könnte. Christopher Jencks hat in seinem Buch »Inequality« (1972) das Ergebnis jahrelanger Untersuchungen mehrerer Forschergruppen an der Harvard-Universität in dürren Sätzen so zusammengefaßt: »Der Hauptgrund, weshalb manche Leute reicher enden als andere, besteht nicht darin, daß sie angemessenere kognitive Fertigkeiten besitzen. Kinder, die gut lesen, Rechenaufgaben richtig lösen und ihre Gedanken klar ausdrücken können, haben zwar eine etwas größere Fortkommenschance als andere, aber es spielen noch viele andere, gleich wichtige Faktoren eine Rolle. So gibt es zwischen denen, die bei Standardtests gut abschneiden, fast ebensoviel Ungleichheit wie in der allgemeinen Bevölkerung. Auch wenn man allen beibringt, gleich gut zu lesen, würde man die Zahl der ökonomischen ›Versager‹ nur unerheblich verringern ... Es gibt keine Anhaltspunkte dafür, daß eine Schulreform das Ausmaß der kognitiven Ungleichheit, wie es von Tests der verbalen Fähigkeit, des Leseverständnisses oder der mathematischen Fertigkeiten gemessen wird, entscheidend vermindern kann. Weder schulische Hilfsmittel noch Rassentrennung wirkten sich nennenswert auf Testergebnisse oder erreichtes Bildungsziel aus ... Der wirtschaftliche Erfolg scheint auf verschiedenen, mit Glück und Tauglichkeit am Arbeitsplatz zusammenhängenden Faktoren zu beruhen, die nur in bescheidenem Ausmaß mit dem familiären Hintergrund, der Schulbildung oder den Ergebnissen bei Standardtests zusammenhängen. Die Tauglichkeitsdefinition variiert von einem Arbeitsplatz zum anderen erheblich, scheint aber in den meisten Fällen eher von der Persönlichkeit als von technischen Fertigkeiten abzuhängen. Das macht es schwer, sich eine Strategie der Wettbewerbsegalisierung vorzustellen. Eine Strategie der Glücksegalisierung läßt sich viel schwerer vorstellen.«

Es wundert nicht, daß man angesichts der Enttäuschung über die soziale Unwirksamkeit schulischer Reformen heute wieder stärker nach der erzieherischen Rolle der Schule fragt. Anknüpfend an Dewey plädiert Jencks entschieden für Werkstattperspektiven: an Stelle kaum meßbarer Langzeiteffekte müsse man das Hier und Heute beachten, die pädagogische Unmittelbarkeit, den Umgang zwischen Lehrern und Schülern, kurz den einmaligen, unwiederbringlichen schulischen Augenblick. »Statt Schulen nach ihren Langzeiteffekten auf die Schüler zu bewerten, die relativ uniform erscheinen, halten wir es für klüger, sie nach ihren unmittelbaren Wirkungen auf Lehrer und Schüler zu bewerten, die weit unterschiedlicher scheinen. Manche Schulen sind langweilige, deprimierende, angsterregende Orte, während andere lebendig, angenehm und beruhigend sind. Wenn wir das Schulleben als Selbstwert und nicht als Mittel zu irgendeinem Zweck betrachten, sind derartige Unterschiede sehr wichtig. Eine Beseitigung dieser Unterschiede würde zwar nicht sehr viel dazu beitragen, die Gleichheit unter Erwachsenen zu vergrößern, aber sie würde mehr Gleichheit schaffen in der Lebensqualität der Kinder und Lehrer. Da Kinder ein Fünftel ihres Lebens in Bildungsinstitutionen verbringen, wäre das eine beträchtliche Leistung.«

Die geschilderten Bildungsreformen in der Sowjetunion und in den USA haben in den sechziger Jahren stark auf die europäischen Länder gewirkt. Viele Maßnahmen sind – phasenverzögert – in Ost- und Westeuropa übernommen worden. Die Kurve der Erfahrungen und Enttäuschungen zeichnet sich heute in Europa ebenso deutlich ab wie in den Ursprungsländern der modernen Bildungsreform. Sie führt vom Gleichheitspathos zu neuer Differenzierung, vom gesellschaftsverändernden Überschwang zu pädagogischer Ernüchterung, von der sozialpolitischen Überschätzung der Schule zu ihrer Neuentdeckung als Ort der Bildung und Erziehung. Als Beispiel sei die Bundesrepublik Deutschland erwähnt. Sie hat seit 1964 – dem Jahr der von Georg Picht ausgerufenen »Deutschen Bildungskatastrophe« – zahlreiche Reformen in Gang gebracht. Vor allem quantitativ und organisatorisch ist das Bildungswesen ausgeweitet worden. Um nur die wichtigsten Ergebnisse zu nennen: 1964 hatten wir in der Bundesrepublik jährlich etwa 50000 Abiturienten; heute sind es mehr als dreimal soviel. Im öffentlichen Schuldienst waren 1964 296000 Lehrer beschäftigt; heute sind es über eine halbe Million. 1964 gingen noch fast 70 Prozent aller Schüler auf die Hauptschule, heute liegt die Zahl im Bundesdurchschnitt unter 50 Prozent, die Mehrzahl der Jugendlichen geht in Gymnasien, Realschulen und Gesamtschulen. Die soziale und regionale Verteilung der Bildungschancen hat sich verbessert. Die Bildungsausgaben sind seit 1964 nahezu verfünffacht worden. Im ganzen also eine bemerkenswerte Bilanz, zumal wenn man bedenkt, daß die Ausgangslage günstiger war als in der Sowjetunion, teilweise auch in den USA: Es handelte sich weniger darum, ein neues Bildungswesen aufzubauen als ein überliefertes Bildungssystem den Zeiterfordernissen anzupassen.
Dennoch ist das Ergebnis so vieler Mühen auch bei uns nicht Zufrie-

denheit, sondern Enttäuschung. Die Luft ist erfüllt von Klagen über Schulstreß, *numerus clausus,* sinkende Bildungs- und Berufschancen für die junge Generation. Wie kommt es, daß eine mit so großen Hoffnungen und zunächst von allen Parteien einvernehmlich unternommene Bildungsexpansion in offensichtlich krisenhafte Zustände hineingeführt hat?

Drei Gründe dürfen genannt werden. Einmal wurden die Rahmenbedingungen von Bildungsreform und Bildungsexpansion unzureichend beachtet. Sodann hat man die allgemeine Bildung zu Lasten der beruflichen Bildung überproportional ausgeweitet. Endlich begann man die klassische Bedarfsfrage umzukehren: nicht Bedürfnisse sollten das Bildungssystem bestimmen, sondern Bildung sollte umgekehrt Bedürfnisse wecken, sich ihren eigenen Bedarf schaffen. Die Bildungsreform, ursprünglich von außen angestoßen, vornehmlich aus amerikanischen Erfahrungen, wurde so zum Selbstzweck und geriet in Konflikt mit ihren ursprünglichen Zielen.

Picht sah richtig, daß es bei uns im Jahr 1964 weniger Abiturienten gab als in zahlreichen westlichen Ländern. Er übersah aber, daß bei uns fast alle Abiturienten zum Studium drängten – anders als in der Sowjetunion oder in den USA. Das hieß aber: Wenn man in Deutschland die Zahl der Abiturienten vermehrte, so hatte dies erhebliche Konsequenzen für den Hochschulbereich. Da die Hochschulplätze nicht im Tempo der Abiturientenprogression wachsen konnten, war bei einer ungezielten, unabgestimmten Vermehrung der Hochschulberechtigungen der *numerus clausus* programmiert.

Ein zweites wurde übersehen. Die Bildungsreform brachte nicht nur Erweiterungen (vorwiegend in Realschulen, Gymnasien, Hochschulen), sie führte auch zu Entwicklungsstillstand und Schrumpfung an anderer Stelle (vorwiegend in Hauptschulen und im beruflichen Bildungswesen). Der Hauptschule wurden viele qualifizierte Schüler entzogen. Die Investitionsströme liefen in die Richtung der Schulen mit den stärksten Übertrittsquoten. Auf dem dezimierten Sockel einer (Rest-)Hauptschule konnte auf die Dauer kein qualifiziertes berufliches Bildungswesen gedeihen. Die Gegensteuerung kam um Jahre zu spät. Das Ergebnis war eine mit Fremdsprachen angereicherte, aber von Schülern entblößte Hauptschule, neben der die Sonderschulen zunahmen, ein in seinem Eigenwert eingeschränktes Gymnasium, Hochschulen, deren Studiengänge eine Abschließung gegenüber Beruf und Leben zeigten, und eine berufliche Bildung, die ihr Theoriedefizit beklagte, statt sich ihrer Praxisnähe zu rühmen.

Diese Einseitigkeiten der Bildungsreformen hätten sich freilich regulieren lassen – hätte sich nicht in den späteren sechziger Jahren ein Begriff von Bildung und Bildungsreform durchgesetzt, der sich gegen jede Korrektur von außen immunisierte. Die Meinung verbreitete sich, Bildung sei ein autonomer Wert in sich, der auf die Sachzwänge von Beruf und Bedarf keine Rücksicht zu nehmen habe. Die Frage hieß jetzt nicht mehr – systemimmanent –: Wieviel Ausgebildete brauchen wir, um unser Bildungs- und Beschäftigungssystem aufrechtzuerhalten? Sondern die Frage hieß – systemsprengend –: Wieviel *zuviel* brauchen wir, damit die Strukturen unseres Beschäftigungssystems sich ändern? Ein autonom gesetzter Bildungsbegriff wurde gegen die Ansprüche von Beruf, Bedarf, Beschäftigungssystem ins Feld geführt – mit der Folge, daß die Abstimmung von Ausbildungssystem und Berufswelt immer schwieriger wurde, ihr Verhältnis schließlich aus den Fugen geriet.

Heute wird der Öffentlichkeit bewußt, daß die ökonomischen und politischen Rahmenbedingungen der Bildungsexpansion sich verändert haben. Weder können wir mit auch nur annähernd ähnlichen Zuwachsraten des Sozialprodukts wie in den fünfziger und sechziger Jahren rechnen, noch setzt sich die überproportionale Steigerung der Bildungsausgaben fort. Diese scheinen in allen westlichen und östlichen Industriestaaten an unübersteigbare, schwer überwindbare Obergrenzen zu stoßen. Für die Bundesrepublik fällt eine weitere Rahmenbedingung weg: die Annahme einer stetig wachsenden Schulbevölkerung, die den Prognosen und Planungen der sechziger Jahre zugrunde lag. Auf die größte Bildungsexpansion unserer Geschichte ist der größte Geburtenrückgang unseres Jahrhunderts gefolgt – und beides paßt nicht zusammen.

So dreht sich unter dem Druck neuer Tatsachen die bildungspolitische Problemlage um – ein Vorgang, den die Öffentlichkeit erst allmählich in seiner Tragweite erkennt. Der Prozeß ist unten, bei Kindergärten und Grundschulen, bereits im Gang. An die Stelle der Suche von Eltern und Kindern nach mehr Lehrern, mehr Räumen, besserer Ausstattung ist dort die Suche der Lehrer (und der Erzieherberufe allgemein) nach Kindern getreten. Neugebaute Kindergärten und Schulgebäude drohen sich zu leeren; das eben überwundene Stadt-Land-Ge-

fälle akzentuiert sich neu; die Meldungen von Kindern zur Sonderschule nehmen ab.
Die neue Problemfront der Bildungsreform (zuviel Kapazitäten bei zuwenig Nachfrage) schiebt sich von Jahr zu Jahr stärker an die alte, aus der Zeit der geburtenstarken Jahrgänge und der Bildungsexpansion stammende Problemfront (zuviel Nachfrage bei zuwenig Kapazitäten) heran. Der wechselseitige Konkurrenzdruck hat die Gymnasien erreicht, die sich bereits bei örtlicher Kumulation die Schüler abzujagen beginnen, während die Realschulen vom Schwächerwerden der Aufstiegserwartungen profitieren und daher leidlich über die Runden kommen. Bei gymnasialer Oberstufe und Hochschulen ist die alte Problemfront noch besonders ausgeprägt. Dies zeigt vor allem der *numerus clausus*. Aber auch hier könnte der Prozeß der Umstellung sich abkürzen, falls sich ein seit 1975 erkennbarer Trend befestigt: daß nämlich nicht mehr alle (oder fast alle) Abiturienten von ihrem Recht auf Studium Gebrauch machen. Der biologische Rückgang, der in den späten achtziger Jahren zu erwarten steht, würde dann antizipiert. Nur wenn diese Annahme zutrifft, sind übrigens die Pläne, den *numerus clausus* in absehbarer Zeit ganz abzuschaffen, leidlich realistisch.

Den geschilderten Vorgängen entspricht psychologisch eine veränderte Einschätzung von Schule und Bildung. Sie dringt heute wiederum, wie in den frühen sechziger Jahren, von Amerika her in die europäischen Länder vor. Da ist, nach Jahren der Schul-Überschätzung, eine Tendenz zu heftiger Schulkritik. Da ist eine stärkere Achtsamkeit auf die Umweltbedingungen der Bildung, die das blinde Vertrauen in bloß organisatorische Maßnahmen der Bildungsreform allmählich ablöst. Da ist endlich, wie schon erwähnt, die Neuentdeckung der Schule als Ort der Bildung und Erziehung – jenseits der in den sechziger und siebziger Jahren in den Vordergrund gerückten Sozialpolitik.
Die neue Wendung zur Person, zum Erzieherischen – manche mögen darin eine pädagogische Neoromantik sehen – ist wiederum ein weltweiter Vorgang. Er macht sich selbst in der Sowjetunion bemerkbar. In einer vielgelesenen Erzählung von Wladimir Tendrjakow »Die Nacht nach der Entlassung«, sagt die Klassenbeste Julj in einer Ansprache zum Abschied, die unerwarteterweise zur Anklagerede wird: »Jetzt muß ich gehen, aber ich kann es nicht ... Ich habe der Schule gehorcht und ... und ich wagte nicht, irgend etwas zu lieben. Jetzt

schaue ich mich um, und es kommt mir vor, als liebte ich – nichts!« Die Erzählung endet mit dem Satz: »Wir müssen leben lernen.«
Stärker kann man kaum ausdrücken, was die Bildungsreformen der letzten Jahrzehnte in Ost und West den jungen Menschen gebracht – und was sie ihnen vorenthalten haben. Man wünscht sich beim Rückblick auf diese Epoche, die junge Generation, die in zwanzig Jahren vor der Schulentlassung steht, möge in der Lage sein, eine günstigere, eine ermutigendere Bilanz zu ziehen.
Vielleicht erwächst aus Enttäuschungen eine neue Nüchternheit, vielleicht gelingt es künftigen Generationen, Kräfte der Individualisierung, der Eigeninitiative zu mobilisieren und nicht nur in jeder Krisenlage nach dem Staat zu rufen. Man muß es wünschen und man soll es hoffen. (1983)

Die Deutschen und die anderen

Föderalismus in Deutschland und Frankreich

Der Wanderer, der aus »Allemagne fédérale« *kommt, kann sich durchaus vorstellen, daß die normannische Flagge mit den Löwen auf dem Schloß in Caen eines Tages mehr ausdrücken könnte als nur eine melancholische Erinnerung an längstvergangene Zeiten – nämlich die Tatsache, daß hier die Region Basse-Normandie ihren Sitz und ihren Regionalrat hat. Er kann sich freilich kaum vorstellen, daß der Präsident des Regionalrats sich eines Tages als Nachfolger Wilhelms des Eroberers, des Herzogs der Normandie, fühlen könnte – so wie sich noch heute ein bayerischer Ministerpräsident in Deutschland ein wenig als Nachfolger des Herzogs Tassilo fühlen darf.*

Föderalismus, Regionalisierung, Dezentralisierung – diese Worte hatten in Frankreich lange Zeit nur theoretische Bedeutung. Sie boten Stoff für wissenschaftliche Diskussionen, für Projekte und Pläne – in der politischen Realität war ihr Gewicht gering. 1952 gab Robert Pelloux in den *Cahiers de la Fondation Nationale des Sciences Politiques* eine Broschüre mit dem Titel *»Libéralisme, traditionalisme, décentralisation«* heraus; der bezeichnende Untertitel lautete: *Contribution à l'histoire des idées politiques.* Die Idee der Dezentralisierung (man vermied den Begriff Föderalismus) erschien hier in enger Verbindung mit dem Gedanken der »Zwischengewalten«, und als Zeugen wurden so verschiedene Geister wie Tocqueville, Taine, Gustave Thibon und Bertrand de Jouvenel aufgerufen. Niemand gab sich einem Zweifel hin, daß es sich um Ideengeschichte handelte und nicht um ein bedrängendes Problem aktueller Politik. Einzig ein Aufsatz von Jean Garagnon, der sich mit der Reform der Departements beschäftigte, ließ die Gedanken in eine damals noch utopische Zukunft schweifen: seine beiden Kapitel *»La région remplaçant le département«* und *»La région se superposant au département«* müssen französischen Lesern der fünfziger Jahre so fremd in den Ohren geklungen

haben wie etwa heutigen deutschen Lesern die Prophezeiung, ein unwiderstehlicher Bonner Zentralismus werde in Kürze den historischen Ländern der Bundesrepublik den Garaus machen.
Nun, heute gibt es in Frankreich Regionen, wenn auch vorderhand nur als *établissements publics*, noch nicht als Gebietskörperschaften (aber das soll sich in Kürze ändern). Neben die Generalräte sind die Regionalparlamente getreten. Man überlegt seit Jahren, wie die gewählten Körperschaften mehr Gewicht gewinnen können gegenüber den Exekutivgewalten des Zentralstaats; die wirtschaftlichen Zuständigkeiten von Gemeinde, Departement und Region sollen erweitert werden; der Präfekt als Statthalter der Pariser Zentrale soll seine Exekutivbefugnisse an den gewählten Präsidenten des Generalrats beziehungsweise des Regionalrats abgeben, und anderes mehr. Ein erstaunlicher Vorgang: Was vor drei Jahrzehnten noch utopisch schien, das nähert sich heute mit raschen Schritten der Verwirklichung. Frankreich regionalisiert sich, dezentralisiert sich, föderalisiert sich – so scheint es jedenfalls dem Betrachter von jenseits des Rheins. Und dieser Prozeß vollzieht sich nicht mehr in theoretischen Debatten, sondern im vollen Licht der Öffentlichkeit, im Schoß der Regierung und des Parlaments: Der gegenwärtige Innenminister, Herr Defferre, führt den Titel eines Ministers der Dezentralisierung, und der Nationalversammlung liegt ein umfassendes Dezentralisierungsgesetz zur Beratung vor, das die Rechte und Freiheiten von Gemeinden, Departements und Regionen neu bestimmt.
Das muß die Neugier des Nachbarn erregen – zumal dann, wenn dieser Nachbar, in der Sprache der Franzosen, *»Allemagne Féderale«* heißt. Und so darf ich hier auf Ihre freundliche Einladung hin einiges ausführen über Aspekte des Föderalismus in Deutschland und Frankreich. In der Tat fordert die gegenwärtige Entwicklung Vergleiche geradezu heraus. Regionalisierung und Dezentralisierung sind ja europäische Vorgänge; sie reichen über Frankreich und Deutschland hinaus. Dennoch sind die Ausgangspunkte, die historischen Gegebenheiten für eine Politik der Dezentralisierung, gerade in unseren beiden Ländern sehr verschieden. Eben diese Differenz ist das Fesselnde an unserem Thema. Es wäre ja in der Tat schade, wenn unsere kleine europäische Welt nur noch bewegt würde von Tendenzen der Vereinheitlichung, wenn es nicht noch Spielraum gäbe für die Ausprägung von Individualitäten. Fragen wir also nach der Individualität des

deutschen Föderalismus und der französischen Dezentralisierung, ihrem gemeinsamen Gesicht und ihren unterschiedlichen Zügen – ein weites Feld, das ich mit einigen Thesen nur locker umschreiben und ein wenig einkreisen kann.

Ich beginne mit einer einfachen Beobachtung: Die Bausteine für ein dezentralisiertes politisches System diesseits und jenseits des Rheins – ob es nun schon besteht oder für die Zukunft geplant ist – sind sehr verschieden. Das gilt nicht so sehr für den Grundbaustein der Gemeinden, bei denen ein hohes Maß von Ähnlichkeit, von Vergleichbarkeit besteht; das gilt schon eher für die Zentralgewalt, die in Frankreich sehr viel kräftiger ausgeprägt ist als in Deutschland; das gilt in stärkstem Maß bei den Mittelgewalten (Ländern, Regionen), die in Deutschland zur überlieferten politischen Substanz gehören, während sie in Frankreich künstliche Neuschöpfungen jungen Datums sind.

Am meisten ähneln sich die *Gemeinden.* In Deutschland wie in Frankreich sind sie Gebietskörperschaften und Selbstverwaltungskörperschaften; in beiden Ländern haben sie eigene wie auch übertragene Aufgaben; beiderseits gilt der Grundsatz der Allzuständigkeit in Angelegenheiten der örtlichen Gemeinschaft: Die Gemeinden sind zuständig, wenn das Gesetz nichts anderes sagt. Deutsche wie französische Gemeinden sind die ausschließlichen Träger der örtlichen öffentlichen Verwaltung; beide haben dieselben Organformen: gewählter Gemeinderat, gewählter Bürgermeister; beide können Satzungen erlassen, beide unterstehen der staatlichen Aufsicht. Gemeinsam sind ihnen auch die gleichen Nöte und Kümmernisse: Beide leiden in wirtschaftlichen Krisen an Geldmangel, was die Selbstverwaltung vielfach aushöhlt, weil der Staat als häufiger Zuschußgeber mitredet.

Demgegenüber weist die Struktur der *Zentralgewalt* in Deutschland und Frankreich charakteristische Unterschiede auf. Deutschland war stets ein Reich, ein Bundesstaat oder Staatenbund, kurzum ein föderales Gebilde (zentralistische Perioden sind untypisch für unsere Geschichte). Frankreich dagegen war und ist ein Einheitsstaat mit einer starken Zentralregierung. Die französische Nation erkennt und spiegelt sich sehr früh in der Hauptstadt Paris. In der deutschen Geschichte fehlt ein ähnliches, die politischen und kulturellen Kräfte sammelndes Zentrum, die Adressen unserer Hauptstädte wechseln durch die Geschichte hindurch, von Aachen, Goslar, Bamberg, Köln, Mainz, Rom, Prag, Wien bis Frankfurt, Berlin, Bonn. Dementsprechend ist die Zentralgewalt in Deutschland traditionellerweise schwach, zumindest schwächer als in Frankreich; neben der Hauptstadt stehen andere Zentren, keine Stadt repräsentiert auf längere Frist das ganze Deutschland, nicht politisch und schon gar nicht kulturell. Nirgendwo in Europa gibt es so viele kleine Residenzen, von denen jede ein eigenes Gesicht trägt. Der Reichtum der kulturellen Provinz in Deutschland zehrt bis heute vom landesherrlichen Mäzenatentum. In wenig europäischen Ländern stößt man abseits der Weltstädte auf Kunstsammlungen höchsten Ranges, wie sie heute noch in kleinen Orten wie Wolfenbüttel, Hildburghausen, Meiningen zu sehen sind, nicht zu reden von der Kirchen- und Klosterbaukunst in den zahlreichen geistlichen Residenzen von Melk bis Ottobeuren, von Eichstätt bis Hildesheim. Zentrale ist in Deutschland nicht Kultur (zumindest nie allein). Region ist in Deutschland nicht Provinz. Und da sich eine einheitliche, stetig wirkende Zentralgewalt in Deutschland nicht entwickelt hat, fehlt auch das für Frankreich so typische unmittelbare Gegenüber von Gemeinde und Hauptstadt: Für die deutsche Gemeinde ist noch heute das Land viel wichtiger, viel entscheidender als der Bund. Die tief einschneidenden Gemeindegebietsreformen der letzten beiden Jahrzehnte, die rund die Hälfte der alten Gemeinden beseitigt und durch neue, größere ersetzt haben, sind allesamt von den Ländern ausgegangen, während in Frankreich der Zentralstaat bis heute die Gemeinden kaum angetastet hat – Gemeinden, die viel zahlreicher und im Durchschnitt sehr viel kleiner sind als in Deutschland und die großenteils noch auf die Pfarreien des *Ancien régime* zurückgehen.

Damit berühren wir einen Hauptunterschied zwischen dem föderalen System in Deutschland und in Frankreich: den Unterschied zwischen Ländern und Regionen. Äußerlich betrachtet, sind deutsche Länder und französische Regionen durchaus vergleichbar: Sie haben ungefähr die gleiche Fläche, sie bilden die Mittelglieder in einem politischen System, das einerseits von der Gemeinde, andererseits von der Zentralgewalt begrenzt wird; sie sind, gemeinsam mit den Departements, Arrondissements und Cantons (den Regierungsbezirken und Landkreisen in Deutschland) die eigentlichen territorialen *pouvoirs intermédiaires*. Doch damit endet schon die Analogie. Denn an politischem und historischem Gewicht sind Länder und Regionen sehr verschieden. Gewiß, auch die Bretagne, auch Burgund, das Elsaß oder die Franche-Comté haben eine große und reiche Vergangenheit. Doch sind die alten Provinzen in Frankreich mit wenigen Ausnahmen tot. Seit der Revolution sind sie vom Departementssystem überlagert worden. Kann man sie, will man sie wiederbeleben? Vorläufig sind die 1972 neugeschaffenen Regionen nicht mehr als lose Föderationen von Departements, sie sind erst auf dem Weg zu Gebiets- und Selbstverwaltungskörperschaften. Demgegenüber die deutschen Länder: Sie haben, verglichen mit den Regionen, geradezu den Charakter von Staaten, mit eigenen Verfassungen und Verfassungsgerichtshöfen, eigenen Regierungen und Parlamenten, eigenen Beamten. Was das Grundgesetz nicht ausdrücklich dem Bund vorbehält, ist Ländersache (Hauptausnahmen: Außenpolitik und Verteidigung). Schulen, Hochschulen, Erwachsenenbildung, Wissenschaft und Kultur stehen im wesentlichen in der Verwaltung der Länder. Die Kulturhoheit ist das Kernstück der Länderzuständigkeit. Hier wird eine Kontinuität der deutschen Geschichte sichtbar: Die Länder sind die Erben der alten Fürstentümer – auch dort, wo es sich um nach dem Krieg neugeschaffene Staaten wie Nordrhein-Westfalen oder Rheinland-Pfalz handelt. Sie haben daher ein sehr starkes Gewicht. Sie sind die stärksten Glieder im politischen System der Bundesrepublik. Die Bundesrepublik ist eine Schöpfung der Länder, nicht umgekehrt.

Das heißt: die föderale Trias Gemeinde – *pouvoirs intermédiaires* – Zentralstaat hat in Frankreich ein ganz anderes Gesicht als in Deutschland. In Frankreich sind Gemeinde und Zentralstaat relativ stark, die Mittelinstanzen schwach – in Deutschland ist es umgekehrt. Man könnte sagen, Frankreich tendiere zu einer zweipoligen, Deutschland zu einer dreipoligen Staatsstruktur. Jedenfalls, der harte Kern der Staatlichkeit liegt in Deutschland in den Ländern, während Gemeinden und Zentralstaat oft ihre Formen wechseln; in Frankreich dagegen hat die Region, zwischen Zentralstaat und Gemeinden liegend, bisher noch keine feste Form gewonnen. Anstöße zur Veränderung gehen in Frankreich immer noch »von oben«, von der Zentralregierung, dem Parlament aus – daher heißt »Föderalismus« in Frankreich: Dezentralisierung. In Deutschland hingegen hängt die spezifische Gestalt, die Stärke oder Schwäche sowohl der Gemeinden wie der Zentralgewalt aufs stärkste von den Ländern ab – daher heißt »Dezentralisierung« in Deutschland: Föderalismus.

Nun gedeihen politische Systeme nicht im luftleeren Raum. Sowohl in Deutschland wie in Frankreich haben in jüngster Zeit verschiedene

Kräfte auf die politischen Strukturen verändernd eingewirkt: Technik und Industrialisierung, Parteien und Verbände, Wissenschaft und Medien. Solche Kräfte wirken bald stabilisierend, bald destabilisierend auf das politische System. Sie sind nicht auf eine einfache Formel zu bringen.

In Deutschland hat das Parteiensystem die föderalistische Struktur des Staates stabilisiert. Dies nicht in dem Sinn, daß Regionalparteien entstanden wären (sie haben sich im Gegenteil aufgelöst), sondern in dem Sinn, daß Bund, Länder und Gemeinden zu gleichgewichtigen und sich ergänzenden Rekrutierungs- und Aktionsfeldern der Parteien geworden sind. Bundestagswahlen, Landtagswahlen, Kommunalwahlen lösen einander in regelmäßiger Folge ab, wobei die Tendenzen wechseln: In Zeiten starker politischer Polarisierung gleichen die Ergebnisse sich an (jüngstes Beispiel: die hessischen Kommunalwahlen des Jahres 1981!), während sich unter Normalbedingungen eher eine Balance- und Kompensationswirkung geltend macht. Die drei Spielfelder der politischen Aktion haben sich im Lauf der Zeit stark angeglichen. Die kleineren lokalen Zusammenschlüsse, die Rathausparteien und Wählergemeinschaften – in Stadt- und Gemeindeparlamenten, Kreis- und Bezirkstagen noch immer wirksam – haben im ganzen an Bedeutung verloren. Es herrscht ein reger, im Lauf der Zeit sogar intensivierter Austausch des politischen Personals hinüber und herüber: Ein Bundeskanzler (oder ein Kanzlerkandidat) kann ohne weiteres aus der Landespolitik kommen, ein erfolgreicher Kommunalpolitiker in die Landes- oder Bundespolitik wechseln – und umgekehrt. Für die politische Gesamtlage sind die Wahlen auf den drei Gebietsebenen ein anstrengender, aber nützlicher Dauertest, der das politische System zwingt, sich dem Bürger gegenüber personell und programmatisch zu artikulieren. Für den Zusammenhalt von Bund, Ländern und Gemeinden ist die durch wenige, landesweit überschaubare Kräfte garantierte Homogenität ein zusätzlicher Faktor der Stabilität. Demgegenüber wirken Technik, Industrialisierung, Medien und andere Einflüsse stärker verändernd auf die föderalistische Struktur ein. In Deutschland hat man seit den sechziger Jahren eine Zunahme unitarischer Tendenzen festgestellt, ausgelöst durch die wachsende Mobilität der Bevölkerung und das Verblassen alter sozialer und landschaftlicher Zugehörigkeiten. Die Vereinheitlichung der Lebensformen, die Standardisierung von Produktion und Konsum, die Effizienz und

Schnelligkeit moderner Kommunikationsmittel, die gleichmäßigen Ansprüche an Bildungsservice und sozialstaatliches »Netz«, kurz die Uniformität moderner Gesellschaften – dies alles ist dem Föderalismus, seinem Aufbau in Schichten und Gliederungen, seinem komplizierten Geäst und Geflecht in der Tat nicht günstig. So hat man denn auch in der Bundesrepublik den Föderalismus kooperativ »geöffnet«: Eine Reihe von Gemeinschaftsaufgaben zwischen Bund und Ländern wurde neu geschaffen, die Zuständigkeiten des Zentralstaates wurden verstärkt. Dies gilt selbst für den empfindlichen Bereich der Bildungspolitik: seit 1969 besitzt der Bund das Recht, gleichlautende Gesetze zur Hilfe der wissenschaftlichen Forschung und zur Regelung der finanziellen Unterstützungen von Schülern und Studenten zu erlassen. Das bedeutet, daß auf diesen Gebieten Bayern zur Gesetzgebung nur in dem Maß berechtigt ist, wie der Bund von seinem Recht zur Gesetzgebung keinen Gebrauch macht. Der Bund kann Gesetze in dem Maß verkünden, wie eine bundesweite gesetzliche Regelung notwendig ist, zum Beispiel zur Erhaltung der Gleichartigkeit der Lebensbedingungen in ganz Deutschland (für weitere Einzelheiten siehe Artikel 72 des Grundgesetzes). Man kann beispielsweise das Bundesgesetz zur finanziellen Unterstützung der Schüler und Studenten anführen (Bundesausbildungsförderungsgesetz).

Außerdem kann der Bund unter gewissen Bedingungen allgemeine Grundsätze für die Ausbildung an Hochschulen bestimmen – nicht jedoch für das Primar- und Sekundarschulwesen (Rahmengesetzgebung, Artikel 75 Grundgesetz). Dies hat der Bund im Hochschulrahmengesetz durchgeführt.

Endlich gibt es allgemeine Aufgaben, die infolgedessen im Grundgesetz verankert sind (Artikel 91 a): beim Hochschulbau – einschließlich der Errichtung neuer Universitäten und des Baus von Universitätskliniken – wirkt der Bund mit bei der Erfüllung der Aufgaben der Länder und übernimmt dabei die Hälfte der Ausgaben.

Auf dem Gebiet der Gesamtbildungsplanung und der Finanzierung von Forschungszentren und -projekten von überregionaler Bedeutung können der Bund und die Länder, ohne dazu verpflichtet zu sein, auf Grund von Vereinbarungen zusammenwirken (Artikel 91 Grundgesetz). Die Aufteilung der Kosten wird in der Vereinbarung geregelt.

Im Rahmen dieser Verteilung wirkt der Bund zum Beispiel mit bei der Finanzierung der Max-Planck-Institute (vergleichbar dem *Centre*

National de la Recherche Scientifique und der Deutschen Forschungsgemeinschaft) sowie bei der Finanzierung von Versuchsprojekten im schulischen Bereich. Hierbei dient die Bund-Länder-Kommission für Bildungsplanung und Forschungsförderung als Werkzeug.

Man hat zu Ende der sechziger Jahre in der Bundesrepublik Deutschland geglaubt, daß mit diesen Maßnahmen ein Prozeß langsamen Übergangs von Länderkompetenzen an den Bund eingeleitet sei. In der Tat haben sich die Gewichte in den Jahren der sozialliberalen Koalition verschoben: Der Bund versuchte gelegentlich gegenüber den Ländern die Rolle des Großen Bruders, des Vorreiters und Zuchtmeisters zu übernehmen. Doch hat er sich damit ein wenig übernommen. Heute ist ein deutlicher Rückschlag zu verzeichnen: Die amtierende Bundesregierung kann wegen der aktuellen Finanzkrise gegenwärtig ihren Anteil an den Gemeinschaftsaufgaben nicht mehr voll zur Verfügung stellen. Die Länder sind in zentralen gemeinsamen Fragen (Straßenbau, Landwirtschaftsförderung, Hochschulbau) wieder stärker auf sich selbst verwiesen. Das führt dazu, daß man gegenwärtig von einem kooperativen oder gar unitarischen Föderalismus in der Bundesrepublik Deutschland nur mehr in sehr gedämpftem Ton redet. Die vor Jahren prophezeite Stärkung der Zentralgewalt – erhofft von den einen, gefürchtet von den anderen – dürfte damit vorläufig gegenstandslos sein.

Diese politische und staatsrechtliche Ernüchterung fällt zusammen mit einem Wandel der Mentalität. Nach Jahren einer fast rauschhaft erlebten Mobilität macht sich heute ein stärkeres Verlangen nach Befestigung, Überschaubarkeit, stabileren Zuordnungen bemerkbar. Das Pathos des Wiederaufbaus wird abgelöst von einem Pathos der Bewahrung. Denkmalpflege und Umweltschutz haben Konjunktur. Dorffeste und Stadtvierteltraditionen werden wiederentdeckt. Die »kleine Schule« ist Trumpf. Ich will das alles nicht überschätzen; vieles daran ist sicher Nostalgie, Angst vor dem Tempo, mit dem die industrielle Gesellschaft ihre Ressourcen aufzehrt, Sehnsucht nach einer weniger beschleunigten, weniger lärmenden, weniger konkurrenzerfüllten Welt. Aber die Auswirkungen auf das politische System sind sichtbar: Das Kleine, Überschaubare, Kontrollierbare in der Nähe ist wieder gefragt. Man mißtraut den lauten Großsprechereien aus der Ferne. Dies alles verschafft der föderativen Ordnung neuen Auftrieb, ja eine neue Legitimation. Sie braucht sich nicht mehr, wie in den sechziger Jahren, mit rationalen Hilfsargumenten der Gewaltenteilung und des Subsidiaritätsprinzips gegen ihre Widersacher zu verteidigen. Sie kann ihre Gegner an sich herankommen lassen. Nicht die Länder, die Bundesgewalt steht neuerdings unter Rechtfertigungszwang.

Gilt dies auch für Frankreich? Hier muß man nochmals auf die unterschiedlichen Ausgangspunkte hinweisen. »Dezentralisierung« ist in Frankreich nicht ein Reflex der Selbstbehauptung mächtiger Mittelinstanzen gegen den Zentralstaat, ganz im Gegenteil: Sie ist eine von der Zentrale selbst in Gang gebrachte Politik der Selbstbeschränkung staatlicher Gewalt. Die an der Spitze gesammelte Macht soll »verteilt«, pluralisiert werden. Dazu ist aber zunächst einmal der Aufbau neuer politischer Gebilde (der Regionen) nötig. Das muß nicht, aber es kann sehr wohl die Eifersucht der »Basis« wecken – und in der Tat sind alle Regionalreformen seit dem berühmten Referendum de Gaulles von den Kommunen mit Mißtrauen, zumindest nicht mit einhelliger Zustimmung begleitet worden. Es scheint mir auch in der gegenwärtigen Situation noch nicht ausgemacht, wem die Stimmung zum Kleineren, Überschaubaren, zur Aufteilung der Macht letztlich zugute kommen wird: den Regionen und Departements – oder den Kommunen. Ist es nicht so, daß sich in Frankreich im Lauf einer langen Geschichte örtliche Kräfte und Zentralgewalt aufeinander eingespielt haben, daß hier privilegierte Verbindungen zwischen den Notabeln und der Pariser Zentrale entstanden sind (Michel Crozier)? Könnte nicht der Aufbau von »Zwischengewalten« gerade von den örtlichen Kräften als Hindernis auf dem Weg zu mehr Einfluß und Selbständigkeit empfunden werden?

Hier gibt es viele Unwägbarkeiten. Ich will nur auf einige offene Fragen in diesem Zusammenhang hinweisen. Das französische Dezentralisierungsgesetz beseitigt zwar in zahlreichen Fällen das Erfordernis vorheriger Zustimmung der übergeordneten Instanzen zu Beschlüssen der Gemeinden, Departements und Regionen; es schafft insofern echte Verantwortlichkeiten. Die Exekutivgewalt in Departements und Regionen wird auf den gewählten Präsidenten des Generalrats beziehungsweise des Regionalrats übertragen. Die Region wird zur echten Gebietskörperschaft erhoben. Die Macht rückt also näher an die »Gewaltunterworfenen« heran; in der Sprache des Gesetzes: *L'administration sera rapprochée des administrés*. Es ist aber noch nicht festgelegt, wie die finanziellen Ressourcen auf die teils neugeschaffenen, teils mit neuen Rechten ausgestatteten Gebietskörperschaften verteilt werden sollen. Dies soll in spätestens zwei Jahren durch ein ergänzendes Gesetz geschehen, da man zunächst die Praxis beobachten und Simulationen anstellen will. Hier liegt wohl der entscheidende Punkt für das Gelingen des Gesetzgebungswerkes; denn eine Funktionalreform ohne ergänzende Finanzreform ist keine. Ob freilich der Zentralstaat die neuen Gebilde auch finanziell in die Freiheit entlassen wird, muß abgewartet werden.

In diesem Zusammenhang stellt sich eine weitere Frage: Kann die französische Gemeinde, wenn das Programm der Dezentralisierung durchgeführt ist, so bleiben, wie sie ist? Wird sie nicht entweder größere Staatszuwendungen brauchen oder stärkere Eigenmittel, wenn sie die gewachsenen Aufgaben im sozialen, schulischen, kulturellen Bereich erfüllen will? Was nützt die Freiheit, einen ausgeglichenen Haushalt verabschieden zu dürfen, wenn die kleine Gemeinde zuwenig Einnahmen hat? Wird von daher nicht eine Welle der Umbildungen und Neubildungen von Gemeinden in Gang kommen? Werden sich nicht die Generalräte und vor allem die neugeschaffenen Regionalräte der damit verbundenen Probleme annehmen?

Letzten Endes ist die Unbekannte in dem jetzt in Gang gesetzten Spiel die Region. Ihre Zukunft, ihr Platz im politischen System, ihre politische Energie, ihr Durchsetzungsvermögen – dies alles läßt sich noch nicht abschließend beurteilen. Volksgewählte Parlamentarier auf regionaler Ebene sind für Frankreich – sieht man von dem bescheidenen Vorspiel der Generalräte ab – etwas gänzlich Neues, Präzedenzloses; hier geht wirklich die Ära Colbert-Napoléon zu Ende. Aber ich wage nicht zu sagen, ob nun eine neue Ära beginnt und wie sie aussehen wird. Noch ist die Region in Frankreich ein technisches Produkt, mehr dem Rationalisierungskalkül des Zentralstaates entsprungen als eigener politischer Kraft. Doch das kann sich ändern; die Geschichte zeigt, daß oft die Inhalte nachkommen, wenn die Gehäuse vorhanden sind. Man wird auf den regionalen Parlamentarismus der nächsten Jahre sehr gespannt sein dürfen. Zweifellos braucht er Zeit, sich zu entwikkeln, und zweifellos ist noch nicht entschieden, ob er mehr eine Abrundung, einen Abschluß der lokalen und regionalen Pyramide bilden oder ob er sich zum selbständigen Gegenpol zu der in Paris konzentrierten politischen Spitze des Landes entwickeln wird.

Der Wanderer, der aus »*Allemagne fédérale*« kommt, kann sich durchaus vorstellen, daß die normannische Flagge mit den Löwen auf dem Schloß in Caen eines Tages mehr ausdrücken könnte als nur eine melancholische Erinnerung an längstvergangene Zeiten – nämlich die Tatsache, daß hier die Region Basse-Normandie ihren Sitz und ihren Regionalrat hat. Er kann sich freilich kaum vorstellen, daß der Präsident des Regionalrats sich eines Tages als Nachfolger Wilhelms des Eroberers, des Herzogs der Normandie, fühlen könnte – so wie sich noch heute ein bayerischer Ministerpräsident in Deutschland ein wenig als Nachfolger des Herzogs Tassilo fühlen darf. Die Geschichte läßt sich nicht umkehren. Französische Regionen werden wohl nie das gleiche sein wie deutsche Länder. Aber es ist von Bedeutung, daß ein so lange und so intensiv zentral regierter Staat wie Frankreich heute seinen Gemeinden, Departements und Regionen volle Selbstverwaltung und parlamentarische Repräsentanz einräumt. Das zeigt, wie stark der Wunsch geworden ist, Konflikte und Probleme nicht ausschließlich auf der Ebene des Zentralstaats zu lösen (der damit überfordert wäre); es zeigt aber auch das gewachsene Selbstbewußtsein der Regionen, Departements und Gemeinden, die sich heute zutrauen, für eine Politik »vor Ort« die nötigen Energien mobilisieren zu können.

Stellen wir zum Schluß die Frage: Wird die Bildung von Regionen mit eigenen Volksvertretungen in Frankreich auch auf den Zentralstaat zurückwirken? Und wenn ja, in welchen Formen?

Die Frage ist aus einer deutschen Perspektive gestellt. Franzosen wird sie vielleicht verwundern. Ich darf deshalb kurz erläutern, was ich meine.

In Deutschland wirkt das föderative Prinzip nicht nur von oben nach unten, als eine Kraft der Dezentralisierung; es wirkt auch von unten nach oben. Die Länder sprechen mit bei der Willensbildung des Gesamtstaats. Die Ländervertretung, der Bundesrat, hat eine starke Stellung im Gesetzgebungsverfahren. Viele Gesetze sind zustimmungspflichtig. Und der Bundesrat kann durchaus andere Mehrheiten haben als der Bundestag (so zum Beispiel gegenwärtig). So wird die territoriale Gliederung mit ihren zwei Entscheidungszentren (Bund und Länder) auch als Element der funktionellen Gewaltenteilung an der Staatsspitze wirksam. Manche meinen sogar, die Länder kompensierten durch ihre Mitsprache im Gesamtstaat just das, was ihnen an originärer Staatssubstanz verlorengegangen sei. Am Rande will ich erwähnen, daß es auch eine breite Selbstkoordinierung der Länder durch ständige Konferenzen der Ministerpräsidenten und der Fachminister gibt – man hat von einem partiellen dritten Entscheidungszentrum, einem »Einschieben staatenbündischer Schichten« zwischen Gesamtstaat und Gliedstaat gesprochen (Peter Lerche).

So bunt geht es gewiß in Frankreich nicht zu. Dennoch mag die oben gestellte Frage erlaubt sein. Kann man sich wirklich denken, daß ein Umbau der Regionen zu Gebietskörperschaften samt zugehöriger Parlamentarisierung ohne Wirkungen für den Gesamtstaat bleibt? Zumindest Beziehungen der Regionen untereinander werden sich entwikkeln – wie es sie ja, sogar länderübergreifend, da und dort in Europa auf den Gebieten des Verkehrs, der Wirtschaft bereits gibt. Die »dritte Ebene« zwischen Kommunen und Zentrale wird erstarken. Ich glaube freilich nicht, daß sie so stark werden wird, daß sie in einer Weise in Paris Mitsprache begehrt, die der Mitwirkung der deutschen Länder an der Formung des Bundeswillens entspricht. Denn die Entstehungsgeschichte der Regionen – um es zu wiederholen – folgt ganz anderen Gesetzen als die Entstehungsgeschichte der Länder (und des Bundes!) in Deutschland.

Es ist ein großer Unterschied, ob ein Einheitsstaat sich dezentralisiert und damit den Versuch macht, eine vorgegebene Einheit besser zu organisieren und zu gliedern, oder ob ein Bundesstaat es unternimmt, aus einer komplexen Vielfalt unterschiedlicher Kräfte eine staatliche Einheit erst entstehen zu lassen. Im ersten Fall steht der Aspekt der Dezentralisierung im Vordergrund, im zweiten Fall kommt das föderalistische Prinzip unmittelbar zur Geltung. Ein föderaler Staat wie die Bundesrepublik Deutschland braucht sich nicht zu dezentralisieren – er ist es. Ein Zentralstaat wie Frankreich kann sich dezentralisieren, muß es aber nicht – schließlich ist die französische Republik kein Bundesstaat. So halten sich denn auch die gegenwärtigen Bemühungen um Dezentralisierung in Frankreich behutsam im Bereich des Organisatorischen, Zweckhaften, Politischen, während ein Umbau der föderalen Ordnung in Deutschland (den gegenwärtig niemand anstrebt) ohne Zweifel die Staatssubstanz berühren würde. Deswegen kann man Dezentralisierung und Föderalismus nicht ohne weiteres gleichsetzen, deswegen bietet unser Thema sehr verschiedene Aspekte diesseits und jenseits des Rheins – wie ich Ihnen hier darzutun versuchte. (1981)

Italiens Nähe

Die Buntheit des europäischen Sprachatlasses ist eine Herausforderung für die Bildungspolitik. Die Achtung vor den vielen Sprachgruppen in Europa, die über eine jahrhundertelange literarische Tradition verfügen, gebietet ein klares Nein zur Hegemonie einer Leitsprache in Europa.

Es freut mich aufrichtig, daß ich als bayerischer Kultusminister Sie zur Eröffnung des europäischen Aufsatzwettbewerbs in italienischer Sprache »Die Jugend trifft Europa« herzlich begrüßen darf. Es gereicht dem Freistaat Bayern zu großer Ehre, daß die Veranstaltung in unserer Landeshauptstadt München ihren Ausgang nimmt, wo die italienische Kultur als Mitgestalterin Europas fast auf Schritt und Tritt sichtbar und im *Genius loci* spürbar ist.
Ich selbst begegne schon deshalb tagtäglich italienischer Kunst, weil meine Dienststelle, das Bayerische Staatsministerium für Unterricht und Kultus, im ehemaligen Kloster der aus Italien nach Bayern gerufenen Theatiner untergebracht ist. Ihre Kirche St. Kajetan wurde nach dem Vorbild der römischen Mutterkirche S. Andrea della Valle von dem Bolognesen Agostino Barelli und dem aus dem italienischen Kultur- und Sprachraum Graubündens stammenden Enrico Zucalli erbaut. Unweit davon fängt den Blick die Feldherrnhalle, die der deutsche Baumeister Leo von Klenze bis in Einzelheiten der *Loggia dei Lanzi* in Florenz nachempfunden hat. Gott sei Dank sind die deutschen *Lanzichenecchi* (Landsknechte), deren Namen dieses Bauwerk trägt, nicht die einzigen Vertreter Deutschlands, deren Erinnerung im Geschichtsbewußtsein unserer südlichen Nachbarn fortlebt. Daß München beim italienischen Volk einen eigenen italienischen Namen trägt, Mónaco di Baviera, mag als Symbol dafür gesehen werden, daß die bayerische Metropole an der Nahtstelle von Nord und Süd im guten europäischen Sinn als kulturelles Gemeingut gelten kann. Als solches

betrachten wir Deutsche unsererseits italienische Kulturstätten von europäischem Rang mit eingedeutschtem Namen wie Florenz für Firenze und Venedig für Venezia.

Daß München als Rahmen für die Eröffnung dieser europäischen Veranstaltung gewählt wurde, die sich an italienischlernende Schüler und Studierende vom südlichsten Land in der Bundesrepublik Deutschland bis zu den nördlichsten Gegenden Großbritanniens richtet, dafür möchte ich dem Hörfunkdirektor des III. Programms der Radiotelevisione Italiana und dem Direktor des Europaprogramms des Deutschlandfunks verbindlichst danken. Mein aufrichtiger Dank gilt gleichfalls dem Direktor des Italienischen Kulturinstituts München, in dem die Rundfunkgesellschaften gemeinsam den Startpfiff für den europäischen Aufsatzwettbewerb geben. Dieses Haus, bei dem wir zu Gast sein dürfen, hat schon ungezählten Bayern einen vertieften Zugang zu den Quellen italienischer Kultur eröffnet. Lassen Sie mich aber auch die Anwesenheit des italienischen und deutschen Rundfunks nutzen, um auf drahtlosem Wege über binneneuropäische Grenzen hinweg der British Broadcasting Corporation als Mitveranstalterin dieser europäischen Begegnung und vor allem der Jugend, die durch die BBC zu dem europäischen Wettbewerb aufgerufen wird, die besten Grüße Bayerns zu übermitteln.

Es erscheint mir in diesem Zusammenhang denkwürdig, daß vor 83 Jahren dem großen italienischen Ingenieur und Physiker Guglielmo Marconi als bahnbrechendem Geist auf dem Gebiete des Rundfunks die drahtlose Überbrückung des Ärmelkanals gelang. Wie stark hat gerade die Erfindung des Radios die Vielfalt menschlichen Ausdrucks in den einzelnen Idiomen ins allgemeine Bewußtsein gerückt! Eine kleine Drehung des Zeigers auf der Kurzwellenskala unserer Rundfunkgeräte, auf der sich die Sendestationen der verschiedenen Sprachgebiete millimeterdicht drängen, stellt weltweite Kontakte her. In dieser Hinsicht hat der italienische Naturwissenschaftler Marconi die Worte des englischen Dichters John Donne (1572–1631) bestätigt:

> »No man is an island entire of itself,
> Every man is a piece of the continent,
> A part of the main.«

Vielleicht kommt gerade heute im Zeichen des Europagedankens und jüngster Geschehnisse auf europäischem Boden dem Wort »Kontinent« als einem Faktor des Zusammenhalts, wie dies in der deutschen Übersetzung »Festland« so stark mitschwingt, Bedeutung zu. Im Thema des europäischen Aufsatzwettbewerbs wird deutlich, daß die Hauptprobleme, mit denen sich die Gemeinde oder die Region oder ein Land in Europa auseinandersetzen muß, meist von europäischer Reichweite sind. Nach dem Wort von John Donne gibt es keine vollkommene Isolierung des Menschen, selbst auf einer Insel – so paradox dies wortgeschichtlich auch ist, wenn wir von dem italienischen Grundwort *isola* und seiner Ableitung *isolazione* ausgehen. Denn die Insel ist als Spitze eines unter Wasser stehenden Landes Teil des Kontinents. Auch lokale Erdbewegungen in Europa teilen sich in seismischen Wellen den einzelnen europäischen Ländern mit oder sind durch Erschütterungen europäischen Ausmaßes ausgelöst worden. Glücklicherweise gilt dies grundsätzlich auch für positive Anstöße, die den Gedanken des Zusammenhalts und der Verbundenheit der Europäer verbreiten sollen.

Wenn diese Idee von den beteiligten Rundfunkanstalten auf Ätherwellen dank der genialen Erfindung Marconis auch in alle Länder Europas getragen werden kann, so sind wir uns doch darüber im klaren, daß es für einen wirklichen Empfang solcher Botschaften mehr als nur der technisch-wissenschaftlichen Leistung des Antennenbaus bedarf. Es müssen vor allem die sprachlichen Voraussetzungen bei denen gegeben sein, an die sich die Sendung richtet. Sie kann nur bei jemandem ankommen, »der Ohren hat zu hören«. Ich darf es wagen, dieses Bild aus der Bibel zu gebrauchen, denn es geht um nichts weniger als um das Verstehen im ursprünglichen Sinn des Wortes – als Grundlage für das Verständnis zwischen einzelnen und Völkern. Für die Verbreitung von Fremdsprachen ist der Boden in den verschiedenen Ländern unterschiedlich aufbereitet. In Bayern, das geprägt ist von der Mannigfaltigkeit örtlichen Brauchtums und regionaler Mundarten, wird die sprachliche Vielfalt Europas von vielen als ein Kulturgut ersten Ranges gesehen. Die Buntheit des europäischen Sprachatlasses ist eine Herausforderung für die Bildungspolitik. Die Achtung vor den vielen Sprachgruppen in Europa, die über eine jahrhundertelange literarische Tradition verfügen, gebietet ein klares Nein zur Hegemonie einer Leitsprache in Europa. Denn der Verlust der sprachlichen Identität der Länder Europas wäre der Tod Europas selbst.

Die Pflege der italienischen Sprache an den Gymnasien in Bayern gibt meines Erachtens ein beredtes Zeugnis von unserer Haltung zu Europa als einer Einheit in der Vielfalt. Mit der Einführung der neugestalteten gymnasialen Oberstufe in Bayern hat die italienische Sprache die ihr gebührende Aufwertung als mögliches Abiturprüfungsfach erfahren. Dies ist möglich, weil in Bayern jedem Gymnasiasten, der Italienisch beginnt, die vorhergehende Beschäftigung mit mindestens zwei anderen Fremdsprachen in der Unter- und Mittelstufe zugute kommt. Auf Grund des dadurch ermöglichten raschen Fortschrittes im Sprachlichen kann sich der Italienischunterricht in Bayern die wichtige Aufgabe stellen, den Schüler in den italienischen Kulturkreis einzuführen, ihm dessen Lebenserscheinungen nahezubringen und in ihm Ehrfurcht vor den Leistungen des italienischen Volkes zu wecken. Daraus erhellt die menschliche Dimension des landeskundlich orientierten Sprachunterrichts, für den das Wort Leonardo da Vincis aus seinem Tagebuch als Leitmotiv dienen kann: »Je mehr man kennt, um so mehr liebt man.«

Von Ihnen, meine lieben Teilnehmer an dem Aufsatzwettbewerb »Die Jugend trifft Europa«, wird nun nicht nur passives Verstehen der europäischen Nachbarschaft verlangt. Sie sind aufgerufen, aktiv das Italienische als Fremdsprache zu gebrauchen, um Ihren Standpunkt zu Fragen, die ganz Europa berühren, klarzumachen. Die aktive Beherrschung einer Fremdsprache bildet bei aller Vielfalt der Ziele des neusprachlichen Unterrichts doch die Krönung der Ausbildung und macht die Verständigung zwischen Individuen und unter Völkern erst möglich. Für alle Sprachgruppen in Europa ist die Selbstdarstellung in der persönlichen Begegnung durch das Medium der Sprache des anderen eine wichtige und reizvolle Aufgabe.

Vergessen wir aber auch nicht die bloße Freude, sich »in einer so wohlgebauten und schöngliedrigen Sprache« mitzuteilen, »von so sprudelnder Klangfülle, so reichen und klaren Formen, so weichen Bindungen und so anmutiger Kadenz«, einer Sprache, »die man einen natürlichen Gesang nennen muß« (Egon Friedell). Möge alle Italienischlernenden ein wenig das Gefühl beseelen, das Goethe auf seiner italienischen Reise nach der Ankunft in Rovereto in seinem Tagebuch mit den Worten wiedergab:

> »Wie froh bin ich, daß nunmehr die geliebte Sprache
> lebendig, die Sprache des Gebrauchs wird.« (1982)

Die Deutschen in Amerika

Nicht alles kann uns beglücken, was Amerika und Deutschland in diesem Jahrhundert in Künsten, Forschung, Dichtung zur Sprache dieser einen Welt beigesteuert haben. Doch man muß es kennen, wenn man unsere Zeit verstehen will.

Zunächst lassen Sie mich danken. Ein erster, sehr herzlicher Dank gilt der Columbus-Gesellschaft und dem Amerikahaus für die ehrenvolle Verleihung der Columbus-Medaille 1983 – besonders Ernst Langendorf, dem amerikanischen Vorsitzenden, und Dieter Blumenwitz, dem deutschen Vorsitzenden, für seine überaus freundliche Laudatio, sowie Herrn Generalkonsul Brown und Herrn Konsul Pancoast, die den festlichen Rahmen bereitet haben. Ein zweiter Dank gilt den Lehrern und Freunden, verstorbenen und noch lebenden, die mir in meiner Studienzeit und später Amerika nahegebracht und erschlossen haben – von Arnold Bergstraesser und Ernst Fraenkel bis zu Eric Voegelin, Hans Jonas und George Romoser. Drittens danke ich den zahlreichen »Amerikanern« in meiner Verwandtschaft. Sie geben mir das Stichwort zu dem, was ich im folgenden sagen will. Denn durch sie habe ich zuerst (und nun schon 45 Jahre lang) Genaueres von jenem Land erfahren. So darf ich mit ihnen beginnen.

»Die Amerikaner« – das waren in unserer Familie keine Fremden. Es war eine besondere Spezies der weitverzweigten, meist bäuerlichen Verwandtschaft, leicht erkennbar an Sprache, Art, Gebaren, ein wenig von exotischer Luft umwittert und doch Teil unserer heimatlichen Welt am Oberrhein. Nach dem Ersten Weltkrieg, in der schlimmen Inflationszeit, hatten vier Geschwister meiner Mutter den Sprung aus dem Dorf an der Möhlin übers große Wasser nach Amerika gewagt und sich im Mittleren Westen mühselig eine neue Existenz geschaffen. Bald kamen sie zurück – besuchsweise. Sie musterten uns, wir musterten sie. Aus früher Kinderzeit, es war noch vor dem Zweiten Weltkrieg, erinnere ich mich an Onkel Karl, in Knickerbockern und geblümter Weste, mit Schildmütze und riesiger Krawatte, der von »Dollars« redete und wie man sie »macht«, Schultern klopfte und Zigarren paffte – ein Yankee, wie er im Buch stand. Dann Tante Augusta mit munteren Augen und kräftigen Armen, von sensibler Korpulenz und stets vergnügt: Sie pflegte ihre Verwandtschaft, die so etwas nicht kannte, zum Essen ins Gasthaus einzuladen mit den reizenden Worten: »Ich nehm euch aus!« Beim Wiedersehen mit dem Freiburger Münster brach sie in kleine Entzückensschreie aus. Die Kriegsjahre kamen. Sie trennten uns kaum. Ins zerstörte, ausgemergelte Deutschland nach 1945 kamen Care-Pakete und teilnehmende Briefe als erste Sendboten der »Amerikaner«. Briefe wanderten hin und her. Und endlich kamen sie selbst, die »Amerikaner«, diesmal fast alle, mit den mittlerweile großgewordenen Kindern – und heute, 1983, ist es nun schon die dritte Generation, die zum Familientreffen an den Oberrhein oder nach München zur ISPO fährt. Tante Augustas letztes Entzücken, als ich mit ihr in den sechziger Jahren durchs wiederaufgebaute Deutschland fuhr, galt den Blumenrabatten in den Städten, die sie überall selbst an ungewohnten Orten entdeckte und bestaunte: »Oh, Blumen am Gasoline, nein, das gibt es in Amerika nicht!« Sie hätte am liebsten die ganze Bundesrepublik zu einem Blumenstaat erklärt – und das im Jahr der Studentenrevolte. Trotz schwerer Krankheit blieb sie eine Optimistin bis zum letzten Tag.

Wie meine Verwandten sich als »Köche und Bäcker« (wie man die deutschen Einwanderer lange nannte) durchgeschlagen haben, wie sie die mühselige Leiter der Einwanderer hinaufkletterten, vom Tellerwäscher in Chicago zum Uhrmacher in Fort Wayne, vom Zimmermädchen in Cleveland zur Besitzerin einer kleinen Wurstfabrik in Denver, wie sie durch Handel und Wandel, Heirat und Kriegsdienst allmählich ins englischsprachige Wirtsvolk hineinwuchsen bis zur gänzlichen Assimilation und zum Verlust der deutschen Sprache in der dritten Generation – darüber könnte ich viele simmelreife Geschichten erzählen. Eine wenigstens will ich berichten, die Geschichte von Tante Josefine und dem Schäfer Albert. Der kam mit seiner Schafherde jeden Frühsommer aus dem Schwarzwald in die Oberrheinebene und verliebte sich an der Möhlin sterblich und schmerzlich in das junge »Schössele«. Als sie plötzlich verschwunden war, einfach weg über den großen Teich, da ließ er seine Herde im Stich, fuhr als blinder Passagier übers Meer, suchte sie wochenlang zwischen New York und Chicago, fand sie schließlich – worauf sie, gerührt über soviel Anhänglichkeit, ihn endlich erhörte und heiratete. Solche Geschichten haben es in sich. Sie werden noch generationenlang an den häuslichen Feuern der alten und der neuen Welt erzählt. Übrigens war Tante Schössele, heute weit über achtzig Jahre alt (ihr Mann lebt nicht mehr), neulich bei uns in München – noch immer eine liebevoll-energische Dame, begehrte Köchin bei den Hochzeiten ihrer vielen Enkel und angesehenes Mitglied des »Edelweiß-Clubs« in Denver, den sie mitbegründet hat. Zum »Denver-Clan« freilich gehört sie nicht.

Was suchten Menschen, die unter ähnlichen Umständen nach Amerika gingen, in der neuen Welt? Was suchten die Deutschen, deren Millionenzug vor dreihundert Jahren mit den dreizehn Quäkerfamilien aus Krefeld begann? Die Motive, die Anlässe waren vielfältig: Flucht vor religiöser Verfolgung, der Wunsch nach besserem Leben, Freiheitsdurst und Abenteuerlust, Hoffnung auf Reichtum, Befreiung aus der Enge – oft alles bunt durcheinander. Unter den Amerikafahrern gab es Gestoßene und Ausgestoßene, Bedrückte und Geschädigte aller Art, Arme, Verfolgte, Heimatlose; aber es gab auch gewalttätige Condottiere-Naturen, denen die alte Welt einfach zu schmal, zu wohlgeordnet war – und natürlich gab es stets auch Idealisten und Träumer, für die Amerika ein Wunderland unberührter Natur und edler Menschengüte war. Eines freilich erwarteten sie alle gleichermaßen von ihrer neuen Heimat: *daß ihnen Recht werde*. Den Quäkern ebenso wie den Mennoniten; den Calvinisten wie den Lutheranern und Katholiken; den Franzosen, Holländern, Deutschen ebenso wie den Engländern; der *einen* Rasse, Klasse, Nationalität, Konfession so gut wie der *andern*.

Allen alles zu werden, allen ihr Recht zu schaffen, die ganze zerrissene Welt zu sammeln im Punkt der Freiheit; in einer Gesellschaft, die nicht mehr auf Geburt und Ständen, sondern auf Arbeit und demokratischer Bestellung der Herrschaft ruhte, in Räumen, in denen Freiheiten sich entfalten konnten, ohne sich wechselseitig zu stoßen und zu beschränken – dies eben war die hochgespannte Verheißung, der Mythos, mit dem Amerika Generationen von Menschen aus aller Welt fasziniert und angezogen hat – bis heute. Und in der Tat: wer einmal vom Empire State Building in New York auf die groteske Häuserwucherung von Manhattan herabgesehen hat und dort die Flut von Menschen aller Rassen und Schichten ihren Geschäften nachgehen sah, der wird die integrierende Kraft der Menschenrechte in einem Land ohne staatliche Überlieferung spüren: gerade das abstrakte Recht wird hier konkret, das Emanzipative wird zum Bindenden, die Freiheit von staatlicher Bevormundung zum Magneten, der Millionen veranlaßt hat, ihre herrischen und beengenden Vaterländer zugunsten der neuen Heimat des Rechtes und der Freiheit zu verlassen.

Gewiß, es ist ein Gemeinplatz, daß die Vereinigten Staaten von Amerika in ihrer Geschichte immer wieder hinter diesem Ideal zurückgeblieben, dahinter zurückgefallen sind, oft dramatisch – welches andere Land hebt hier den ersten Stein? Die amerikanische Geschichte ist auf weiten Strecken der angestrengte und oft erfolglose Versuch, die Freiheit des Starken in den Weiten des Landes und im Dickicht der Städte durch eine elementare Rechtsgleichheit und den Gedanken der sozialen Sicherheit zu ergänzen.

Wie heftig wurde um die Rechte der Ureinwohner und der Einwanderer, der Herren und der Sklaven, der Schwarzen und der Weißen in der amerikanischen Geschichte gerungen, in Bürgerkriegen, Parlamentskämpfen, Bürgerrechtsbewegungen, Literaturfehden bis zum heutigen Tag! Nie ist etwas abgeschlossen, nie ist etwas dauerhaft gesichert. Immer bleibt die amerikanische Wirklichkeit weit zurück hinter dem amerikanischen Traum. Aber der Mythos ist nicht verblaßt. Er wirkt als Stachel gegen alle Selbstgenügsamkeit. Und bemerkenswert ist nicht die Kluft zwischen Ideal und Wirklichkeit, bemerkenswert ist, daß sie nicht einfach hingenommen wird, daß immer wieder Kräfte optimistischen Veränderungswillens aufbrechen, daß man sich nicht, wie oft in Europa, mit wohlfeiler Dialektik in seinen Schmerz zurückzieht.

In dieser Welt nun hatten sich die deutschen Auswanderer zurechtzufinden. Sie taten es mit hoher Anpassungsfähigkeit, ja oft mit Selbstverleugnung. In dreihundert Jahren wurden Millionen Deutsche zu Amerikanern. Musterknaben der Assimilation, bezeugen sie an vorderster Stelle, mehr noch als die Iren, die Schmelzkraft des amerikanischen *melting pot*. Nacheinander büßten sie ein: ihre Sprache, ihren politischen landesweiten Einfluß *(German vote)*, endlich auch ihre kulturelle Eigenart. In den USA wird heute kaum noch deutsch gesprochen.

Man muß freilich realistisch sein: gegen die englischsprachige Bevölkerung hatten die Deutschen in Amerika nie eine ernsthafte Chance. Weder vor noch nach der Unabhängigkeitserklärung betrug ihr Anteil an der Bevölkerung mehr als 11 Prozent. Eine hartnäckige Legende will wissen, daß 1790 im ersten amerikanischen Kongreß beinahe Deutsch als Landessprache eingeführt worden wäre, nur eine einzige Stimme (eine deutsche!) habe gefehlt. Doch das ist nicht einmal gut erfunden: wie hätte ein so kleiner Teil der Bevölkerung der übergroßen Mehrheit ihren Willen aufzwingen können?

Der Masse der deutschen Einwanderer ging es um Freiheit, Erwerb, Unabhängigkeit, ein Stück Selbstverfügung – und dazu war das Englische unentbehrlich. Mochte die Oberschicht weiter zweisprachig bleiben, mochte Carl Schurz über seinem Sofa den Wandspruch aufhängen »Hier wird Deutsch gesprochen!«, mochten deutschsprachige Zeitungen und patriotische Vereinigungen um das Deutsche kämpfen – mit den seit 1883 langsam sinkenden deutschen Einwanderungszahlen ging auch die deutsche Sprache selbst zurück. Wir verstehen diesen Vorgang heute besser, seitdem wir Parallelen im gegenwärtigen Europa beobachten: Überall dort, wo Gastarbeiter längere Zeit in einem Industrieland bleiben, nehmen sie im allgemeinen die eingeführte Landessprache an – wenn nicht sofort, so doch in der zweiten und dritten Generation. Mehrsprachige, multikulturelle Gesellschaften sind in der jüngeren Geschichte fast überall die Ausnahme, und wo sie bestehen (wie in der Schweiz), verdanken sie ihre Existenz bewußter Pflege und Förderung von oben. Sprachlich-ethnische Selbständigkeit aber (was nicht nur die eigene Sprache, sondern auch einen eigenen, einen »deutschen« Umgang mit dem Englischen eingeschlossen hätte) haben die Deutschen in Amerika nie für sich beansprucht. Und als sperrigere Nationalitäten – wie die Iren, die Polen, die Chinesen – in den Vereinigten Staaten Einlaß begehrten, da war die Integration der Deutschen schon in vollem Gang, ja meist abgeschlossen. Gegenüber den noch kaum assimilierten Neuankömmlingen der jüngsten Zeit vollends aus Asien, der Karibik, Afrika, Arabien stehen die Deutschen in Amerika ohnehin als patriotische »Americans« unter einem gemeinsamen anglo-germanischen Dach.
Es blieb der Einfluß historischer Leitfiguren von Steuben bis zu Schurz; es blieb, im 19. Jahrhundert, das Stimmengewicht der Deut-

schen bei Wahlentscheidungen – ein letztes Mal praktiziert in der Präsidentenwahl von 1920. Es blieb der unwägbare, sicher große und noch immer anhaltende Einfluß der von Hitler ausgelösten Emigration, die sich in Namen wie Einstein, Brüning, Thomas Mann, Kissinger manifestiert (um nur einige zu nennen). Es blieben die Wanderungen junger Gelehrter nach den USA in den fünfziger und sechziger Jahren, denen freilich Rückwanderungswellen in den sechziger und siebziger Jahren folgten. Es blieben natürlich auch die Ingredienzien des romantischen Deutschland in den USA, die Biergärten, Trachtenvereine und Liederkränze, heute mehr fröhliche Folklore als kulturträchtiger Besitz. *Bleibt sonst nichts?*

»Ich kann den Blick nicht von euch wenden«: so beginnt ein berühmtes Gedicht »Die Auswanderer« von Ferdinand Freiligrath (ich habe es noch in der Volksschule gelernt). Sehr anschaulich beschreibt der Dichter, wie die Auswanderer ihre Habe dem Schiffsmann übergeben: Brotkörbe die Männer, Krüge und Töpfe die Mädchen. Und er fragt, halb vorwurfsvoll, halb larmoyant:

> O sprecht! warum zogt ihr von dannen?
> Das Neckartal hat Wein und Korn;
> der Schwarzwald steht voll finstrer Tannen,
> im Spessart klingt des Älplers Horn.
>
> Wie wird es in den fremden Wäldern
> euch nach der Heimatberge Grün,
> nach Deutschlands gelben Weizenfeldern,
> nach seinen Rebenhügeln ziehn!

Das klingt wehmütig und zugleich ratlos. Die Frage bleibt offen, warum die Auswanderer denn wegziehen – und das nicht ohne Grund. Gerade Freiligrath, ein politischer Dichter, wird gewußt haben, was die Gründe des Auswanderers waren, warum die Auswanderer in der grünen Schaluppe Platz nahmen: weil die gelben Weizenfelder eben doch am Ende nicht genug Brot trugen für alle (und Hunger war im 19. Jahrhundert ein mächtiges Auswanderungsmotiv!); weil Alphörner und Schwarzwaldtannen, so schön sie klingen und aussehen, am Ende zum Leben nicht ausreichten. Im Grunde hat Freiligrath schon kapituliert: Gegen »Amerika« kann er nur ästhetische, nur nostalgische Gründe ins Feld führen: zu wenig für den, der leidet und Besseres vor Augen sieht. Ob der Heimat teures Bild nicht rasch verblaßt, wenn es wirklich ernst wird, wenn Arbeit und Selbstbehauptung alle Kräfte fordern? Genügt dann wirklich die »fromme Sage« Deutschland als Widerpart gegen Hunger, Unterdrückung, Unfreiheit?

Sicher nicht. Und darin liegt bis heute die gewaltige, fast mythische Anziehungskraft der Freiheitsgöttin im New Yorker Hafen, die da so kühn und einladend (und so erfolgreich!) den Verdammten dieser Erde, statt sie aufzustacheln, eine neue Heimat verheißt: »Sende sie, die Heimatlosen, zu mir!« Aber manchmal wünsche ich mir, die Amerikaner könnten auch Verständnis dafür finden, daß nicht *alle* diesem Rufe folgen wollen, daß manche noch gern und lange im europäischen Seldwyla leben mögen, in einer zugegebenermaßen zwergenhaften und oft kleinmütigen Welt ... Und ich höre Tante Augustas Entzückensschrei über die Blumen am Gasoline als kleines zeitgenössisches Echo auf Freiligraths nostalgische Melodie.

Im »Weltalter des Ausgleichs« (Scheler), in einer Epoche, in der die Kulturen sich durchdringen, sollte es nicht schwer sein, solch wechselseitiges Verständnis aufzubringen. Und wer sollte es aufbringen, wenn nicht wir Menschen des 20. Jahrhunderts – »Kinder von Marx und Coca-Cola«, wie Ezra Pound gesagt hat, halb noch in unseren kleinräumigen alten Heimaten und Herkünften lebend, halb schon in der *One World?* Nicht alles kann uns beglücken, was Amerika und Deutschland in diesem Jahrhundert in Künsten, Forschung, Dichtung zur Sprache dieser einen Welt beigesteuert haben. Doch man muß es kennen, wenn man unsere Zeit verstehen will. Kolumbus kann heute keine neue Welt mehr entdecken – alle Küsten sind bekannt, alle Länder erforscht. Doch im Innern aller Dialoge zwischen Völkern und Kulturen, auch zwischen Deutschland und Amerika, bleibt das eine zu entdecken: das eigene babylonische Herz. (1983)

Am Roten Platz

Ist er der Gegenentwurf zum Platz des Ersten Rom? Symbol einer postchristlichen Ära, in der Kirchen zu Museen werden und der Mensch nur noch seine eigene Geschichte verehrt?

Wie lange war ich nicht mehr hier? Vierzehn Jahre sind es her, seitdem wir mit einer Delegation des Deutschen Bildungsrates Moskau besuchten. In der Botschaft war damals Egon Bahr, der im Auftrag des Bundeskanzlers Brandt Verhandlungen führte – zum Mißvergnügen des Botschafters, der nicht eingeweiht, ja kaum eingeschaltet war. Es war die Zeit ostpolitischer Euphorien. Wir besuchten Schulen und Hochschulen. Ich war beeindruckt vom zähen Eifer der Schüler in den Spezialschulen, für die Lernen ein Stück Freiheit in einem System der Planung bedeutete und die sich leidenschaftlich ins Zeug legten – ganz im Unterschied zu uns daheim, wo sich in Schulen und Hochschulen antiautoritäre Stimmungen verbreiteten und in ihrem Gefolge Unlust, Überdruß und »Null Bock auf gar nichts«.
Nun also stehe ich wieder am Roten Platz, nach einem langen Tag mit Gesprächen, Besuchen, der Ausstellungseröffnung im Puschkin-Museum. Der Abend ist mild, viele Menschen sind noch unterwegs. Pünktlich um viertel vor neun gehen die Scheinwerfer an und tauchen Mauern und Türme in ein gelbliches, nicht grelles Licht, während am dunkler werdenden Himmel ein blasser Halbmond sichtbar wird, flankiert von den rotglimmenden Sternen der Kremltürme.
Ich gehe an der Basiliuskathedrale vorbei, die geduckt im Dunkel liegt. Am Tag bewacht sie den Ausgang des Roten Platzes mit ihren prächtigen gedrungenen Türmen. Die Kerbschnittmuster der Zwiebeln, die Mauern und Kuppeln sind nobel, gepflegt und schön – ein Juwel aus dem Denkmalbuch. Und doch ist die Kirche tot, ein Museum, kein Gottesdienstraum – sie »arbeitet nicht mehr«, wie die Russen sagen. Mit dem Namen des griechischen Kirchenvaters, mit ihrem

runden Bau und ihrer bunten Pracht schlägt sie am Roten Platz einen Ton an, der von der Vergangenheit erzählt, von Byzanz, der ostkirchlichen Tradition, vom Dritten Rom – einen verklingenden Ton.

Der lebendige Kultraum, zu dem die Leute drängen, liegt drüben, zwischen Kathedrale und Historischem Museum, beherrschend auf dem Platz vor der Kremlmauer, aufgeschichtet aus roten und schwarzen Kuben von Porphyr und Granit – das Lenin-Mausoleum. Um diese Zeit ist kein Einlaß mehr, obwohl viele Neugierige noch dastehen – nur die Wachen sind die ganze Nacht hindurch im Dienst. Millionen Menschen aus der ganzen kommunistischen Welt pilgern das Jahr über hierher, die westlichen Touristen nicht gerechnet, zum Defilee vor dem Toten. Ist es Blasphemie, wenn ich sage: pilgern? Ich glaube nicht. Ähnlich mögen im Mittelalter Pilger nach Medina oder Jerusalem gereist sein, und ihre Empfindungen am Ziel waren wohl vergleichbar: Schauer, Befriedigung, Dankbarkeit. Freilich, ein Unterschied war da: jede Wallfahrt damals, jede Reliquienstätte verwies auf eine andere, höhere Wirklichkeit, sie war nicht das Ganze, Endgültige.

Das Lenin-Mausoleum aber, blockhaft geschlossen, ein Stück Revolutionsarchitektur aus den frühen Jahren der Sowjetunion, verweist nur auf sich selbst und auf nichts anderes, es ist Heilsgeschichte konkret, Apotheose des Tätertums und, ohne Umschweife, ganz von dieser Welt.

Es wird Nacht. Die riesige Kremlmauer übernimmt jetzt, im stärkeren Licht der Scheinwerfer, die Führung auf den Platz. Von den rotbraunen Quadern heben sich die Tannen ab, klein erscheinend angesichts der mächtigen Steinwand. Ich erinnere mich an meinen ersten Besuch im Kreml: wie sehr war ich überrascht von der Schönheit, der dichten geistlichen Atmosphäre der Kremlkirchen (die natürlich alle längst nicht mehr »arbeiten«!), den Jaspisböden und Ikonenwänden, den Leuchtern und Öllampen!

Der Rote Platz ist schön (schön und rot sind im älteren Russisch dasselbe, und der Platz trägt seinen Namen seit Jahrhunderten). Dennoch fehlt ihm – bei ähnlicher Monumentalität – das Einladende, Umarmende des Petersplatzes, der Kolonnaden Berninis. Ist er der Gegenentwurf zum Platz des Ersten Rom? Symbol einer postchristlichen Ära, in der Kirchen zu Museen werden und der Mensch nur noch seine eigene Geschichte verehrt?

Während ich am Historischen Museum und am Bolschoi-Theater vorbei zum Hotel zurückgehe, schlagen die Glocken zehn Uhr. Auf den Straßen ist jetzt nicht mehr viel Bewegung, nur einzelne Autos fahren noch, Moskau legt sich zeitig schlafen. Morgen beginnt wieder ein Tag. Die alte Stadt an der Moskwa ist eine Frühaufsteherin, sie trägt den Fleiß im grauen Angesicht. (1984)

Die Hauptsynagoge in München

Fällt die Wertordnung, geht auch die staatliche und gesellschaftliche Ordnung, geht auch der Rechtsstaat dahin.

Fünfzig Jahre Hauptsynagoge in München – das ist ein halbes Jahrhundert stürmischer, oft dunkler Geschichte. Ein kleines Jubiläum im Vergleich zu Jahrhundert- oder Jahrtausendfeiern – und doch ein denkwürdiges Jubiläum in Anbetracht dessen, was diese Jahre 1931 bis 1981 umschließen.

Wie feiert man einen solchen Tag? Ich meine, der heutige Tag ist Anlaß für Sie, die Mitglieder der Israelitischen Kultusgemeinde, und für uns alle, für ganz München, sich zu erinnern, wie es damals war, als diese Synagoge gebaut wurde; wie es war in der Zeit vorher und nachher. Der Tag der heutigen Festesfeier ist also ein Tag der Erinnerung an Menschen, an feierliche, frohe und schmerzliche Ereignisse; er ist auch ein Tag der Besinnung, der Genugtuung und der Freude.

Die Jahre vor 1931 und danach gehören zu den schwersten in der Geschichte unserer jüdischen Mitbürger in München. An unendlich viel Schmerzliches und Trauriges ist zu erinnern.

Die Situation der Juden und der jüdischen Gemeinde in München blieb nicht unbeeinflußt von der deutschen Niederlage im Ersten Weltkrieg. Einen ersten Höhepunkt erreichten judenfeindliche Maßnahmen im April 1920, als in Bayern die Ausweisung der aus Osteuropa, und zwar aus Rußland, eingewanderten Juden (etwa 300 Familien mit über 1500 Personen) wegen angeblicher Zugehörigkeit oder Hinneigung zur kommunistischen Partei und daraus resultierender Staatsgefährdung verfügt wurde. Im Jahre 1923 durchkämmten NS-Trupps Eisenbahnzüge und mißhandelten jüdische Fahrgäste. Eine neue Ausweisungsaktion fand im September 1923 statt. 180 jüdische Familien erhielten einen Ausweisungsbefehl. Es waren überwiegend Personen aus Osteuropa, die bereits seit zwanzig oder dreißig Jahren in Mün-

chen ihren Wohnsitz genommen hatten. Die Wohnungen dieser Familien, die Warenbestände, Maschinen und Bargeld wurden beschlagnahmt. Bis zum Putschversuch der NSDAP steigerten sich die Aktivitäten gegen die Juden in München, ja es drohte ein Pogrom gegen sie. Der berüchtigte Julius Streicher kam eigens aus Nürnberg nach München. Das Scheitern des Putschversuches verhinderte dann allerdings größere Ausschreitungen. Die nationalsozialistischen Zeitungen von München *Der Völkische Kurier* und *Der Völkische Beobachter* setzten ihre antijüdischen Haß- und Hetzkampagnen fort, wenngleich sich die Situation etwas beruhigt hatte. 1928 kam es wieder zu bewaffneten Überfällen auf jüdische Mitbürger in München.
Aber auch Positives weiß die Historie aus jener Zeit nach dem Ersten Weltkrieg über die Juden und die Jüdische Gemeinde zu München zu berichten, insbesondere das treue, hilfreiche und stützende Zusammenstehen der jüdischen Bürger und der Jüdischen Gemeinde in München. Ein frohes Ereignis im Gemeindeleben war zu jener Zeit eben das Ereignis, das heute als 50. Jahrestag zu feiern ist: Im Jahre 1931 eröffneten nämlich die aus Osteuropa stammenden Gemeindemitglieder, organisiert in den zwei Vereinen Linát Hazedék und Agudát Achím, eine Synagoge an der Reichenbachstraße in München. In jener Zeit der dreißiger Jahre gab es für die Jüdische Gemeinde in München sechs Synagogen, nämlich die Hauptsynagoge, die des Vereins Ohel Jacob und vier kleinere Synagogen beziehungsweise Betsäle. Die Gemeinde hatte 1932 vier Rabbiner und verfügte über 68 Vereinsgliederungen. Bis zur Machtübernahme der Nationalsozialisten im Januar 1933 waren die jüdischen Mitbürger in München aktiv am kulturellen Leben der Stadt beteiligt. Erinnert sei an die Schriftsteller Karl Wolfskehl, Jakob Wassermann, Lion Feuchtwanger und Arnold Zweig, die mit ihren literarischen Werken Weltruf erlangten. Aber auch hervorragende jüdische Wissenschaftler und Gelehrte von Weltrang müssen genannt werden: So die Nobelpreisträger Richard Willstätter und Albert Einstein, der seine Jugend in München verbrachte. 1933 gab es in München etwa 9000 Juden, davon waren 3400 in München geboren, etwas mehr als 6900 besaßen die deutsche Staatsangehörigkeit.
Vom Jahr 1933 an folgten in immer stärkerem Maß Verfolgungsmaßnahmen, die ihrem Höhepunkt im Jahre 1938 entgegentrieben, kulminierend in der Zerstörung der Synagogen in der sogenannten »Kri-

stallnacht« des 9. November 1938. Die Synagoge des Vereins Ohel Jacob in der Herzog-Rudolf-Straße wurde in Brand gesteckt. Sie brannte vollständig nieder mitsamt dem Mobiliar und den Ritualien, darunter zahlreichen Thorarollen und Silbergeräten, kostbaren Thoraschreinvorhängen und dem Totenbuch. Zusammen mit dem Vereinshaus verbrannte auch die kostbare Bibliothek. In der Synagoge an der Reichenbachstraße verbrannten das Mobiliar und die Ritualien. Die Feuerwehr verhinderte, daß das Gebäude als solches niederbrannte; nicht aus Nächstenliebe oder Hilfe für die Juden, sondern um die Nachbarhäuser vor dem Brand zu retten. Es folgten zahlreiche Verhaftungen von Juden und die Schließung jüdischer Geschäfte. Schließlich wurden die Bankkonten gesperrt. Schikane häufte sich auf Schikane, im Mai 1939 gipfelnd in der Ausweisung der Juden mit polnischer Staatsangehörigkeit aus München. Wer dablieb, wurde in das Konzentrationslager Sachsenhausen gebracht. Es folgten Not, Angst und Drangsale der Kriegsjahre mit Zwangswohnungsräumungen, Zwangsarbeit, der Schaffung des Ghettos in Milbertshofen, und schließlich kamen die Deportationen in die Vernichtungslager in Osteuropa. Nach Baruch Z. Ophir und Falk Wiesemann betrug die Zahl der Deportationen aus München 2991.

Nur zögernd wagen wir bei diesem Jubiläum die Frage, welche Lehren aus so schrecklichen Geschehnissen – wie ich sie nur teilweise aufgeführt habe – zu ziehen sind. Ich kann diese Frage nicht besser beantworten als mit den Worten der Präambel der Bayerischen Verfassung. In der Tat, wir müssen angesichts des Trümmerfelds, zu dem eine Staats- und Gesellschaftsordnung ohne Gott, ohne Gewissen und ohne Achtung vor der Würde des Menschen die Überlebenden des Zweiten Weltkriegs geführt hat, stets das Bewußtsein in uns hüten, höchstes Gut, das Staat und Gesellschaft zu schützen und zu verteidigen haben, sei die Würde, die Freiheit und die Unverletzlichkeit der menschlichen Person. Ein Staat, der die Freiheit und Unverletzlichkeit der menschlichen Person zum obersten Prinzip erhebt, ist gar nicht fähig zu solchen Haß- und Wahnsinnstaten, solcher Schädigung und Vernichtung menschlichen Lebens, wie sie die Judenverfolgungen aller Zeiten, insbesondere aber die Grausamkeiten und Verbrechen des Nationalsozialismus gegenüber dem jüdischen Volks darstellen.

In diesem Zusammenhang müssen wir uns fragen: Was ist das – Würde des Menschen? Der gläubige Jude und der gläubige Christ erinnert sich, wenn er nach der Würde des Menschen fragt, an die Worte der Heiligen Schrift im 1. Buch Moses, Kapitel 1, Vers 27: »Und Gott schuf den Menschen nach seinem Ebenbild.« Gewiß, der religiös neutrale Staat kann an diese Aussage der Heiligen Schrift nicht unmittelbar anknüpfen. Das Grundgesetz und die Landesverfassungen in der Bundesrepublik Deutschland gehen beim Begriff der Menschenwürde davon aus, daß jeder Mensch sein Menschsein hat als Person, kraft seines Geistes, der ihn abhebt von der unpersönlichen Natur und ihn aus eigener Entscheidung dazu befähigt, seiner selbst bewußt zu werden, sich selbst zu bestimmen und sich und die Umwelt zu gestalten.

Würde des Menschen ist sittlicher Eigenwert der menschlichen Person. Sie kommt dem Menschen um seiner selbst willen zu, nicht wegen anderer Dinge und Ziele. Kennzeichen und Inhalt der Würde des Menschen ist seine Personalität, also Verstand, Vernunft, Selbstbewußtsein und freier Wille und die damit verbundene Fähigkeit, sich selbst zu bestimmen und zu verwirklichen, dies freilich in sozialer Bindung an die menschliche Gemeinschaft. Tragendes Fundament des Grundrechts der Würde der Person und ihrer Unverletzlichkeit ist die sittliche Wertordnung eines Staates und einer Gesellschaft, wobei die Würde der Person zugleich ein wesentlicher Bestandteil dieser Wertordnung selber ist.

Daß die Wertordnung unserer Verfassung von allen Bürgern unseres Staates geachtet und respektiert wird, ist keine Selbstverständlichkeit. Wir müssen immer wieder mit Leidenschaft dafür eintreten, daß diese Wertordnung glaubwürdig bleibt, daß sie nicht ersetzt wird durch ein Wohlstands- und Nützlichkeitsdenken. Fällt die Wertordnung, geht auch die staatliche und gesellschaftliche Ordnung, geht auch der Rechtsstaat dahin.

Meine sehr verehrten Damen und Herren, der heutige Festtag ist aber auch Anlaß zur Genugtuung und zur Freude.

Sie, meine jüdischen Mitbürgerinnen und Mitbürger, und wir alle können Genugtuung darüber empfinden, daß in München in der Nachkriegszeit ein blühendes, jüdisches Gemeindeleben neu entstanden ist. Wir dürfen Genugtuung darüber empfinden, daß das jüdische Volk am wirtschaftlichen, wissenschaftlichen und künstlerischen Leben in Deutschland und in der Welt durch viele und ausgezeichnete Persönlichkeiten mitwirkt. Sie, meine Damen und Herren, und wir mit

Ihnen können Genugtuung und Freude darüber empfinden, daß das jüdische Volk nach 2000 Jahren der Zerstreutheit über die Erde auf dem Boden des von Gott dem Volk Israel verheißenen Gelobten Landes wieder einen Staat gegründet hat.

Von meinen Besuchen in Israel habe ich immer wieder den starken Eindruck eines Volkes mitgenommen, das sich sowohl seiner Tradition wie seiner Zukunft gewiß ist. Das gilt für das pulsierende Leben in den Großstädten ebenso wie für die großen Heiligtümer in Jerusalem, Bethlehem und Nazareth. Die großen und kleinen Städte in Israel sind erfüllt von Wirken und Schaffen. Ein beeindruckendes, modernes Straßennetz verbindet die einzelnen Landesteile miteinander. Wissenschaftliche Methoden versuchen der Wüste abzuringen, was möglich ist. Die Pflege der archäologischen Stätten ist vorbildlich. Die religiösen Gruppen der drei großen Weltreligionen und andere haben die größtmögliche Freiheit, ihre Angelegenheiten selbst zu ordnen und zu verwalten. Auf dem Tempelberg in Jerusalem genießen die beiden großen Moscheen, der Felsendom und die El-Aksa-Moschee, geradezu extraterritoriale Freiheit.

Dies alles, für den Besucher ein großes Erlebnis, kann und sollte für die jüdischen Menschen innerhalb und außerhalb des Staates Israel eine große und freudige Genugtuung sein. Allerdings, diese Gefühle der Freude und Genugtuung werden gedämpft durch die Tatsache, daß der Frieden noch nicht eingekehrt ist an allen Grenzen Israels, insbesondere nicht an der Nordgrenze.

Schalom, Friede, das ist das Wort, mit dem man sich in Israel begrüßt, willkommen heißt und verabschiedet. Zur Feier des heutigen Tages darf ich daher auch Ihnen und Ihrem Land ein Schalom zurufen. Schalom dem Land Israel und allen Juden im Ausland, Schalom insbesondere Ihnen, meine sehr verehrten Damen und Herren, und der jüdischen Gemeinde zu München aus Anlaß des 50. Jahrestages der Errichtung der Hauptsynagoge von München an der Reichenbachstraße. (1981)

Kulturelle Lebensformen und ihr Wandel

Jedes Ideal zerbricht einmal, wenn der Bogen zu hart gespannt wird; jede Aufklärung – auch die zweite – zieht eine Romantik nach sich. Auf Voltaire-Zeiten folgen Rousseau-Zeiten.

Versucht man zu umschreiben, wie sich die Kultur der Deutschen, ihre Lebensform und Lebensart heute im Unterschied zu früheren Zeiten präsentiert, so genügt ein Wort zur Charakterisierung: sie ist lockerer geworden. Sie kommt nicht mehr so ernst, so gravitätisch, so fordernd daher wie früher. Das Leistungspathos hat sich verringert. Das Spielerische tritt unbefangener hervor. Kleidung, Sitten, Arbeits- und Sexualmoral, religiöse Verbindlichkeiten, Bildungsanforderungen – alles hat sich gelockert, oft in erstaunlichem Maß. Die Deutschen wirken heute weniger missionarisch als früher. Sie sind auch weniger diszipliniert. Sie muten leichter, freilich auch unverbindlicher an. Man hat nicht das Gefühl, daß das Schicksal des geteilten Deutschland, die Zukunft Europas, die Probleme der Welt sie erkennbar mehr behelligen als andere Völker (ich rede von den Bürgern in der Bundesrepublik). Sie machen aber auch nicht den Eindruck, als verfügten sie gegenüber fremdem Leiden über unfehlbare Rezepte, an denen die Welt genesen müßte.

Gewiß sind die Deutschen Bewohner der nördlichen Hemisphäre geblieben: Kaum findet man bei ihnen die Unbekümmertheit, das Lachen, die Spontaneität, die unvermittelte Fröhlichkeit mitten im Elend, die einem oft in Lateinamerika, ja selbst in Afrika begegnen kann. Wer von dort kommt, mag die Deutschen immer noch als still und stur, verbiestert und arbeitsbeflissen empfinden. Aber ein wenig hat sich die Nadel doch nach Süden gedreht: Autos, Kleider, Waren sind farbiger geworden; die Arbeit ist nicht mehr der Seeleninhalt, um den sich alles bewegt. Ich zitiere ein bekanntes Wirtschaftsmagazin (*Wirtschaftswoche* Nr. 1/2 vom 4. 1. 1985): »Frankreich und Italien galten als die Länder der Schönheit, des Geschmacks, des Design. Die Deutschen dagegen standen im Ruf, tüchtig, technisch und wissenschaftlich begabt, aber grob und ungeschlacht zu sein. Nun verkaufen wir im Ausland immer mehr Schönes: Damenmode, Möbel, Stoffe. Selbst die deutsche Küche gewinnt Ansehen – Käse ist ein internationaler Verkaufsschlager, selbst in Amerika weiß man, was ›Pumpernikkel‹ ist, und deutscher Wein ist zum Statussymbol in Japan geworden. Deutschland wird als Kulturnation entdeckt.«

Das ist die eine Seite. Hier hat sich der Kulturbegriff erweitert. Hier haben die Deutschen zu ihrem Nutzen nicht nur ein Stück westliches *savoir-vivre* aufgenommen, sondern auch eigene Traditionen neu belebt, die allzulang verschüttet waren. Der Fleiß war ja nicht immer der ständige Begleiter der Deutschen. Unsere Vorfahren wußten auch mit gusto zu feiern, zu spielen und zu faulenzen. Vor allem aber strebten sie nicht nur als einzelne, leistungsethisch angespannt, nach persönlicher Vollendung, wie uns ein idealistisches Klischee weismachen will, nein, sie bemühten sich gerade, in Gesellschaft, im sozialen Zusammenhang »polit und galant« zu werden (Thomasius), Menschen unter Menschen zu sein. Höflichkeit, Geselligkeit, Rücksicht auf Nebenmenschen – eben dies gehörte im Erziehungsprogramm der Aufklärung und der Klassik ganz selbstverständlich zur Kultur hinzu. Und Politik war ein Teil dieser Kultur. Es ist kein Zufall, daß mit der Öffnung zur Kultur *als Lebensform* auch die Frage nach der *politischen Kultur* wieder in den Vordergrund tritt, die Frage also nach dem nötigen Vorrat an Toleranz, Verständnis, Hören- und Argumentierenkönnen, Umgang – gewiß kein schlechtes Zeichen, wenn man die zähe deutsche Überlieferung dagegenhält, Politik und Kultur seien getrennte Welten.

Nun aber auf der anderen Seite die Verluste – und auch sie sind nicht zu übersehen. Einmal hat sich, wie erwähnt, der Zusammenhang von Kultur und Leistung gelockert. Die alte kantische Maxime, daß der Mensch diszipliniert werden müsse, wenn er kultiviert werden wolle, leuchtet jungen Deutschen von heute kaum mehr ein. Sodann ist das, was wir Industriekultur nennen, kritischen und zweifelnden Fragen ausgesetzt, bis hin zur Negation. Endlich gerät die Beziehung von Wissenschaft und Kultur, Erfindungsgeist und wirtschaftlicher Auswertung, Forschung und Produktion in der ganzen Breite ins Schwanken. So sehr sich der Kulturbegriff zum Verhalten, zur Lebensform, zum Moralischen und Politischen hin geöffnet hat, so sehr ist er im

Gegenzug dabei, sich zum Wissenschaftlichen, Wirtschaftlichen, Technischen hin zu verschließen. Man studiere zum Beleg die partielle Ausblendung der Sphären Wirtschaft, Wissenschaft, Verwaltung (als Zonen ausgeprägter Rationalität) aus der Literatur, man sehe die zivilisationskritischen Horror-Sujets zahlreicher Maler und bildender Künstler, man nehme einen einflußreichen Titel wie »Bauen als Umweltzerstörung«, man registriere das betonte Eintauchen vieler junger Menschen ins Mythische, Fabulöse, der Realitätskontrolle Entzogene. Lockerer, individueller ist unsere Kultur gewiß geworden, sie kommt nicht mehr auf dem Kothurn daher, die Designer, die Liedermacher, die Modeschöpfer und Animateure dürfen sich eingemeindet fühlen – aber die Physiker, die Techniker, die Erfinder, die dramatischen und epischen Baumeister, die Arbeiter in Grenzzonen, in denen sich Witz und Kunst mit Fleiß und Konsequenz verbünden müssen – sie sind oft draußen. Das Gefühl dafür verschwindet, daß naturwissenschaftliche Erkenntnis, technischer Fortschritt und künstlerische Autonomie voneinander nicht zu trennen sind, daß sie derselben Wurzel neuzeitlicher Emanzipation entspringen. Unter den einst gemeinsamen Bewohnern des Kultur-Gehäuses – Künstlern, Wissenschaftlern, Erfindern, Pädagogen, Interpreten – breiten sich Isolation, wechselseitiges Mißtrauen, Neigung zum Ghetto-Rückzug aus.

Man ermißt den Verlust, wenn man zurückblickt. Im 19. Jahrhundert hatte sich in Deutschland der Radius der Kultur erweitert. Zu Philosophie, Dichtung, Musik waren Erfahrungswissenschaften und Technik hinzugetreten. Weimar machte sich auf den Weg nach Berlin. Erfindungsgeist und ökonomische Expansion, industrielle Regsamkeit und militärischer Erfolg stützten den Kulturanspruch der nunmehr geeinten und erstarkten Nation. Vor dem Ersten Weltkrieg war die deutsche Kultur ein komplexes Gebilde aus vielen Elementen, unter denen Musik und Dichtung, Wissenschaft und Technik, Schulen und Hochschulen einen besonderen Rang einnahmen – aber nicht minder gehörten industrielle Produktivität, steigende Exportraten, der Erfolg des *made in Germany,* die Patentbilanz und die Nobelpreisstatistik dazu. Die »Fähigkeit zur Arbeit und zum Nachdenken« – Madame de Staëls bestechende Kurzformel für den kulturellen Impetus der Deutschen – war mächtig in die Breite gewachsen, hatte sich zu eindrücklicher Effizienz verdichtet. Deutsche Kultur war etwas Forderndes geworden. Man konnte ihr kaum ausweichen.

Einen historischen Augenblick lang wurde jene deutsche Kultur in aller Welt bewundert – nicht nur von unkritischen Anbetern der Macht und der Tüchtigkeit, sondern von durchaus ernstzunehmenden Zeugen; die Reihe reicht von Emerson bis zu Matthew Arnold, von Taine bis zu Lenin. Dem entsprach der Ernst, der Nachdruck, mit dem die Deutschen in Ausstellungen, Museen, Denkmälern, Schriftzeugnissen die Welt auf ihre Bedeutung aufmerksam machten. Fast rührend spricht dieses Liebeswerben aus jenem Germanischen Museum, das Deutsch-Amerikaner kurz vor dem Eintritt Amerikas in den Ersten Weltkrieg auf dem Harvard-Campus erbauten: Hier grüßen Wotan und Alberich, Siegfried und Brünhilde von der Fassade, und Inschriften von Kant, Schiller und Goethe empfangen den Besucher: »Du kannst, denn du sollst«, »Es ist der Geist, der sich den Körper baut«, »Die That ist alles, nichts der Ruhm«. Nicht anders, wenn auch mit einem Gran Ironie vermengt, klingt es, wenn bei Zuckmayer im »Hauptmann von Köpenick« der Uniformschneider Wormser die Wirkungen deutscher Kultur und Disziplin mit folgenden Worten rühmt: »Was sag ich immer? Der alte Fritz, der kategorische Imperativ und unser Exerzierreglement, das macht uns keiner nach! Das und die Klassiker, damit hammer's geschafft in der Welt!«

Vielleicht täusche ich mich, vielleicht ist jenes Ordnungsbild von Kultur, jene Verbindung von Askese und Disziplin mit philosophischer Bildung und literarischen Interessen gar nicht wirklich vergangen. Jedenfalls war sie lange – von Kant bis Freud – ein charakteristisches Signum deutscher Kultur. Heute sind die missionarischen Züge verblaßt, Privates tritt stärker hervor, Elemente der Selbstbestimmung, der Beteiligung drängen in den Vordergrund. Es sieht so aus, als ob die Deutschen es einmal ohne Disziplin, Entäußerung und Triebverzicht versuchen wollten, spontan und aktualistisch, im Stil der »Neuen Wilden«. Verwundern muß uns das nicht: jedes Ideal zerbricht einmal, wenn der Bogen zu hart gespannt wird; jede Aufklärung – auch die zweite – zieht eine Romantik nach sich. Auf Voltaire-Zeiten folgen Rousseau-Zeiten. (1985)

Deutschland – Kulturnation?

Die Kulturnation ist heute nicht mehr, wie früher,
Deutschlands exklusives Staatsgewand.
Wir sind Kulturnation unter Kulturnationen –
aber wir sind gewiß nicht die Kulturnation.

Der staatliche Zusammenbruch im Jahre 1945 hat nicht nur einen Abschnitt deutscher Geschichte – das Kleindeutsche, später Großdeutsche Reich – jäh beendet, er hat auch den Geltungsbereich deutscher Sprache und Kultur aufs stärkste reduziert. Deutsch gehört heute nicht mehr zu den Weltsprachen. Die Herrschaft des Englischen in Naturwissenschaft und Technik reicht inzwischen weit ins eigene Land hinein. Die Zahl deutschkundiger Leser nimmt ab: im Inneren durch den Geburtenrückgang, im Ausland durch den Rangverlust des Deutschen. Zwar ist nach 1945 eine beachtliche, farbige, an Tönen und Individualitäten reiche Nachkriegsliteratur entstanden – aber ihre Umsetzung in andere Sprachen und Kulturen geht mühsamer vor sich als zu Zeiten Goethes, Heines, Thomas Manns.

Die deutsche Gegenwartsliteratur ist reich an Regionalfarben. Sie bestätigt in ihrer Sprachvielfalt den politischen Zentralitätsverlust von 1871 bis heute. Die Länder, die Regionen treten deutlicher hervor. Trotz Koeppen, Grass, Kempowski fehlt ein umfassendes, röntgenscharfes Gesamtbild der Nachkriegsgesellschaft – eine Epopöe des Landes, der Zeit, die, wie in »Buddenbrooks« oder in »Berlin Alexanderplatz«, von Eßsitten bis zu politischen Reden, von Sprechweisen bis zu Gesellschaftskonventionen, von Kunst bis Recht, Geschäft und Politik alles einfängt, so daß man versteht: so war es. Es gibt nur wenige Romane, Dramen, Tagebücher, Gedichte, Essays, die sich in unserer Vorstellung mit Deutschland nach 1945 ebenso zwingend verbinden wie der »Père Goriot« mit dem bürgerlichen Frankreich, die »Abende auf dem Vorwerke« mit dem Rußland Nikolaus' I. oder

»Ferdydurke« mit dem Polen zwischen den Weltkriegen. Der Leser muß sich ein Deutschlandbild erst aus vielen regionalen Einzelstücken zusammensetzen. Facettenreich, individuell ist dieses Bild ganz ohne Zweifel; aber es mit einem Blick zu umfassen ist beinahe so schwierig wie zu Madame de Staëls Zeiten. »Les Allemagnes« sind mühseliger zu studieren als »L'Allemagne« – und eben jene Pluralisierung der Regional- und Sprachebenen macht die Signatur des Literarischen in beiden Teilen Deutschlands aus.

Auch hier, in der Literatur, stehen die Zeichen auf Lockerung, Entschränkung, Abbau normativer Zwänge. Der Formdruck, der von Weimar-Jena ausging – genauer von der Germanistik der Kaiserzeit, welche »die Klassiker« im Zeichen nationaler Einheit normierte und kanonisierte – ist sichtlich schwächer geworden. Übrigens nicht erst seit 1945. Der Welterfolg eines Autors wie Bert Brecht, der Durchbruch von Autoren wie Marieluise Fleißer, Oskar Maria Graf, Ödön von Horvath zu gesamtdeutscher Resonanz, das heutige Echo der Österreicher, der alemannischen Schweizer – sie wären ohne jene Lockerung der klassischen Formgesetze nicht möglich gewesen. Hier bahnt sich, wie im Politischen, Sozialen, Wirtschaftlichen, ein Ausgleich zwischen Süd und Nord an. Viele Gebots- und Verbotstafeln des normierten Deutsch sind inzwischen sanft aus dem Verkehr gezogen worden. Nicht einmal die Ausspracheregeln des Herrn Siebs sind heute noch tabu. Warum sollte der deutsche Sprachduktus sich nicht eines Tages wieder von den 1866 gezogenen Linien wegbewegen?

In der angedeuteten Ausgleichsbewegung kommt der Literatur der DDR ein eher beharrender Part zu. Ihre Autoren schreiben vielfach noch ein klassisches und kleistisches Deutsch, sie zerbrechen die Form behutsamer, sie orientieren sich stärker an der Sprachtradition. Sie bereichern die heutige Literatursprache durch Empfindlichkeit und genaue Nuancierung. Bei geringeren Auflagen, schwächerer Medienumwälzung und dem Abhebungshintergrund, den ein trommelndes, tönendes Parteideutsch bietet, nutzen sich ihre Worte nicht so rasch ab wie im berührungsstumpfen, wortverzehrenden Westen. Daß gleichwohl auch in der DDR ähnliche Tendenzen der Emanzipation von Normen, der Entgrenzung, landschaftlichen Individualisierung wirksam sind, zeigt die Lektüre jener Literatur auf Schritt und Tritt. Ein kleines Beispiel: ein so kritischer, oft zur Unfreundlichkeit neigender Autor wie Rolf Schneider wird fast zärtlich, wenn er Dresden loben und Berlin eins auswischen kann. Man höre: »Bekanntlich gedeiht Kunst nur, wo Kunst schon ist. Kein Zähneknirschen, kein Eisenknirschen kann dies erzwingen. Berlin blieb eine hagere Kalvinistensiedlung; auch Sanssouci war bloß ein Produkt aus Schweiß und Knauserei; Bach schrieb ein paar Concerti und floh, floh wohin?, floh nach Sachsen. Als die Hohenzollern schließlich architektonischen Ehrgeiz entwickelten, entstanden ein paar schöne und strenge Bauwerke. Aber was umsäumten sie? Eine militärische Paradestraße: keine Konkurrenz für den Zwinger. Preußens finstere Macht und furchteinflößendes Ansehen wuchsen unaufhörlich in ganz Europa. Die Hauptstadt des damit verglichen kümmerlichen Sachsen blieb von musischer Attraktivität, und ihr Ansehen verbreitete keine Furcht ...« (Merian, 10/XX).

Damit wären wir zu guter Letzt bei Johann Sebastian Bach und damit wiederum bei einer gesamtdeutschen Symbolfigur. Aber meine Zuhörer werden schon gespürt haben, worauf ich hinaus will. Es geht bei der Zukunft der Kulturnation nicht so sehr um Inhaltliches, um einen festumrissenen, einklagbaren Kanon der Gemeinsamkeiten. Es geht nicht allein um Luther- und Goethejahre, Bach- und Händel-Gedenkfeiern – so wichtig sie sind und so stark sich in ihnen die kulturelle Überlieferung bezeugt. Viel eher geht es darum, im Alltag und seinen Zwischentönen, im Umgang hüben und drüben das Deutsche wahrzunehmen und ohne Eitelkeit und Selbsthaß wachzuhalten – jenes Deutsche, das immer noch, trotz aller harten Dämpfer der Geschichte, belustigend stark in den Herzen und den Köpfen pocht. Das Regionale ist ein gutes *réduit.* Aber das Deutsche sollte darüber nicht ganz vergessen werden. Diesen leisen Furor wachzuhalten können Literatur und Sprache mithelfen, und je unauffälliger sie das tun, desto besser.

Die Kulturnation ist heute nicht mehr, wie früher, Deutschlands exklusives Staatsgewand. Wir sind Kulturnation unter Kulturnationen – aber wir sind gewiß nicht *die Kulturnation.* Wir müssen uns kräftig regen, um dieses Erbe zu erhalten. Allzuviel Gemächlichkeit ist uns nicht erlaubt. Wir sollten aber immer wissen, daß Kultur für eine Nation nur sehr vorübergehend, nie auf Dauer, Ersatz für einen fehlenden geschichtlich-politischen Reisepaß sein kann – der Platz, im Reich der Luft, wie ihn Jean Paul für die Deutschen reklamierte, befriedigt auf die Dauer doch nicht ganz.

Unsere Kultur sollte ein wenig Politik einschließen, unser Reich sollte ein wenig Land und Wasser umfassen – das ist sicher eine Lehre aus unserer Geschichte. Auf *Freiheit* als Kern politischer Kultur wollen und können wir als Deutsche im Westen niemals mehr verzichten, und ich bin sicher: unsere Landsleute in der DDR täten es ebensowenig, hätten sie die Wahl. (1985)

Die Zukunft der Freiheit

In den Ursprungsländern der Menschenrechte, in Europa und den USA, ist das Ideal persönlicher Autarkie und Selbstverfügung längst durch Prinzipien der Gleichheit und des Sozialen eingeschränkt worden. Die Entwicklungsländer liegen mit ihrer halbentfalteten Staatlichkeit und erst beginnenden Industrialisierung noch in einem vorgrundrechtlichen Zeitalter. Nur der archaische Obrigkeitsstaat des Kommunismus provoziert heute durch seine Verfügung über das individuelle Leben ähnliche Reaktionen des persönlichen Freiheits- und Glücksverlangens gegen sich wie der absolute Staat des 18. Jahrhunderts, und es ist noch nicht abzusehen, ob sich in künftigen Wandlungen sozialistischer Gesellschaften eine Renaissance des Natur- und Menschenrechts vollziehen wird.

Freiheitsrechte und Freiheitsbewegungen, so scheint es, sind im letzten Drittel des 20. Jahrhunderts nicht mehr von der großen weltgeschichtlichen Strömung getragen, die ihren Siegeszug in den letzten Jahrhunderten begleitet hat. In der enger gewordenen Welt ist der Ruf nach Freiheit schwächer, der Ruf nach Sicherheit größer geworden. Den Hungernden und Armen bedrängen elementarere Sorgen als das Verlangen nach individueller Verfügung, personaler Selbstbestimmung; der abhängige, in der Masse isolierte Mensch von heute sieht Freiheit oft weniger in der Bewahrung einer individuellen Freiheitssphäre als vielmehr im Anspruch auf staatliche Leistungen, im Anschluß an soziale Systeme, in der Teilhabe am Fortschritt der Produktion und des Konsums.

Was bedeutet das für die Zukunft der Freiheit? Wir wollen das in drei Schritten bedenken: Zunächst im Hinblick auf die moderne Freiheitsgeschichte seit Aufklärung und Revolution, der wir in unserem Freiheitsverständnis bis heute verpflichtet sind; sodann in einer Analyse der Grenzen dieses Freiheitsverständnisses angesichts der Wirklichkeit des heutigen Industrie-, Leistungs- und Sozialstaats; endlich in einer Überlegung, wie Freiheit unter heutigen Bedingungen – und im Licht christlicher Freiheitsüberlieferungen – neu gedacht und neu verstanden werden kann.

In den modernen Freiheitsrechten gipfelt jene Bewegung, die den Menschen als Menschen, geprägt durch seine Vernunftnatur, zum Subjekt und Herrn der Geschichte zu machen strebt. Das Individuum wird, unabhängig von seinem Stand, zum selbständigen Rechtsträger gegenüber dem Staat. Die Naturrechtslehre der Aufklärung überwindet so die alte Status-Lehre, in der die Rechtsfähigkeit an die ständische Ordnung der Gesellschaft gebunden war. Von hier aus dringt der Rechtsbegriff der Person in die modernen Privatrechtskodifikationen vor. Auf diesem Fundament ruhen Rechtsstaat und Grundrechte bis zum heutigen Tag.

Die Kräfte, die diesen Prozeß sozialer Wandlung steuerten, waren mannigfacher Art: zivilisatorische Höherentwicklung auf der einen Seite, in der sich Herrschaftsrechte in Arbeitsverhältnisse umformten; die lange Kette der Religions- und Bürgerkriege der frühen Neuzeit, in deren Verlauf der Staat zum Zwangsschlichter der streitenden Parteien aufstieg; die Bildung nationaler Gesellschaften, die die übernationalen ständischen Gemengelagen des Mittelalters ablösten, endlich die vereinheitlichende Wirkung des modernen, vom Staat gesetzten und gesprochenen Rechts. Der Prozeß verlief nicht einheitlich, Rückschläge waren an der Tagesordnung, an vielen Stellen behauptete sich die alte Ordnung zäh. Aber in der zweiten Hälfte des 18. Jahrhunderts wurde das Gefühl eines säkularen Umschlags allgemein: Ein neues Freiheitspathos begann sich zu verbreiten, man drängte heraus aus alten sozialen und politischen Bindungen, die Ständeordnung schien überlebt. »Der Mensch ist frei geboren, und überall liegt er in Ketten« – dieser Ruf des Genfer Handwerkersohnes Rousseau gab der erwartungsvoll gespannten Zeit das chiliastische Stichwort. Plötzlich erschienen alle überlieferten Ordnungen als dumpfe Beschränkungen der ursprünglichen Freiheit und Gleichheit des Menschen; sie zurückzuholen, notfalls mit Gewalt, erhoben sich die Freiheitsbewegungen und Revolutionen des 18. Jahrhunderts in England, USA und Frankreich; sie für alle Zeit festzuhalten und verfassungsgemäß zu verankern waren die Erklärungen der Menschen- und Bürgerrechte bestimmt, wie sie von da an üblich zu werden begannen.

In die Theorie der Freiheitsrechte beginnt damit ein neuer Geist einzuströmen. Es ist der Geist des modernen Naturrechts, das man vom klassischen scharf unterscheiden muß. Das moderne Naturrecht steht nicht mehr in der pflichtenethischen Tradition der älteren Lehre der Politik, es hat nicht mehr die Doppelheit von Recht und Pflicht im Auge und auch nicht mehr die konkrete Sozial- und Lebensordnung, in der der Mensch lebt. Es denkt vielmehr vom Individuum her, einem vor-gesellschaftlich konzipierten, mit »natürlichen Rechten« ausgestatteten Individuum, das von Aufgaben und Pflichten völlig freigesetzt ist und dem Staat in reiner Anspruchshaltung gegenübertritt. Das ist von großer Bedeutung für Theorie und Praxis der Menschen- und Bürgerrechte. Entstammen noch die älteren Menschenrechte Amerikas der Bemühung, »fundamentale menschliche Bereiche mit wirksamen Sicherungen zu umgeben« (Scheuner), so geht man jetzt von einer naturrechtlich vorgegebenen allgemeinen Freiheitssphäre aus, in die der Staat nur von außen (und auf ausdrückliche gesetzliche Ermächtigung hin) einzugreifen hat. Aus konkreten, historisch entstandenen Freiheitsverbürgungen werden die Menschenrechte zu Spezialisierungen einer allgemeinen Freiheit, die als Prinzip vorausgesetzt wird und die von den konkreten Lebensordnungen weitgehend unabhängig ist.

Daß der Mensch so gesehen wird – frei geboren, aber in den Ketten gesellschaftlicher Abhängigkeit, daher immer wieder neu zu befreien und vor der Übermacht in Schutz zu nehmen, die sich für jene Zeit vor allem im Staat verkörpert –, dies ist das Ergebnis eines neuen Verständnisses von Mensch und Gesellschaft. Tatsächlich handelt es sich um eine gewaltige Reduktion. Man abstrahiert von der konkreten Sozialität und Lebenslage, man sieht nicht mehr den »homme situé« (Burdeau), den Menschen als Kind, als Mann oder Frau, als Armen oder Reichen, als Schwarzen oder Weißen, Abhängigen oder Mächtigen, Franzosen oder Engländer. Man sieht durch alle Rassen, Stände, Lebensformen wie durch zufällige Masken hindurch auf die eine unveräußerliche Menschennatur und ihr Recht. Eben in dieser Abstraktion aber, so gewaltsam sie ist, wird eine neue Dimension menschlicher Geschichte sichtbar – in einer industriellen Gesellschaft, die nicht mehr auf Geburt und Stände, sondern auf Arbeit und demokratische Herrschaftsbestellung gegründet ist.

Kein Zweifel, daß mit dieser Schild-Erhebung der abstrakten Freiheit ungeheure Kräfte individuellen Aufstiegswillens entbunden werden: Jeder ist jetzt seines Glückes Schmied, jeder kann seine Kräfte frei regen und entwickeln, jeder trägt »seinen Marschallstab im Tornister«. Die alten Standesunterschiede fallen dahin. Eine rechtlich egalisierte Gesellschaft beginnt sich zu entwickeln. So wird die Zeit zwischen der amerikanischen Revolution und dem Ersten Weltkrieg zur Epoche der ersten großen Entfaltung moderner Freiheit in Menschen- und Bürgerrechten. Von der amerikanischen Rechteerklärung und der französischen Deklaration von 1789 verzweigt sich ihr Weg zu unzähligen Grundrechtskatalogen in den Verfassungen des 19. und 20. Jahrhunderts.

Gerade in Deutschland hat die Verfassungsentwicklung nach dem Zweiten Weltkrieg mit Entschiedenheit an die naturrechtlichen Ausgangspunkte der Menschen- und Bürgerrechte angeknüpft. Während anderswo die liberalen Freiheitsrechte hinter sozialstaatlichen Formulierungen zurücktraten, ja fast unerkennbar wurden, sind sie hier noch einmal mit aller Schärfe als Grundrechte des Menschen verkündet und als unabänderliches Verfassungsrecht im Grundgesetz positiviert worden. »Es ist einer der verhängnisvollsten Irrtümer gewesen von den vielen, die das 19. Jahrhundert in unser Bewußtsein ... hineingebracht hat«, so sagte Carlo Schmid in der Beratenden Landesversammlung für Württemberg-Hohenzollern, »daß alles, was der Mensch hat, durch ihn vom Staat bezogen worden sei ... Demgegenüber müssen wir zurückkehren zur alten und grundständigen Auffassung, daß der Mensch vor dem Staat da ist, daß Würde und Freiheit und was sich daraus im einzelnen ergibt, Attribute sind, die dem Menschen selbst durch sein Menschsein anhaften, und daß er nicht den Staat nötig hat, um das etwa verliehen zu bekommen ... Der Mensch ist nicht um des Staates willen da, sondern der Staat ist dazu da, dem Menschen zu dienen und nicht ihn um seiner selbst willen zu beherrschen.« Diese Meinung reichte damals weit über den Kreis der Verfechter einer christlichen Soziallehre hinaus. Sie ist im Parlamentarischen Rat von Politikern aller Parteien vertreten worden. Man wollte, wie es damals formuliert wurde, daß die Grundrechte das Grundgesetz regieren sollten, nicht umgekehrt, daß sie nicht bloß Deklamationen oder Direktiven seien, sondern unmittelbar geltendes, einklagbares Recht. So kam es zu einer radikalen Wiederherstellung des naturrechtlichen wie des freiheitlich-individualistischen Gehalts

der Freiheitsrechte – ein Experiment, das in derVerfassungsentwicklung der heutigen Welt nahezu isoliert dasteht.
Denn nicht nur der naturrechtliche, vorstaatliche Charakter der Menschenrechte wurde in einer fast an die frühen Menschenrechtserklärungen gemahnenden Weise eingeschärft – nach Art. 1 ist die Würde des Menschen unantastbar, liegt also aller staatlichen Rechtsschöpfung voraus –, der Gesetzgeber hat auch Sorge getragen, daß die Grundrechte die Staatsgewalt wirksam begrenzen. Mit Recht hat man von einer kopernikanischen Wende gegenüber der Zeit des Rechtspositivismus gesprochen: Standen in der Weimarer Zeit die Grundrechte zur Disposition des Gesetzgebers, sicherten sie praktisch nur die Gesetzmäßigkeit der Verwaltung, so sind sie heute ein Datum für alles staatliche Handeln. Theorie und Rechtsprechung haben die faktische Geltung der Grundrechte, besonders der Persönlichkeitsrechte, in die Breite und Tiefe so weit ausgedehnt, wie es unter den Bedingungen unserer enger zusammenrückenden Gesellschaft überhaupt denkbar und möglich war. Zumal die Rechtsprechung der obersten Bundesgerichte über die Würde des Menschen, die freie Entfaltung der Persönlichkeit, die Freiheit der Meinungsäußerung und den Schutz des Eigentums ist bemüht gewesen, dem Bürger einen letzten unantastbaren Bereich menschlicher Freiheit zu sichern oder zu erhalten, der der Einwirkung der öffentlichen Gewalt entzogen ist. Die formalen Sicherungen der Freiheit wurden verstärkt. Um der Freiheit willen wurde der Freiheitsspielraum des einzelnen bewußt weit gezogen und auch die Möglichkeit des Mißbrauchs in Kauf genommen. Dies lag in der Linie der vom Grundgesetz gewollten Ordnung, besagt doch die Garantie eines unantastbaren Wesensgehaltes des Grundrechts nichts anderes, als daß es immanente Grenzen der Grundrechte gibt, die vom Staat nicht willkürlich bestimmbar sind und innerhalb deren der Mensch von seiner Autonomie einen freien (und das heißt unter Umständen auch: das Recht verfehlenden) Gebrauch machen kann.
Es ist heute üblich geworden, den Enthusiasmus jenes naturrechtlichen Aufbruchs zu belächeln – und tatsächlich ist auch das Grundgesetz den seit je mit der Freiheit verbundenen Antinomien nicht entgangen: Was dem einzelnen im Zeichen der Entfaltung der Persönlichkeit zugestanden wurde, mußte vielfach im Zeichen von Gleichheit und Sozialstaatlichkeit wieder zurückgeholt werden. Dennoch ist jene historische Anknüpfung an die naturrechtliche Idee vorstaatlicher

Freiheit ein Vorgang von großer Tragweite, und wenn heute seine Grenzen deutlicher sichtbar werden als in den Jahren unmittelbar nach dem Krieg, so ist dies kein Spezifikum unseres Grundgesetzes, sondern führt auf eine Grundproblematik der heutigen westlichen Welt: Ist die historisch überlieferte Freiheit noch tragfähig in einer Zeit, in der – nach Max Horkheimer – »die freie Aktivität durch die allgemeine Befriedigung materieller Bedürfnisse sich reduziert« und in der Freiheit und Gleichheit »in der total organisierten Realität keine krassen Gegensätze mehr darstellen«?

Die Freiheitsrechte haben sich entfaltet in einer Gesellschaft, die gekennzeichnet war durch die Figur des Bürgers – des Menschen also, der wirtschaftlich unabhängig, geistig selbständig war und diese Autonomie gegenüber Staat und Kirche betonte. Sie geraten in eine Krise in dem Augenblick, in dem diese bürgerliche Existenz als Lebensform gefährdet wird. In der unabsehbaren Wandlung der Lebensformen und Rechtsordnungen, in der wir uns befinden, wird Freiheit, wie es scheint, ihrer bisher größten Belastungsprobe ausgesetzt. Ob sie sich behaupten oder als Zeugnis einer früheren Rechtskultur mit dem bürgerlichen Zeitalter untergehen wird, kann niemand mit Sicherheit voraussagen.

Wie es zu dieser Entwicklung gekommen ist, braucht dem Zeitgenossen, der den Wandel der gesellschaftlichen Verfassung und die sprunghafte Vermehrung der Staatstätigkeiten am eigenen Leib erfährt, nicht auseinandergesetzt zu werden. Der Prozeß ist in nahezu allen Staaten des Westens in gleichen oder ähnlichen Formen verlaufen. Soziale Kämpfe, die den Staat zum Eingreifen zwangen und in die Rolle eines Zwangsschlichters der verfeindeten Sozialparteien drängten, Kriegs- und Notzeiten, die zum Ausbau und zur Kontraktion des staatlichen Verwaltungsapparates führten, vor allem aber die steigende Isolierung und Bedürftigkeit des einzelnen im massentümlichen Dasein – dies alles hat zu einem jähen Ansteigen der Staatsaufgaben, zu einer Neuverteilung der Lebensrisiken zwischen dem einzelnen und der Gesellschaft geführt. Im 20. Jahrhundert haben sich Breite und Stärke dieser Bewegung mit unerwarteter Schnelligkeit gesteigert. Dem umfangreichen Verwaltungsapparat der Sozialversicherung stellte sich von 1914 an die nicht minder ausgedehnte, vom Krieg hervorgerufene (und ihn vielfach überdauernde) Kriegswirtschaftsverwaltung an die Seite –

eine Erscheinung, die sich in und nach dem Zweiten Weltkrieg wiederholte und in umfassenden Maßnahmen zur Verteilung der Kriegsfolgelasten abermals eine Steigerung erfuhr. Die verschärfte soziale Reibung der Vertragspartner und die Furcht vor den politischen Folgen einer Massenarbeitslosigkeit erzwang die staatliche Mitwirkung an der Gestaltung der Arbeitsvertragsverhältnisse und führte zum Aufbau einer eigenen Arbeitsverwaltung. Die Sicherung elementarer Bedürfnisse des in der Großstadt lebenden Menschen, die Notwendigkeit, den im arbeitsteiligen Prozeß immer mehr schwindenden »beherrschten Lebensraum« (Forsthoff) von außen zu ergänzen, ließ die Aufgaben der Verkehrs-, Städte- und Landesplanung zum Teil neu entstehen, zum Teil sprunghaft anwachsen und erzwang die Entwicklung eines weitverzweigten Versorgungsnetzes für Wohnraum, Wasser, Gas, Elektrizität, Kanalisation, Müllabfuhr und Umweltschutz. Eingriffe des Staates in den Wirtschaftsablauf zwecks Verhütung wirtschaftlicher Machtballungen und die Ausdehnung der in die Privatautonomie eingreifenden sozialpolitischen Schutzbestimmungen, vor allem im Bereich des Miet- und Tarifrechts, kamen hinzu. Erwähnt man noch die in gleiche Richtung weisende Vermehrung der genehmigungspflichtigen Rechtsgeschäfte, so zeigt sich eine äußerst weitreichende und folgenschwere Ausdehnung der staatlichen Tätigkeiten. Der Schwerpunkt des staatlichen Handelns verlagert sich heute aus dem Bereich der normsetzenden Legislative in den der unmittelbar handelnden, einzelfallregelnden Verwaltung, so daß man gegenüber dem Gesetzgebungsstaat des 19. Jahrhunderts von einem Verwaltungsstaat sprechen kann, gegenüber dem gewährleistenden liberalen Rechtsstaat von einem gewährenden Staat öffentlicher »Daseinsvorsorge«.

Der Vorgang muß aber auch von der anderen Seite her gesehen werden: von der einer zunehmenden Ermattung und Entmächtigung der autonomen privaten und gesellschaftlichen Gestaltungskräfte. Denn dem Zuwachs an öffentlicher Planung, Leistung und Fürsorge entspricht in den meisten Fällen ein ebenso tiefgreifender Verlust an unmittelbarer Autonomie und Selbstverantwortung der kleineren Lebenskreise, seien es nun einzelne oder Familien oder Gemeinden. Es liegt auf der Hand, daß mit dem Aufbau einer staatlichen Arbeits- und Sozialverwaltung ein großer Teil der Lebensrisiken vom einzelnen und der Familie auf den Staat übergeht – mit allen Folgen einer revolutionären Bedrohung dieses Staates im Fall des Versagens seiner Daseinsvorsorge. Gleichzeitig erfordern die in den industriellen Ballungsräumen notwendig werdenden Planungen weitgehende Eingriffe in Eigentum und Baurecht, und mit dem Vordringen staatlicher Lenkungsmaßnahmen im Bereich der Boden-, Wohnungs- und Eigentumsordnung, ja selbst der Familienpolitik, wird ein gut Teil der Privatautonomie im traditionellen Sinn stillschweigend oder ausdrücklich ad acta gelegt. Nicht nur, daß der Staat in einem der liberalen Epoche noch unvorstellbaren Maße als Lenker, Verteiler und Schlichter auch im privaten Bereich auftritt: Umgekehrt erscheint auch die private Existenz immer mehr sozialbezogen und in öffentlich-rechtliche Aufgaben und Pflichten hinein verspannt. Die Lockerung des individualistischen Sozialmodells der Privatrechtsordnung macht es möglich, an die Stelle mühsamer und oft am privaten Egoismus scheiternder Kooperation die ausschnitthafte Planung ganzer Sozialbereiche mit den Mitteln des öffentlichen Rechts zu setzen – mit allen Vorteilen reibungslosen Funktionierens, die sich daraus ergeben, aber zugleich mit allen Risiken eines schrankenlosen, den Menschen funktionalisierenden und leicht in totalitäre Willkür entartenden *planning law*.

Es wäre falsch, in den geschilderten Vorgängen eine Bewegung zu sehen, die heute schon ihren Höhepunkt überschritten hat oder durch die in den totalitären Systemen zutage getretenen Exzesse unvermeidlich zum Rückgang verurteilt sei. Das Gegenteil ist der Fall. Selbst wenn man auf die Kräfte individueller oder gemeindlicher Selbstverantwortung oder die in der Privatrechtsordnung liegenden Möglichkeiten der Selbstkorrektur eines schrankenlosen Individualismus begründete Hoffnung setzen mag, an der veränderten Aufgabenverteilung zwischen dem einzelnen und der staatlichen Macht ändern diese inneren Vorgänge um so weniger etwas, als sie meist vereinzelt bleiben und daher in ihrer Wirkung begrenzt sind. Vielfach geht heute der Widerstand gegen den Rückzug der staatlichen Verwaltung in eine subsidiäre Rolle in der Mehrzahl der Fälle nicht vom Staat aus, sondern von den gesellschaftlichen Kräften selbst, die in dem bisherigen Berechtigungs- und Verteilersystem eine Form der Partizipation am Sozialprodukt gefunden haben, die sie nach der alten Form der Freiheit nicht mehr begierig macht.

Das berührt ein grundsätzliches Problem. Da sich für den einzelnen Freiheit heute vor allem ausdrückt in der Teilhabe an staatlichen

Leistungen, wirkt das Freiheitsstreben des modernen Menschen nicht mehr in Richtung einer Entstaatlichung, sondern im Gegenteil einer Belastung des Staates mit neuen zusätzlichen Aufgaben, einer Ausdehnung und Intensivierung der staatlichen Verwaltung hin. Der private Individualismus, einst der stärkste Gegner der polizeistaatlich bevormundenden Verwaltung, hat gegenüber dem potentiell weit stärkeren modernen Staat und seiner Verwaltung seine eindämmende und regulierende Kraft fast völlig eingebüßt. Der individualistische Freiheitsgedanke wirkt nicht mehr als Schwungrad der Selbstbehauptung der einzelnen gegenüber den Mächten der Gesellschaft. Hierin liegt – neben der natürlichen Beharrung der Verwaltung – der eigentliche Grund für das strukturelle Fortdauern des Verwaltungsstaates auch in einer Zeit der Normalisierung und des Nachlassens der sozialen Spannungen.

Ein Weiteres kommt hinzu. Die klassische liberale Theorie, hervorgegangen aus der Naturrechtslehre der Aufklärung, hatte die Freiheitsrechte ausschließlich als Abgrenzung von Rechten zwischen Staat und Individuum konzipiert; gesellschaftliche Gruppen im vorstaatlichen Raum nahm sie nicht zur Kenntnis oder versuchte sie bewußt auszuschalten. Auf diese Weise sind in der Französischen Revolution eine Fülle von Korporationen älterer Art, die dem einzelnen Schutz gaben, ausgelöscht worden; auch die Kirche als korporatives Element der Ständegesellschaft konnte sich nur mit Mühe behaupten. Das vereinfachte auf der einen Seite das Problem: Alle freiheitsbedrohenden Kräfte wurden in der Sicht des Liberalismus auf den Staat konzentriert, so daß die einfachste und zugleich wirkungsvollste Lösung des Freiheitsproblems in der Ausgrenzung bürgerlicher Freiheit aus der Allmacht des staatlichen Gesetzes zu bestehen schien. Auf der anderen Seite führte diese Perspektive aber dazu, daß man die Bedeutung der gesellschaftlichen Bereiche und Zusammenschlüsse mit ihren Chancen, aber auch Gefahren für die Freiheit übersah. Man übersah ihre potentiellen Schutzfunktionen: die Arbeiter, ihres traditionellen Rückhalts an Zünften und Korporationen beraubt, wurden auf diese Weise im 19. Jahrhundert in eine isolierte und wehrlose Existenz gegenüber den industriellen Mächten und der staatlichen Gewalt gestoßen, und es bedurfte in vielen Ländern eines langen und erbitterten Kampfes, bis sie im Koalitionsrecht eine wenigstens beschränkte Freiheit der Assoziation wiedergewannen. Man übersah aber auch die Gefahren, die in der Bildung neuer Gruppenmacht in dem freigegebenen und zum rechtlichen Niemandsland gewordenen weiten Bezirk zwischen Staat und Individuum erwachsen konnten. Gegen gesellschaftliche Macht, vor allem wenn sie sich in den Lücken des rechtsstaatlichen Gesetzes etablierte, boten nämlich individuelle Grundrechte nur bedingten Schutz.

Ein Teil des gegenwärtigen Ungenügens an den tradierten Freiheitsrechten scheint aus dem unklaren, aber stark empfundenen Gefühl zu kommen, daß diese Rechte gegen die tatsächlichen Bedrohungen der Freiheit in der modernen Gesellschaft ohnmächtig sind, da sie nicht in erster Linie auf Begrenzung von Macht, sondern auf Hegung individueller Freiheit zielen und da sie, wo sie Macht begrenzen wollen, einseitig den Staat, nicht die Gesellschaft im Auge haben.

Man hat aus dem hier aufgewiesenen Dilemma mehrere Auswege zu finden versucht. Logisch naheliegend und soziologisch bestechend ist der Gedanke, die zweiseitige Beziehung zwischen Individuum und Staat in eine dreiseitige zu verwandeln, die grundrechtlichen Prinzipien, die für das Verhältnis des Bürgers zur politischen Gewalt gelten, auch auf die Horizontale, also die Beziehungen zu den anderen Grundrechtsträgern, auszudehnen. Warum soll schließlich, was zwischen mir und dem Staat gilt, nicht auch im Verhältnis zu den Nebenmenschen gelten?

Doch dieser Schluß ist voreilig. Der moderne Staat ist ja nicht mehr der in der gesellschaftlichen Horizontale liegende Ständestaat der vorrevolutionären Zeit. Er steht nicht auf gleicher Basis mit anderen »autogenen Gewaltträgern« in der Gesellschaft. Auch und gerade nicht der demokratische Staat! Es war der Irrtum des aufklärerischen Naturrechts, daß man die Menschenrechte einseitig auf die Horizontale des Sozialvertrags reduzieren wollte. Mit einer generalisierten Drittwirkung geschähe das gleiche im modernen Gewand.

Auch die pure Betonung des Gleichheits- gegenüber dem Freiheitsprinzip ist kein Ausweg. Es ist selbstverständlich, daß zur Praxis der Freiheitsrechte in der modernen Gesellschaft die Rechtsgleichheit hinzugehört, und wir wissen, daß ein Staat, der den Grundwert der Gleichheit im Sinn der Anerkennung gleicher Personenwürde aller Menschen preisgibt, in Gefahr gerät, den Dämonen des Klassenkampfes oder des Rassismus zum Opfer zu fallen. Freiheit kann heute ohne Gleichheit, nämlich eine elementare Chancengleichheit für alle Bürger, nicht mehr bestehen. Aber wir sehen auch, daß Gleichheit, wenn sie zum obersten Gesetz der Politik gemacht und ohne Rücksicht auf Traditionen und persönliche Rechte vorangetrieben wird, leicht in einen gefährlichen Totalitarismus umschlägt. Hier sollten uns die Erfahrungen des Kommunismus warnen, der versucht hat, Gleichheit auf Kosten der Freiheit zu erzwingen, ohne sie am Ende auch nur annähernd erreichen zu können.

Auch eine begriffliche Verselbständigung »sozialer Grundrechte« gegenüber liberalen Freiheiten ist kein Ausweg. Im Gegensatz zu den Freiheitsrechten, die im Prinzip absolut sind und einer näheren Regelung nur bedürfen, wenn man sie beschränken will, sind soziale Grundrechte als positive Rechtssätze schwer formulierbar. Ihr programmatischer Gehalt muß durch Gesetze und Verwaltungsmaßnahmen erst eingelöst werden. Und dabei liegt die Gefahr nahe, daß konkrete individuelle Freiheiten gegen eine vom Staat gewährte, jederzeit rücknehmbare Kollektivfreiheit getauscht werden. Indem der Staat die materiellen Voraussetzungen für Freiheit schafft, kann er auch über diese Freiheit verfügen. Es ist lehrreich, in Lehrbüchern des Sowjetrechts zu lesen, daß die materielle Pressefreiheit des Ostens (die Papierzuteilung und Lizenzen einschließt) der westlichen formalen Freiheit weit überlegen sei. Faktisch ist aber die Zuteilung von Papier und Pressen strikt an den Staatszweck gebunden und insofern ein Mittel der propagandistischen Steuerung. Man sieht, wie leicht ein totalitäres Element in die Rechtsordnung kommt, wenn man versucht, die sozialen Grundrechte als subjektive Rechtsnorm nach dem Schema der individuellen Freiheitsrechte zu konstruieren. Insofern weckt schon die Formulierung einer »Freiheit von Not« oder einer »Freiheit von Furcht« Erwartungen, die nur ein mit Allmacht und Allweisheit ausgestatteter Gesetzgeber tatsächlich einlösen könnte.

So bietet die Lage der Freiheitsrechte in der gegenwärtigen Welt ein mannigfaltiges und zwiespältiges Bild. Auf der einen Seite haben die Rechte, indem sie aus Appellen und Ansprüchen zu konkreten Rechtsbestimmungen wurden, an Bedeutung für den Bürger gewonnen und sind zu einem Element politischer Integration geworden. Auf der anderen Seite hat aber die Positivierung, zumal im Bereich persönlicher, individueller Freiheit, auch die Grenze des modernen Freiheitsbegriffs und der Grundrechte als Rechtsinstitute ans Licht gebracht. Diese leben als geschichtliche Erscheinung von Freiheitsanspruch des einzelnen gegenüber dem Staat, als ethisches Prinzip vom Willen zur verantwortlichen Gestaltung es eigenen Lebens. Beides ist in der industriellen Gesellschaft mit ihrem Trend zum Kollektiven nicht mehr selbstverständlich, so daß den Freiheiten, selbst wenn sie als positives Recht noch vorhanden sind, häufig der spontane Antrieb, die dynamische Fähigkeit zur Erneuerung und Weiterbildung fehlt. In den Ursprungsländern der Menschenrechte, in Europa und den USA, ist das Ideal persönlicher Autarkie und Selbstverfügung längst durch Prinzipien der Gleichheit und des Sozialen eingeschränkt worden. Die Entwicklungsländer liegen mit ihrer halbentfalteten Staatlichkeit und erst beginnenden Industrialisierung noch in einem vorgrundrechtlichen Zeitalter. Nur der archaische Obrigkeitsstaat des Kommunismus provoziert heute durch seine Verfügung über das individuelle Leben ähnliche Reaktionen des persönlichen Freiheits- und Glücksverlangens gegen sich wie der absolute Staat des 18. Jahrhunderts, und es ist noch nicht abzusehen, ob sich in künftigen Wandlungen sozialistischer Gesellschaften eine Renaissane des Natur- und Menschenrechts vollziehen wird.

Ist unsere Analyse richtig, bringt also die Wirklichkeit des heutigen Industrie- und Leistungsstaates die Grenzen des modernen (aufklärerischen) Freiheitsverständnisses ans Licht, dann stellt sich die Frage, wie in Zukunft Freiheit neu verstanden und unter den Bedingungen unseres Jahrhunderts neu gesichert werden kann. Dieser Frage wollen wir uns im letzten Teil unserer Überlegungen zuwenden. Sie reicht in politische, verfassungsrechtliche und religiöse Dimensionen hinein.

Politisch wird man zunächst das aufklärerische Sozialmodell dort in Frage stellen und berichtigen müssen, wo es – abstrahierend von konkreten Lebensverhältnissen – Freiheitsrechte nur als Produkt einer allgemeinen, vorgegebenen Natur-Freiheit des Menschen zu sehen vermag. Eine solche Sicht wird der heutigen gesellschaftlichen Wirklichkeit nicht gerecht. In einer enger werdenden sozial verflochtenen Welt ist Freiheit nicht mehr ein selbstverständlicher Besitz des Individuums, den der Staat nur zu umhegen und abzusichern hätte: Sie muß vielmehr institutionalisiert, gegen Gruppenegoismus und Indolenz verteidigt werden. Freiheit ist mehr als Sich-Befreien. *Sie ist mehr als individuelle Emanzipation. Sie läßt sich nicht auf die eindimensionale Beziehung Individuum – Staat reduzieren; sie verwirklicht sich immer doppelseitig, individuell wie institutionell.* Wer Freiheit nur in Befreiung des einzelnen von

Institutionen, Überlieferungen, Autoritäten, religiösen und sozialen Bindungen sieht, bleibt bei einem vordergründigen und unzulänglichen Verständnis von Freiheit stehen. Freiheit als Emanzipation ist nur möglich, solange der Vorrat reicht. Sind die Normen und Traditionen erschöpft, von denen man sich emanzipiert, fällt auch die Emanzipation dahin.

Demgegenüber ist Freiheit in einer rechtsstaatlichen Demokratie ein Doppeltes: nämlich Freiheit individueller Selbstgestaltung und Gewährleistung freiheitlich geordneter Lebensbereiche (Ehe, Familie, Erziehung, Wissenschaft, Kommunikation, Politik, Kultur usw.). Beides gehört zusammen. Der bloße Unterlassungsanspruch an den Staat, die pure Selbstentfaltung des Individuums genügen nicht. Denn Freiheit verwirklicht sich heute ebensosehr im Anschluß an soziale Systeme: Was nützt es dem alternden Menschen, wenn der Staat zwar nicht in seine Privatsphäre eingreift, ihn aber durch die Gestaltung von Postgebühren und Verkehrsregelungen de facto in eine gefängnisähnliche Isolation verbannt?

Vom Politischen wäre weiterzugehen zum Verfassungsrecht. Auch hier gilt es, sich von vereinfachenden Alternativen zu befreien. Individuum und Staat, Freiheitsanspruch des einzelnen und Leistungspflicht der Gemeinschaft, rechtsstaatliche Verfassung und sozialstaatliche Verwaltung dürfen nicht wie geschlossene, logisch unvereinbare Blöcke einander gegenübergestellt werden. Wirkt doch in diesen Gegenüberstellungen die historische Spannungslage des späten 18. Jahrhunderts nach – jenes emanzipative Freiheitsverlangen angesichts einer drückend gewordenen älteren Sozialverfassung, dem die Freiheitsrechte als Katalog, System und Verfassungsanspruch ihre Entstehung verdanken. Lassen sich aber Freiheit und Grundrechte nur in jener Weise denken, die vom individuellen Eigenrecht, vom Anspruch und der Position persönlicher Unverpflichtetheit des einzelnen gegenüber anderen ausgeht?

Diese Frage beschäftigt heute in zunehmendem Maße Wissenschaft und Verfassungspolitik. Längst sehen wir nicht mehr nur das in seinem Recht geschützte Individuum, sondern zugleich auch den im jeweiligen Freiheitsgrundrecht enthaltenen institutionellen Gehalt. Was den einzelnen freisetzt, hat auch Bedeutung für den Zusammenhalt des Gemeinwesens, und umgekehrt: Freiheitliche Ordnungen sichern zugleich den subjektiven Entfaltungsspielraum des einzelnen.

Hier beginnt sich – jenseits von Liberalismus und Sozialismus – ein neues Freiheitsdenken zu entfalten: ein Weg zugleich zum besseren Verständnis unserer vom Postulat des sozialen Rechtsstaats geprägten Verfassungssituation.

Die Eigenart unserer modernen Staats- und Verfassungsprobleme hat zahlreiche Berührungen mit dem vorliberalen und vorkantischen Staatsdenken, die lange Zeit verloren schienen, wieder hergestellt. Die Fragen des »sozialen Rechtsstaats« und des vorliberalen Wohlfahrtsstaates treffen heute, im Zeichen der Rückkehr des Staates zur »wohlfahrtsfördernden Verwaltung« (Forsthoff), vielfach in einer echten Problemkongruenz zusammen. Aber nicht diese Typenverwandtschaft ist das Entscheidende – so sehr die öffentliche Statuierung von Pflichten, die zweckhafte Planung in sozialen Lebensbereichen, in denen die privatrechtlichen Steuerungsmechanismen versagen, Schicksal und Aufgabe auch des heutigen Gesetzgebers geworden ist. Entscheidend ist vielmehr die Tatsache, daß jene Rechts- und Staatsauffassung in einem ethischen Sozialprinzip gegründet war und noch nicht in bloßem Anspruchsdenken aufging; daß sie ihren »naturrechtlichen Ausgang« von der Hilfs- und Ergänzungspflicht des Menschen nahm, nicht von einem »rein diesseitig und sozial-egoistisch aufgefaßten Individuellen« (F. v. Hippel). Es scheint, daß die heutige Grundrechts- und Rechtsstaatsdiskussion – bemüht vom Menschen, nicht vom abstrakten Individuum her zu denken – sich dem Punkte nähert, wo die Besinnung auf Minima moralia einer Rechtsethik unausweichlich wird – einer Ethik, in der Anspruchs- und Pflichtordnung einander ergänzen und die einseitige Blickrichtung auf den Staat, die für die liberale Epoche typisch war, überwunden ist.

Blicken wir von hier zurück, so ist die klassische Periode der Freiheit und der Freiheitsrechte für uns heute keineswegs überlebt. Sie rückt nur in einen genauer überschaubaren historischen Zusammenhang, der sich vom geschichtlichen Vorher und Nachher deutlich abhebt. Vorher, in der vorrevolutionären Zeit, die einheitlich gefügte und ständische Berufs- und Lebensordnung, in der die Aufgaben und Verantwortlichkeiten der einzelnen Glieder genau umschrieben sind: Ihr Ort im Ganzen ist auch ihre konkrete, niemals ausschließlich individuell gedachte, sondern rings in soziale Bezüge eingebettete »Freiheit«. Nachher, in unserer Gegenwart, gleichfalls eine stärkere Betonung des Sozialen gegenüber dem Individuum und seiner Autonomie, eine stärkere Betonung der konkreten Erscheinung und Lebenssituation des Menschen (als Arbeiter, Familienvater, Untermieter, Mann oder Frau) gegenüber dem abstrakt-naturrechtlichen »Menschen an sich« und seinem politischen Korrolarium, der ständelosen Rousseauschen Demokratie; aber dies nun nicht mehr im Rahmen konkreter Lebensordnungen und Sozialbezüge, sondern im Rahmen eines prinzipiell noch immer individualistischen Freiheits- und Rechtsverständnisses, dessen Grundstruktur nur sozialstaatlich transformiert, nicht aber im Kern verändert worden ist.

Hier weiterzugehen, den Freiheitsbegriff selbst von der Verhaftung in neuzeitlichen Autonomie- und Emanzipationsvorstellungen zu befreien, ist die Aufgabe, die heute vor uns liegt. Sie ist schwieriger und komplexer, als die herkömmlichen Denkmodelle erkennen lassen, die alle um den Antagonismus liberaler und sozialer Grundrechte und ihren Ausgleich in einer politischen Güterabwägung kreisen. Heilung kann weder aus der Überordnung der Freiheit über die Gleichheit noch aus der Überordnung der Gleichheit über die Freiheit kommen, sie kann nur kommen aus einer neuverstandenen Freiheit, für die die Hilfs- und Ergänzungspflicht der Menschen nicht Gegenbild und Störung ist (wie für das aufklärerische Naturrecht), sondern zugehöriges Element der Freiheit selbst. Eben dies ist mit dem lutherischen Paradox gemeint, daß ein Christenmensch »ein freier Herr über alle Ding und niemand untertan« und zugleich »ein dienstbarer Knecht aller Ding und jedermann untertan« sei.

Ob es gelingt, Freiheit in dieser Weise neu zu denken, ist auch innerhalb der westlichen Zivilisation noch eine offene Frage. Von ihrer Lösung hängt unsere Zukunft und die Aussicht auf ein menschenwürdiges Dasein ab. Es ist die Frage nach der Bewahrung der personalen Freiheit und der mitmenschlichen Hilfspflicht unter den Bedingungen der Industriegesellschaft und unter dem Druck des massentümlichen Daseins. (1974)

Nachweis der Reden und Aufsätze

Als der Krieg zu Ende war

Das Jahr 1945
Übungen im Überleben

Aus einem Vortrag bei der Eröffnung der Ausstellung »Der deutsche Südwesten zur Stunde Null« im Generallandesarchiv Karlsruhe am 14. April 1975

Unendliche Klage, unendliches Gericht
Annäherungen an die Wirklichkeit

Aus einem Vortrag bei der Tagung der Konrad-Adenauer-Stiftung »Die Literatur und unsere Wirklichkeit« am 1. Juli 1977 in Berlin

Abschied von gestern

Aus Vorlesungen im Sommersemester 1969
(Abdruck mit freundlicher Zustimmung des Seewald Verlages, Stuttgart)

Ein Anwalt der Ernüchterung

Aus: Adenauer-Studien I, hrsg. von R. Morsey und K. Repgen, Mainz 1971 (dort vollständig unter dem Titel: Konrad Adenauer [1876–1967]). (Abdruck mit freundlicher Zustimmung des Matthias-Grünewald-Verlages, Mainz)

Ein »Staatssklave im Frack«

Ansprache bei der Verleihung des Theodor-Heuss-Preises am 2. Februar 1974 in München. (Abdruck mit freundlicher Zustimmung des Seewald Verlages, Stuttgart)

Demokratische Lektionen

Von Weimar nach Bonn
Risiken des Neubeginns

Aus einem Vortrag beim deutschen Geschichtslehrertag am 1. Juni 1966 in der Universität Münster. (Abdruck mit freundlicher Zustimmung des Seewald Verlages, Stuttgart)

Eine andere Parteienszenerie

Aus einem Vortrag in Straßburg am 16. Oktober 1978

Was wird vom Abgeordneten verlangt?
Parlament und Regierung

Aus einem Aufsatz: Parlamentsreform – aber wie? in: Merkur Nr. 23 (1969)

Um die »Solidarität der Demokraten«

Aus einer Rede im Deutschen Bundestag am 14. Februar 1974 (Deutscher Bundestag, 7. Wahlperiode, Stenographischer Bericht, S. 5090–5095)

Die Tradition auf dem Prüfstand

Seid untertan der Obrigkeit!

Aus einem Vortrag beim 2. Salzburger Forschungsgespräch im September 1963

Wohlfahrtsstaat und Sozialstaat

Aus: Ältere deutsche Staatslehre und westliche politische Tradition (Münchner Antrittsvorlesung), 1966. (Abdruck mit freundlicher Zustimmung des Verlages J.C.B. Mohr, Tübingen)

Die Konfessionen

Aus: Miteinander. Ökumenische Illustrierte zum Jubiläum des Augsburger Bekenntnisses, Augsburg, Juni 1980

Bildung und Beruf – ein Gegensatz?

Aus einer Rede auf dem Berufsbildungskongreß der CDU am 14. März 1975 in Saarbrücken

Erziehen – wozu?
Sind »Sekundärtugenden« gefährlich?
Autorität, Person und Amt

Aus einer Rede vor der Landeselternvereinigung der Gymnasien in Bayern am 24. April 1983 in Bayreuth

Warum sprechen wir noch deutsch?

Aus: Hans Maier, Streiflichter zur Zeit, Herderbücherei 760, 1980 (u.d. Titel: Warum ich deutsch spreche)

Ein Hauch von Kulturrevolution

Reform oder Revolution?

Nach Vorträgen in den Jahren 1968 und 1969; vgl. Hans Maier, Politische Wissenschaft in Deutschland, München 1969. (Abdruck mit freundlicher Genehmigung des R. Piper Verlages, München)

Die Sprache der Neuen Linken

Zuerst vorgetragen beim Bergedorfer Gesprächskreis am 29. Mai 1972; oft nachgedruckt; hier in der erweiterten Fassung einer Vortragsveranstaltung der Bayerischen Akademie der Schönen Künste am 16. Oktober 1972

Der akademische Ständestaat

Aus einer Rede beim Gründungskongreß des Bundes Freiheit der Wissenschaft am 18. November 1970 in Bonn-Bad Godesberg

Demokratisierung?

Aus Vorlesungen im Sommersemester 1968

Die Zukunft unserer Jugend

Aus einer Rede im Deutschen Bundestag am 30. Juni 1976 (Deutscher Bundestag, 7. Wahlperiode, Stenographischer Bericht, S. 18263–18270)

Die Jungen und die Erwachsenen

Aus einer Rede vor der Landeselternvereinigung der Gymnasien in Bayern am 24. April 1983 in Bayreuth

Umkämpfte Schule

Aus einer Rede beim Bertelsmann-Colloquium am 1. Februar 1985 in Gütersloh.

Auf der Suche nach Geländern

Kunst und Zeit

Vortrag beim Kongreß »Tendenzwende? Zur geistigen Situation der Bundesrepublik«, hrsg. von C. Graf Podewils, Stuttgart 1975. (Abdruck mit freundlicher Zustimmung des Seewald Verlages, Stuttgart)

Zum Streit über die Grundwerte

Rede, gehalten vor der Katholischen Akademie in Hamburg am 31. Januar 1977; veröffentlicht in: Grundwerte in Staat und Gesellschaft, hrsg. von G. Gorschenek, München 1977. (Abdruck mit freundlicher Zustimmung des Seewald Verlages, Stuttgart)

Die angefochtene Industriekultur

Vortrag beim Stiftungsfest der Technischen Universität München am 6. Dezember 1984

Kleine Pädagogen-Predigt

Rede zur Eröffnung des Kongresses der Deutschen Gesellschaft für Erziehungswissenschaft am 22. März 1982 in Regensburg. (Abdruck mit freundlicher Zustimmung des Herder Verlages, Freiburg i.Br.)

Vom Auswendiglernen

Aus: Hans Maier, Wenn Mozart heute zur Schule ginge, Herderbücherei 1085, 1983

Verteidigung der Hochbegabten

Rede bei der Fünfzigjahrfeier der Studienstiftung des deutschen Volkes am 5. Oktober 1975 in Würzburg

Kultur im Bundesstaat

Aus einer Rede im Deutschen Bundestag am 9. November 1984 (Deutscher Bundestag, 10. Wahlperiode, Stenographischer Bericht, S. 7201–7205)

Bildungsreformen in Ost und West – eine Bilanz

Vortrag bei der Verleihung der Jakob-Fugger-Medaille an Golo Mann am 26. November 1982 in München

Die Deutschen und die anderen

Föderalismus in Deutschland und Frankreich

Nach Vorträgen in Bordeaux, Toulouse, Montpellier und Lyon im Dezember 1981

Italiens Nähe

Grußwort zur Eröffnung des Europäischen Aufsatzwettbewerbs in italienischer Sprache, veranstaltet von RAI, BBC und ARD, im Italienischen Kulturinstitut in München am 10. Februar 1982

Die Deutschen in Amerika

Dankrede bei der Entgegennahme der Columbus-Medaille am 12. Oktober 1983 im Amerikahaus in München

Am Roten Platz

Veröffentlicht in: Münchner Merkur, 12. September 1984

Die Hauptsynagoge in München

Rede bei der Feier der Israelitischen Kultusgemeinde zum 50jährigen Bestehen der Hauptsynagoge in München am 20. September 1981

Kulturelle Lebensformen und ihr Wandel
Deutschland – Kulturnation?

Aus einer Rede beim Bertelsmann-Colloquium am 1. Februar 1985 in Gütersloh

Die Zukunft der Freiheit

Vortrag beim 84. Deutschen Katholikentag in Mönchengladbach am 13. September 1974; veröffentlicht u.a. in: Hans Maier, Anstöße. Beiträge zur Kultur- und Verfassungspolitik, Stuttgart 1978. (Abdruck mit freundlicher Zustimmung des Seewald Verlages, Stuttgart)

Das Buch

Neugierige Offenheit, genaue Beobachtung und leise Ironie zeichnen den engagierten Christen und Politiker Hans Maier genauso aus wie Versöhnlichkeit im Urteil: In seinen Ansichten über die Deutschen und die Freiheit zieht er Bilanz über ein aktuelles Kapitel Geschichte, zeigt die Entwicklung und Situation des jungen deutschen Staates, von dem er in den hier vereinigten Reden und Aufsätzen ein persönliches Zeitbild entwirft. Ein interessanter Zeitraum, mit dem es sich auseinanderzusetzen gilt, da auf den einstigen Weltmachtanspruch die Bescheidenheit eines Bundesstaates gefolgt ist. Es genügt Maier aber nicht, nur nach der Rolle und Position des Staates in Wirtschaft und Politik zu fragen, er beschäftigt sich auch mit den Freiheitstraditionen in Kunst, Literatur und Publizistik. Überdies wird deutlich, daß es nicht ausreicht, nur den eigenen Staat zu betrachten: Erst durch den Blick nach außen zu den Nachbarländern kann die Situation des heutigen Deutschland realistisch reflektiert werden.

Der Autor

Hans Maier, 1931 in Freiburg i. Br. geboren, beendete sein Studium nach Aufenthalten in München und Paris 1962 mit einer Habilitation in Freiburg. Von 1970 bis 1986 war er bayerischer Kultusminister. Er ist Professor für Politische Wissenschaft in München, präsidiert dem Zentralkomitee der deutschen Katholiken und ist Mitglied der Deutschen Akademie für Sprache und Dichtung. Neben wissenschaftlichen Werken wie »Die ältere deutsche Staats- und Verwaltungslehre« (1966), »Kirche und Demokratie« (1979) und »Schriften zur Kirche und Gesellschaft« (1983–1985) erschienen Taschenbücher wie »Hilfe, ich bin normal« (1983), »Wenn Mozart heute zur Schule ginge« (1984).